公 法 系 列 教 材
GONGFA XILIE JIAOCAI

外国法制史

崔林林 ◎ 主编

北京大学出版社
PEKING UNIVERSITY PRESS

图书在版编目(CIP)数据

外国法制史/崔林林主编. —北京:北京大学出版社,2004.7
ISBN 978-7-301-07549-4

Ⅰ.外… Ⅱ.崔… Ⅲ.法制史-世界 Ⅳ.D909.9

中国版本图书馆 CIP 数据核字(2004)第 059116 号

书　　　名：	外国法制史
著作责任者：	崔林林　主编
责 任 编 辑：	吕亚萍
标 准 书 号：	ISBN 978-7-301-07549-4/D·0913
出 版 发 行：	北京大学出版社
地　　　址：	北京市海淀区成府路 205 号　100871
网　　　址：	http://www.pup.cn　电子邮箱:law@pup.pku.edu.cn
电　　　话：	邮购部 62752015　发行部 62750672　编辑部 62752027
	出版部 62754962
印 刷 者：	北京飞达印刷有限责任公司
经 销 者：	新华书店
	890 毫米×1240 毫米　A5　10.5 印张　300 千字
	2004 年 7 月第 1 版　2009 年 6 月第 4 次印刷
定　　　价：	18.00 元

未经许可,不得以任何方式复制或抄袭本书之部分或全部内容。
版权所有,侵权必究
举报电话:010-62752024　电子邮箱:fd@pup.pku.edu.cn

主编简介

崔林林 女,1967年生,吉林省人,中国政法大学法学院副教授,硕士生导师,法学博士。长期从事外国法制史专业的教学与研究工作,主要研究方向为比较法律史、英美法律史。

本书参编人员分工如下:
皮继增:第一章、第七章
陈丽君:第二章、第十一章
曾尔恕:第四章、第五章、第六章
张生:第八章、第十三章
郭琛:第九章、第十章
崔林林:前言、第三章、第十二章

内容简介

外国法制史是法学专业的基础学科之一,主要介绍世界上各个历史时期,各种不同类型的具有典型意义的法律制度产生、发展和演变的历史过程,阐释其立法和司法中呈现出的特点与规律,继而从法律发展史的角度揭示法的本质和作用,及其与社会政治、经济、文化之间的相互关系和影响。

目 录

前言 …………………………………………………………… (1)
第一章 两河流域法 ………………………………………… (6)
 第一节 两河流域法的产生和演变 ……………………… (6)
 第二节 《汉谟拉比法典》……………………………… (8)
第二章 古印度法 …………………………………………… (15)
 第一节 古印度法的产生和演变 ………………………… (15)
 第二节 《摩奴法典》…………………………………… (20)
第三章 古希腊法 …………………………………………… (25)
 第一节 古希腊法的产生与演变 ………………………… (25)
 第二节 雅典"宪法" …………………………………… (28)
第四章 罗马法 ……………………………………………… (34)
 第一节 罗马法的产生和演变 …………………………… (34)
 第二节 罗马法的渊源和分类 …………………………… (45)
 第三节 罗马私法的体系及其基本内容 ………………… (48)
 第四节 罗马法的复兴和影响 …………………………… (60)
第五章 日耳曼法 …………………………………………… (68)
 第一节 日耳曼法的产生和演变 ………………………… (68)
 第二节 日耳曼法的基本制度 …………………………… (73)
第六章 教会法 ……………………………………………… (88)
 第一节 教会法的产生和演变 …………………………… (88)
 第二节 教会法的基本渊源 ……………………………… (91)
 第三节 教会法的基本制度 ……………………………… (93)
第七章 城市法和商法 ……………………………………… (102)

  第一节 城市法 …………………………………………… (102)
  第二节 商法 ……………………………………………… (106)
第八章 伊斯兰法 ……………………………………………… (111)
  第一节 伊斯兰法的形成和演变 ………………………… (111)
  第二节 伊斯兰法的渊源和基本制度 …………………… (115)
第九章 英国法 …………………………………………………… (122)
  第一节 英国法律制度的形成与演变 …………………… (122)
  第二节 英国法的渊源 …………………………………… (126)
  第三节 宪法 ……………………………………………… (142)
  第四节 财产法 …………………………………………… (149)
  第五节 侵权行为法 ……………………………………… (152)
  第六节 契约法 …………………………………………… (157)
  第七节 刑法 ……………………………………………… (161)
  第八节 陪审制度与律师制度 …………………………… (164)
第十章 美国法 …………………………………………………… (168)
  第一节 美国法的形成和发展 …………………………… (168)
  第二节 宪法 ……………………………………………… (175)
  第三节 民商法 …………………………………………… (181)
  第四节 反托拉斯法和社会立法 ………………………… (186)
  第五节 刑法 ……………………………………………… (191)
  第六节 司法制度 ………………………………………… (195)
第十一章 法国法 ………………………………………………… (201)
  第一节 法国法的形成和演变 …………………………… (201)
  第二节 宪法 ……………………………………………… (209)
  第三节 行政法 …………………………………………… (217)
  第四节 民商法 …………………………………………… (223)
  第五节 刑法 ……………………………………………… (233)
  第六节 司法制度 ………………………………………… (237)
第十二章 德国法 ………………………………………………… (241)
  第一节 德国法的形成和演变 …………………………… (241)
  第二节 宪法 ……………………………………………… (246)

  第三节 民商法……………………………………………（256）
  第四节 经济法和社会立法………………………………（265）
  第五节 刑法……………………………………………（269）
  第六节 司法制度………………………………………（275）
第十三章 日本法……………………………………………（279）
  第一节 日本法的形成和演变…………………………（279）
  第二节 宪法……………………………………………（283）
  第三节 民法……………………………………………（292）
  第四节 经济法…………………………………………（297）
  第五节 刑法……………………………………………（303）
  第六节 司法制度………………………………………（314）

参考文献……………………………………………………………（322）

前　言

一、外国法制史学科的研究对象和体系

外国法制史是法学体系中的基础学科之一,是一门以马克思主义为指导,以世界上各种不同类型的具有代表性的法律制度产生、发展和演变的过程及其规律为研究对象的科学。其主要内容包括两个方面,一是各种不同类型法律制度的形成和实施的历史过程,即立法和司法的历史过程及其特点和规律;二是各种不同类型法律制度与相应历史阶段上政治、经济以及社会文化之间的相互关系和影响等。

外国法制史学科的研究对象决定了外国法制史课程的体系。本教材在整体上以古代法、中世纪法、近现代法等人类历史上先后出现的阶段性法律形态为顺序编排各章,而在各章则分别以各个具有代表性的国家或地区自身法律的历史沿革为线索,阐明其法律制度产生、发展和演变的历史过程及其规律和特点,使读者能够获得对外国法律发展演变的既全面而又清晰的认识和了解。

二、世界各国法律产生和发展的一般概况

(一)古代法律制度

古代法律制度是指大约自公元前4世纪起至公元5世纪西罗马帝国覆灭时为止的奴隶制社会的法律制度。

古代法律制度作为人类历史上最早的法律形态,与人类文明的起源有着密切的关系。在自然条件相对优越的地区,随着生产力水平的提高和社会经济关系的变化,出现了私有制和社会成员的阶级划分,原有的氏族习惯已不能有效地调整日益变化的社会关系,于是

国家应运而生,氏族习惯也逐渐演变为具有强制力的法。

早期的奴隶制法及其成文化首先出现在古代东方国家。根据确切的史料,大约于公元前4000年左右在古代埃及产生了最早的习惯法,但是其法律制度并不完善,保留下来的很少。自公元前3000年左右开始,在两河流域陆续出现了多部人类历史上最早的成文法典,均用楔形文字写成,内容已经相当完备,其中古巴比伦王国的《汉谟拉比法典》是两河流域法的典型代表。公元前1500年左右,亚洲南部的印度奴隶制国家开始兴起,先后产生了以婆罗门教、佛教和印度教等宗教教义为核心的法律规范,并以婆罗门教典籍《摩奴法典》为基础,形成了几乎囊括整个南亚次大陆的著名的印度法系。

西方法律文明起步较晚,但发展速度很快,具有不同于古代东方法的诸多特点,代表着奴隶制法的发达水平。地中海地区是西方法律文明的发源地,公元前12世纪至公元前6世纪,首先在希腊出现了几十个城邦国家,各自形成了具有不同特色的法律制度,特别是在雅典确立了逼近现代宪政观念的奴隶主民主政治制度。继雅典之后,罗马成为地中海的霸主,罗马帝国的版图扩大至欧、亚、非三大洲,随着罗马奴隶制商品经济的空前繁荣,罗马法也发展成为奴隶制社会最发达、最完备的法律体系,对后世的资本主义立法产生了深远的影响。

(二) 中世纪法律制度

中世纪法律制度是指自公元5世纪起至17世纪英国资产阶级革命为止的封建社会的法律制度。这一时期各民族封建法律的表现形式及其特点都存在着相当大的差异。

法律渊源的多样化是贯穿西欧各地整个中世纪法律的最主要的特点。日耳曼法是西欧封建制社会早期占据统治地位的法律制度,它直接由原始公社氏族习惯发展而来,编纂了以《撒利克法典》为代表的一系列"蛮族法典",是西欧封建法的构成因素之一;一度控制整个西欧的天主教会,将宗教法律凌驾于世俗法律之上,形成了至今仍有深远影响的教会法体系;罗马法经过12世纪的复兴,被各国广泛适用因而重新焕发出新的活力,为西欧中世纪中后期正在兴起的商品经济关系提供了现成的法律模式,并与日耳曼法、教会法一起构成了西欧中世纪三大法律支柱。此外,在拥有自治权的各工商业城市中,主要适用与封建法性质截然不同的城市法和商法,反映了资本主义社会关系正在成长的历史现实。

中世纪罗马法与日耳曼法的相互融合,构成以法、德为代表的大陆法系的历史渊源;在英国社会特殊的政治条件下,在分散地方习惯法的基础上诞生了"普通法",为英美法系的形成奠定了基础。

公元7世纪左右,另一支独树一帜的宗教法在阿拉伯地区产生,以伊斯兰教典籍《古兰经》为基本渊源,以规范穆斯林教徒宗教、社会和家庭生活为核心内容的伊斯兰法,随着阿拉伯帝国的扩张形成了影响广泛的伊斯兰法系。

在日本,经过646年的"大化革新",确立了天皇专制的中央集权统治,受到中国封建法的强烈影响,日本的法律渊源主要是律令格式,《大宝律令》和《养老律令》就是以唐律为蓝本制定的成文法典。1192年,幕府将军把持了国家权力,律令格式的作用减弱,武家法典成为日本封建社会后期最重要的法律。

(三)近代法律制度

近代法律制度是指自由资本主义时期的法律制度,其时间自公元17世纪资产阶级革命先后在各国获得胜利起,至19世纪末自由资本主义过渡至垄断资本主义时为止。

英国经过长期的资产阶级革命,建立了君主立宪制国家。在继续适用原有法律制度的同时,一方面通过议会颁布大量的制定法对传统法律进行修正,另一方面通过法院的判例对古老的普通法和衡平法进行符合资产阶级利益的新的解释,从而推动了英国法的近代化。美国全面承袭了英国普通法传统,并对其进行了符合美国国情的改革,诸如废除英国法中的封建因素,简化诉讼形式,实行联邦法与州法并行的双重法律体系,更加重视成文法的制定,实行总统制和确立典型的三权分立体制等,形成了具有美国特色的独立法律体系。以英国法和美国法为代表的英美法系,渊源于日耳曼地方习惯法,判例法占有重要地位,法官对于法律的形成和发展起着重要的作用。

法国是进行资本主义全面立法的第一个国家,资产阶级掌握政权以后,迅速着手制定了一系列规模宏大、内容详尽的成文法典,特别是以 1804 年《法国民法典》为基础的"六法体系"的编纂,对许多国家的立法都有影响,标志着大陆法系的形成。德国作为后起的资本主义国家,其近代法律体系的创建吸收借鉴了法国近代立法的一些原则和制度,但同时反映了自由资本主义向垄断资本主义过渡的时代背景,在理论水准和编纂技术上显现出德意志民族自己的特点。以法国法和德国法为代表的大陆法系,主要源于罗马法并融合了日耳曼法因素,系统完备的成文法典是最重要的法律渊源。

尽管各国近代资本主义法律的形式与内容具有显著的差异,但同时又呈现出一些共同的特点。例如各国普遍确立了主权在民、三权分立、法律面前人人平等的宪政原则,贯彻资产阶级刑法、民法和司法的基本原则和制度,充分体现了自由主义和放任主义的时代特征。

(四) 现代法律制度

20 世纪以来,随着世界政治、经济形势的巨大变迁,各国法律制度也发生了比较显著的变化,进入现代法律发展时期。

各资本主义国家先后完成了由自由主义向垄断主义的过渡,适应垄断资本主义发展的需要,各国普遍推动了法律的变革,现代法律的这种变革存在着许多共性:各国普遍扩大了公民民主权利和自由,进一步完善了宪政制度;一些传统的民法原则得以修正,如私有财产无限制的原则转向对财产权的行使设定必要的限制和国家干预经济生活的原则,契约自由的原则日益受到限制,无过失责任原则的适用范围不断扩大,妇女和非婚生子女的权利得到加强,地位不断提高等;各国刑法普遍出现了轻刑主义倾向,一些国家明确废除了死刑;司法独立原则得到贯彻,诉讼制度日益完备;出现了一些新兴的法律部门,如经济法、社会立法、环境保护法、消费者权益保护法等;英美法系和大陆法系相互吸收与融合的趋势日益显著,英美国家制定法的数量增多,地位不断提高,大陆法系国家判例的作用也日益受到重视,一些国家或国际组织的法律本身就是两大法系融合的产物,如日本现代法律制度法和欧洲联盟法等。

外国法制史作为法学的一门基础课程,通过对不同类型的具有典型意义的法律发展历史的系统介绍和阐释,旨在培养学生全面了解外国法律发展的一般线索及其规律,一方面有助于扩大学生的知识面,拓展法学视野,以期洋为中用;另一方面有助于学生以史为鉴,加深对法的本质和作用的理解和认识,提高法学素养。

第一章 两河流域法

迄今为止世界上最早有成文法的地区,当属位于亚洲底格里斯河和幼发拉底河的两河流域。这一地区的法律统称为两河流域法,又因文字呈楔形亦称楔形文字法。它产生于公元前 3000 年左右,到公元前 6 世纪随新巴比伦王国灭亡而逐渐走向消亡。两河流域法的立法原则、具体制度及其法典的结构和体例,对东方各国法的影响尤为深刻。

第一节 两河流域法的产生和演变

一、两河流域法的产生

公元前 3000 年,两河流域由于优越的自然条件及相应发展的农、牧、商业,使当地苏美尔人、阿卡德人相继建立了最早的奴隶制国家,并创造了楔形文字。随着城市国家的出现,最早的习惯法应运而生。约公元前 3000 年中期,开始有了以楔形文字记载的成文法,其内容主要是调整婚姻家庭方面的法规。此后,成文法逐渐发展,调整社会关系的范围日益广泛,如契约、债务、侵权行为、损害赔偿等,并向自成一体化的法典方面发展。

二、两河流域法的演变

两河流域法的演变经历了四个阶段。

(一) 初创阶段。公元前 21 世纪,苏美尔人建立的乌尔第三王朝制定了一部著名的法典《乌尔那姆法典》。这部法典比较完整的抄本是 20 世纪 60 年代中期发现的,是迄今所知历史上第一部成文法典。该法典由序言和正文29条组成,主要特点是:1. 全体居民被划分为自由民和奴隶两个等级。自由民内部的等级划分尚不明显。奴隶的地位十分低下,不仅可以作为财产任意买卖,还可以作为实物赔偿给受害者。对奴隶的反抗规定了严厉的刑罚。2. 在民事法律方面,严格保护私人土地所有制。强行耕种他人土地,或破坏他人土地者都要负赔偿责任。债的形式单一,只有损害赔偿,契约种类只有土地租赁,婚姻家庭关系中妇女没有权利,实行买卖婚姻制。3. 在刑事法律方面,关于犯罪,主要是侵犯人身权利罪,如伤害、诬告,奴隶对主人不尊敬也列为侵犯人身权的犯罪。关于刑罚,除犯通奸罪的妇女要除死刑外,其他犯罪都以赔偿金来惩罚或适用"以眼还眼,以牙还牙"的同态复仇制度。4. 在诉讼法方面,规定诉讼由私人提起,起诉后要经法庭审理,审理时须有证人作证,作证者必须起誓不作伪证,作伪证或拒绝起誓者要受罚,除法庭审理外,神明裁判也很盛行。

　　(二) 发展阶段。乌尔第三王朝灭亡后,约在公元前20世纪,两河流域地区出现了多国并列的局面,各国都制定了各自的法典,从法典的结构和内容上看都较以前有很大发展。当时的法典主要有:拉尔萨王国的《苏美尔法典》、《苏美尔亲属法》;埃什嫩那王国的《俾拉拉马法典》;伊新王国的《李必特·伊丝达法典》。两河流域在这一阶段的发展主要表现在:1. 法典的结构相当完整,由序言、正文和结语三部分组成。2. 在民事法律方面所反映的社会经济状况显然比《乌尔那姆法典》要详细和复杂。除土地外,房屋、果园、奴隶及一切动产所有权都受到严格的保护。房屋受到损害,所有人可以向加害人要求赔偿。房屋所有人必须交纳赋税,否则三年后丧失所有权。奴隶主拥有对奴隶完整的所有权,奴隶则完全沦为奴隶主的财产。债法相当发达,因契约所生之债中,买卖、租赁、劳务、保管、借贷等契约形式已很流行。对于借贷契约,法典强调了借方必须具备家长资格,否则不得贷与财物。在婚姻关系中,父母同意是女儿婚姻成立的关键,妇女无权决定自己的婚姻,离婚的主动权也在男方,但若妻子已生育,丈夫则不得遗弃她而另娶,否则,他将丧失一切财产。在继承方面,妾所生之子不能与亲子同时继承财产。3. 在刑事法律方面,犯罪的种类很少,最多的是伤害罪。法典对盗窃罪的惩罚很特别,白天行窃赔银,夜间行窃要处死。在诉讼法方面规定了案件的管辖问题和"诬告反坐"原则。4.在亲权关系中更加强调父权和夫权。如规定儿子不承认父母,则被当作奴隶出卖;女儿不承认父母,则被逐出家庭;妻子不承认丈夫则应投入河中;丈夫不承认妻子只须赔偿即可。

（三）成熟阶段。公元前18世纪,古巴比伦王国统一了两河流域,建立了统一的国家。古巴比伦第六代国王汉谟拉比统治时期是两河流域经济最为繁荣,政治最为强大的时期。适应经济发展、政治统治的需要,汉谟拉比在吸取固有的《苏美尔法典》、《俾拉拉马法典》和《李必特·伊丝达法典》的基础上,制定了闻名于世的《汉谟拉比法典》。该法典集两河流域立法经验之大成,承袭并弘扬了自《乌尔那姆法典》以来逐渐形成的两河流域所特有的法律传统,使两河流域法在立法技巧、各项法律制度的内容等诸方面都达到了历史上前所未有的水平。作为古代两河流域最有系统性的法律文献,它也为我们今天了解古代两河流域的社会提供了极其丰富的历史资料和线索。有关《汉谟拉比法典》的详细内容,后面专节论述,此处从略。

（四）衰落阶段。古巴比伦王国灭亡以后,两河流域法逐渐走向衰落,再无大的建树。虽然后起的赫悌和亚述等国家承袭了古巴比伦文化,也仍然采用楔形文字法,但其立法水平较之《汉谟拉比法典》已大为逊色。随着公元前6世纪新巴比伦王国的灭亡,严格意义上的两河流域法也就退出了历史舞台。

第二节 《汉谟拉比法典》

《汉谟拉比法典》是1901年法国考古队在伊朗苏萨地区发现的,用楔形文字镌刻在黑色玄武岩石柱上(因而亦称石柱法)。石柱上端是汉谟拉比接受太阳神沙马什授予权杖的浮雕,这是最早的君权神授的写照。下面是用楔形文字镌刻的法典全文,共282条,其中一小部分被磨损。石柱现收藏于巴黎卢浮宫。《汉谟拉比法典》是两河流域法典中最为有名的一部,也是世界上第一部保存比较完整的古代法典。它的颁布,标志着两河流域法的发展达到顶峰。

一、法典的制定

《汉谟拉比法典》的制定,是古巴比伦社会政治经济发展的客观要求。汉谟拉比是古巴比伦王国的第六代君主(公元前1792年—公元前1750年),也是奴隶主阶级中一位杰出的代表人物。他即位后,经过多年的征战和通过外交手段,不仅完全统一了两河流域,建立起强大的中央集权制奴隶制国家,而且通过兴修水利,大力发展农业、手工业和商业,使巴比伦社会政治、经济得到了巨大的发展。汉谟拉比还是一位非常重视立法的君主,他上台后第二年就着手制定全国统一的法典,以神权法作为立法的指导思想制定了《汉谟拉比法典》。

制定《法典》的原因主要有:

(一)为适应经济发展的需要,调整新的经济关系。古巴比伦时期,由于农业工具的改进,灌溉系统的扩大和改善,使农业生产水平迅速提高,手工业与商业也随之得到了相应的发展,手工业不仅有独立的作坊,还有受雇于作坊的手工业者,分工更加精细,许多私人经营或合营的商业也开始出现了。土地也出现了允许买卖的状况。经济的发展和变化,产生了一系列新的社会关系急需调整,特别是在买卖、交换、租赁、借贷、合伙、人身雇佣等方面的关系更加复杂与频繁。为了维护私有财产权,维护对奴隶及自由民的统治,客观上就要求制定和修改一些法律,《汉谟拉比法典》正是适应这种经济要求而产生的。

(二)为了缓和自由民的内部分化,巩固奴隶主阶级的统治。随着巴比伦王国的经济迅速发展,特别是高利贷活动的猖獗,自由民内部加速分化,而自由民的分化,大大削弱了国家的军事力量。因为古巴比伦的军队只征召自由民,奴隶是不能当兵的。自由民分化必然减少军队的兵源,削弱军事力量,为此,就必须通过立法限制高利贷的贷息,缓和自由民内部的加速分化,达到巩固统治的目的。

(三)用立法形式加强中央集权,实现法律统一的需要。古巴比伦王国是在吞并了许多小国的基础上建立起来的统一王国。因此,国内不可避免地存在多种不同的文化、语言、习惯和法律规范,这给国家集中统治造成困难,为了贯彻中央集权,需要消除法的不统一现象。因此,制定一部通行全国的法典就成为当时的一种迫切需要。

二、法典的结构和体系

《汉谟拉比法典》分为序言、本文和结语三部分。

序言中汉谟拉比宣布自己是神的代理人,声称天神和土地神等将国家交给他统治,然后列举不少头衔,称颂自己的伟大,并指出他给本国居民带来的"恩惠"和"德政"。

法典正文共282条,第1—5条是为保证诉讼的正常进行,对诬告、伪证及法官擅改判决的处罚。第6—126条是保护各种财产所有权及维护田主和高利贷者利益的规定。第127—193条是有关婚姻、家庭和继承方面的规定。第194—214条是关于人身伤害及处罚的规定。第215—241条是关于医生、理发师、建筑师和造船工劳动报酬及责任事故处罚规定。第242—277条是关于各种动产租赁和雇工报酬的规定。第278—282条是关于奴隶买卖的规定。

结语部分告诫后人要严守法典,不得曲解、变更或废除它,并诅咒不尊重法典的人必将受到神的惩罚;不按法典统治的国家,祸起萧墙,消弭无术。

三、法典的基本内容和特点

(一)国家制度

法典确认君主专制的国家制度,赋予汉谟拉比至高无上的权力。在序言中他把自己宣布为神的化身,是诸神的代言人,是"光明照耀苏美尔及阿卡德的巴比伦的太阳",诸神把巴比伦的国家交给他统治。在法典的结语也确认"此后千秋万代,国中之王必遵从我的法典"。

法典对于君主专制统治的重要支柱——常备军规定得极为详细。如被征军人拒绝出征或冒充顶替要处死刑;军队长官对士兵滥用权力也要处死(法典第26、33、34条);为使军队稳定,法典规定战士在服役的条件下,可以取得份地,但不准出卖、遗赠和抵债(第36—39条)。如果战死可以由儿子取得份地。

(二) 社会等级制度

在巴比伦国家中不仅自由民和奴隶之间存在着差别,即使是自由民内部也是不平等的。法典把自由民分为两类:阿维鲁和穆什根奴。前者享有充分权利,包括僧侣贵族、高级官吏,也包括自耕农、独立手工业者,其法律地位比后者高,法典里有许多条款专门保护他们的人身安全及其所享有的一切财产。后者是没有充分权利的自由民,包括范围较广,如从王室里分得田产、房屋的"佃耕者"、分得份地的服役的军人以及直接依附于宫廷的服役者等。两者的地位和权利不平等,这在法典里表现得十分明显:如果阿维鲁损毁另一阿维鲁之眼或折断其骨,则应以同等的办法毁其眼或折断其骨;如果阿维鲁损毁比他地位低的人,如穆什根奴的眼或将其骨折断,则只须交出一个银米那的罚款即可;但阿维鲁打了比他地位高的人,则应于集会中用牛鞭打60下。阿维鲁和穆什根奴的子女受到同样的侵犯,处罚也有差别,如殴打阿维鲁女儿使其流产要赔10个舍客勒,殴打穆什根奴的女儿使其流产,则只赔5个舍客勒。两者在医治同样疾病时的医药费也有很大差别。

(三) 财产制度

法典以各种形式维护财产私有制度:

1. 保护奴隶主对奴隶的所有权。法典把奴隶当成主人的动产,可以像牲畜一样进行买卖、转让、抵押或杀死,这样的条款有24条,占法典的8.5%。法典规定,凡盗取或藏匿逃奴均处死刑(第15—16条,第18—20条),相反,凡缉获逃奴则要受到奖赏(第17条)。

2. 为维护私有财产权,对盗窃的处刑极其严厉。法典第8条规定"自由民窃取牛、羊、驴、猪或船舶,则科以30倍或20倍之罚款,倘窃贼无物偿还,则应处死"。如系破墙而入的抢劫,"应在此侵犯处处死并掩埋之"(第21条)。若趁火行抢或有图谋,即"前来救火之自由民觊觎屋主之财产而取其任何财务者,此人应投于该处火中"(第25条)。

3. 保护出租者和雇工者的利益。在巴比伦国家内租赁关系甚为普遍,法典中详细规定了土地、田园、房屋、船只、牲畜、车辆的租赁关系。但是,租金一般很高,土地"按收成的1/2或1/3交与地主"

(第46条);果园"应以果园收入的2/3交与园主,而自取1/3"(第64条)。对雇工剥削也相当苛刻,如"自由民雇佣耕者,倘耕者偷窃种子或饲料,则应断其指"(第253条);雇佣放牧者如有丢失则应以牛赔牛,以驴赔驴;如盗卖牲畜,则放牧者要按10倍的数目赔偿(第261—265条);雇佣医生未治愈则断指,建筑师建房有瑕疵或倒塌则要处死(第229条)。

(四) 契约制度

法典中的契约种类主要有买卖、租赁、借贷、雇工、建筑等。有关契约的规定占法典全部条文的一半。缔结契约时一般不需要复杂的形式,只用口头或做出某些象征性的举动即可,但重要契约要有一定的规则和书面形式。如买卖契约在转移所有权时,必须交付一根小棒为标志,还要说出特定的语言,做出某些动作。借贷契约是当时最为流行的一种,借贷的标的物主要是钱和谷物。借贷通常以抵押品或人身作为保证,如债务人到期不还,债权人有权奴役债务人或从抵押品中取得各种收入,直至出卖其抵押品。如法典第115条规定:"自由民对另一自由民有谷或钱之债权,并拘留其人质,质死,则不能控诉。"借贷利息极高,为了限制日益猖獗的高利贷,法典规定借谷的年利率为33.3%,贷银利息为1/5,如果贷与人欲收取更高的利息,即丧失其贷之银与物。法典还严格禁止无限期役使债务奴隶,规定债务人家属因无力偿债而受到奴役不能超过3年,第4年即应恢复其自由。债务人家属在高利贷者家做债奴,不能随意被殴打、虐待或杀死,否则,高利贷者将受到相应的惩罚。

(五) 婚姻、家庭和继承制度

在婚姻制度方面,法典肯定了婚姻的买卖性质,即"无契约即无婚姻"的原则。法典第128条规定"倘自由民娶妻未订契约,则此妇非其妻。"结婚的条件是订约,结婚前由男方向女方父亲交纳聘礼和聘金,婚姻即告成立。男方反悔,则女方父亲没收其聘礼和聘金,女方父亲反悔,将女儿另嫁他人,则要加倍偿还聘礼和聘金。夫妻关系中,妻子处于从属地位。离婚权操于丈夫手中,丈夫可以因妻子不生育或患病而与妻子离婚,离婚后只需在经济上给予一定补偿或给女方以抚养;如果妻子有意离婚而丈夫不同意,丈夫可以另娶,原配妻子便沦为丈夫家庭的女奴。如果妻子不贞洁,则应捆缚投入水中,甚至只是被怀疑不贞洁时,也要投入水中。而丈夫行为不轨时,妻子只可取回嫁妆,回到父亲家里。妻子只有在丈夫被俘,又无法维持生活,或已被丈夫离弃的情况下才可以再嫁。家庭关系中,丈夫为一家之长,妻子和子女完全出于他的控制之下,他可以任意处罚妻子和子女,有权支配家庭财产,在无力还债、生活贫困的情况下,可将妻子和子女出卖为奴。关于继承问题,法典对继承的方式、继承人的范围、不同情况的继承人的继承份额等都有详细规定,基本原则是死者的诸子均获得同等的份额,其女儿也应取得与嫁妆相当的份额。儿子对父亲犯有重大罪行时,父亲可以剥夺他的继承权。但是,法典也规定了对父权的某些限制,例如,经法官调查,儿子未犯有足可剥夺其继承权之重大罪过时,父亲不得剥夺其继承权,即使犯有足以剥夺其继承权之重大罪过,法官也应宽恕其子初犯。倘儿子犯有重大罪过,父亲才可以剥夺其继承权。妻子在丈夫死后有权获得自己原来的嫁妆和部分孀居生活费,但只能在丈夫家使用,不得出卖,如改嫁,只能带走嫁妆,生活费要留给子女。

(六)刑法制度

《汉谟拉比法典》是诸法合体、实体和程序不分的早期法典,因此刑法规范并没有单独成篇。法典涉及的刑事犯罪主要有:侵犯人身的犯罪、侵犯财产的犯罪、侵犯婚姻家庭的犯罪、诬告罪、职务犯罪等。法典为维护奴隶主阶级的利益,规定了残酷的刑罚手段,如广泛适用死刑,施行残害肢体刑,如挖眼、割耳、断指等,还有火焚或水溺。法典还保留了作为原始公社残余的同态复仇、血亲复仇和负连带责任的原则,如果发生盗窃而未抓到罪犯,则案发地的公社长老应承担责任。

(七)司法制度

在汉谟拉比时期,司法权和行政权并无严格划分。公社首领兼理司法审判,王室法官接受国王指派负责各大城市案件的审理,国王享有最高司法审判权,对判决不服可向国王提出上诉。国王享有赦免权,并审理一些重大的刑事案件。当时无所谓刑事诉讼和民事诉讼的区别,提起诉讼的完全是私人,判决也由当事人自己执行。法典确认的合法证据除证人、证言、书面证据外,还包括当事人誓词、河神考验的结果等。法官根据可靠的证据做出判决,判决一旦做出不能擅自修改,否则法官应离开法官席,不得再出庭。

《汉谟拉比法典》在古代法的发展中占有重要的地位,它集两河流域法之大成,并发展和完善了两河流域法。它是迄今为止世界上保留最完备的第一部成文法典,法典中包括丰富而复杂的法律关系,规定了系统合理的法律条文和科学细致的处理方法,完整的结构形式表明法典的立法技术水平较高,是很多早期奴隶制国家甚至某些早期的封建国家所不能比拟的。法典的这些特点使它对后来的东方国家法律产生了深远的影响,在世界法制史上占有重要法律地位。

【思考题】
1. 什么是楔形文字法?
2. 试述《汉谟拉比法典》的历史地位和影响。

第二章 古印度法

古印度法即古印度居民所遵从的婆罗门教、佛教、印度教等宗教教规教义,属于宗教文化范畴。公元前 2 世纪开始编纂的《摩奴法典》是后人观测和研究古印度法及古印度居民社会生活的重要史料,它是一部百科全书式的宗教经典,维护种姓制度是其重要特征之一。

第一节 古印度法的产生和演变

古印度居民生活的地理区域包括今天的印度、巴基斯坦和孟加拉国,以及尼泊尔王国的部分地区。古印度法即公元前 15—10 世纪到公元 7 世纪古印度居民遵从的婆罗门教、佛教、印度教等宗教教规教义的总和。

一、古印度法的形成和发展

(一) 婆罗门教法形成

大约在公元前 2000 年,从中亚迁来的雅利安人侵入南亚次大陆。这时的雅利安人文明程度很低,没有文字,不懂农耕,过着原始的游牧生活。人们的宗教迷信程度极深,凡是对人类有影响的自然现象,如太阳、火、雷、电、雨等等都被尊崇为神并加以顶礼膜拜。在祭祀活动中,人们传诵着关于各种神的赞美诗、词,这些诗词被主持祭祀的长老汇总在一起,产生了雅利安宗教史上最早的一部经典,称为《梨俱吠陀》。以后人们又陆续完成了《沙摩吠陀》、《耶柔吠陀》和《阿闼婆吠陀》等三部经典。四部吠陀被雅利安人视为神灵所授,极为神圣,由此而产生了古代印度最早的原始吠陀宗教。

与吠陀宗教及其经典出现的同时,南亚次大陆社会发生了剧烈的变化。雅利安人征服了土著居民达罗毗荼人并把他们变为贱民，称之为"达萨"，即矮人、黑色人、没落的人之意。为了维持征服者的优越地位，雅利安人和达萨互不通婚，各自严格保持原有的生活方式，这样在社会上就出现了两个地位悬殊的阶层，两个独立的人种。随着战争的扩大，社会生产力的发展，雅利安人内部也在不断分化：原来掌握宗教文化知识的祭祀长老等氏族首领及其他上层居民，因在战争中掠夺了大批奴隶和财产而上升为垄断祭祀的贵族和控制军事力量的武士贵族，其他的氏族社会普通成员一部分继续从事农业、畜牧业、简单的手工业和商业，成为平民；另一部分则因债务失去了自由民身份，从而沦落为奴隶。大约公元前10世纪前后，古印度社会的居民基本上分裂为两大对立的营垒、四个等级，它们是操纵政治统治权的僧侣贵族婆罗门、军事贵族刹帝利、平民吠舍和奴隶首陀罗。四个等级之间互不往来，各自恪守特定的生活习惯，各自成为一个独立的社会集团，仿佛四个独立的人种，故被称为四大种姓。被征服的达罗毗荼人则被排除于种姓之外。

四个种姓的形成对古印度社会制度的变化特别是宗教性质的变化产生了重大影响。贵族们为了维护和巩固其特权地位，借助人们迷信、崇拜宗教的心理，极力把宗教纳入为自己的利益服务的轨道。婆罗门僧侣利用诵读、解释吠陀经典的特权，宣扬种姓之间的不平等是神意，任何人不得表示不满或反抗。他们还按照自己的需要，运用散文等形式对吠陀大加注释，形成了一些新的经典，主要有《梵书》、《森林书》、《奥义书》等。在这些经典中，婆罗门进一步阐述了他们的宗教主张，即善恶有因果，人生有轮回，人今生今世的社会地位都是前世造业的结果，也即行为的结果。一个人如果想在来世转为高种姓，就要今生今世行善不作恶，所谓行善即信守吠陀宗教。至此，原始的吠陀宗教及其经典已为婆罗门所控制和垄断，并刻意体现统治者的意志，这标志着原始的吠陀宗教已经演变为婆罗门教，古老的四部吠陀及其注释等宗教经典也不再具有纯宗教教义的意义，而演变为法律即婆罗门教法。

（二）佛教法产生、婆罗门教法继续发展

公元前6世纪，古印度社会的若干早期王国逐渐由分散走向统一。在各个国家互相兼并的战争中,各种社会矛盾日益加深。由于古印度社会受婆罗门教支配,婆罗门教又为婆罗门所垄断,因此,社会矛盾的焦点必然集中于第一种姓婆罗门这里。社会各阶层普遍不满婆罗门的特权统治,人们纷纷创立新的宗教,用宗教的形式对抗婆罗门教。公元前6世纪末,一个出生于释迦部落的王子乔达摩·悉达多,周游四方宣传自己的宗教主张:每个人都可以通过修行达到至高无上的涅槃世界,无需通过婆罗门来引导,也不需要通过婆罗门规定的繁琐仪式。由于乔达摩的宗教思想旗帜鲜明地反对婆罗门的专横和垄断宗教的特权,提倡种姓平等,因此很快吸引了大批信徒。到公元前5世纪中叶,在古代印度社会基本上又形成了一个以乔达摩宗教主张为信仰的宗教——佛教。佛教对婆罗门教"离经"但不"叛道",它一方面反对婆罗门神权贵族的特权,另一方面又吸收了婆罗门教关于"造业"、"轮回"等奴化思想。佛教产生后,和婆罗门教一样被尊奉为古印度国国教,其教义对教徒来说既有宗教的感召力,又具法律的强制力,于是在古印度社会的法律体系中又增加了一个新的因素——佛教法。

佛教法在古印度社会曾一度繁荣、发达。公元前250年左右,孔雀王朝的阿育王召集数千名佛教僧侣在首都华氏城举行了著名的第三次佛教大集会。在这次集会上,与会者将佛教各派学说加以统一、汇编,并把过去人们耳听口传的不成文的教义、教规、戒律等加以整理,形成了佛教最重要的三部经典——《律藏》、《经藏》和《论藏》,统称为"三藏"。华氏城会议的召开和"三藏"的编纂,把佛教法发展到了更为系统和完整的新阶段,推动了佛教法在古印度社会的发展。

在佛教法形成和发展的同时,婆罗门教法并没有被排斥,仍然在社会生活中发挥着重要作用,而且,它的法律文献也在不断丰富和完善。自公元前8世纪至公元前3世纪,婆罗门祭司编纂了《所闻经》、《家范经》、《法经》等三部经典,对教徒在生命各个时期的行为规范进一步作了具体规定。此后,祭司们适应社会发展的需要,继续编纂新的经典,其中最著名的有《摩奴法典》、《耶揶那跋基法典》、《那罗陀法典》和《布里哈斯帕提法典》等。

(三) 印度教法

公元4世纪,古印度进入芨多王朝时期。这时,古印度社会发生了巨大变化。在经济上,由于生产力有较大发展,出现了很多新的生产部门,如丝织业、冶金业、首饰制造业、武器制造业等。在社会成员的成份方面,自由民数量相对增加,失去人身自由的奴隶越来越少。社会的变化使新的生产部门能够获得必要的劳动力,并进而形成一系列新的职业团体。这些职业团体也像古老的种姓制度那样,具有严格的等级性和排他性,每个团体职业世袭;固定不变,同时实行集团内婚姻,严守既定的生活方式。古印度社会把这种因职业分工不同而形成的相当于种姓的团体称为阇提。阇提制度恶性发展了婆罗门教的核心种姓制度,使它更加周密和详尽,并深入到了社会生活的各个方面。

在种姓制度越来越根深蒂固的情况下,佛教渐渐受到排挤,而婆罗门教则因其为雅利安人本民族的、土生土长的宗教,最终成为统一古印度各种宗教的基础。公元6至7世纪,婆罗门教融合了佛教的因素,适应社会发展的需要对自身加以改良,演变为一种新的宗教——新婆罗门教,又称印度教。印度教法是古印度社会晚期出现的适应当时形势需要的一种宗教法,从一定意义上来说,它也是对一千多年来古印度社会相继形成的各种宗教法的归纳和总结。印度教法出现后,古印度法的历史实际上已基本结束。

二、古印度法的渊源

古印度法的渊源即婆罗门教、佛教、印度教等宗教的教规教义、典章典籍等,主要有:

(一) 婆罗门教类(包括印度教类)

婆罗门教的经典是古印度法最基本的渊源,主要经典是:

1. 四部"吠陀"

即《梨俱吠陀》、《沙摩吠陀》、《耶柔吠陀》和《阿闼婆吠陀》。它们是诗歌和散文的汇编,其中《梨俱吠陀》形成最早,约在公元前1500年至1000年甚至更早一些时间,主要汇集了人们祭祀时朗诵的赞美诗,反映了古代雅利安人对各种自然神的崇拜。后三部吠陀成书较晚,大约在公元前10世纪前后,它们有的是散文,有的是巫术咒语,还有的是敬神套语或杀敌诀窍的综录,广泛用于祈祷、医治发烧和蟒蛇咬伤等疾患。四部吠陀的内容涉及面极广,既有古印度的各种风俗习惯、人们的各种生活方式,也有人们对未来的追求与向往,特别是后几部吠陀记录了雅利安社会的等级分化、原始社会的解体等,是我们研究和了解古印度社会极好的资料。

2. 关于吠陀的注释——《梵书》、《森林书》和《奥义书》

吠陀经典过于古老,不能适应婆罗门贵族的需要,僧侣们便以散文形式注释吠陀,从而形成了《梵书》、《森林书》和《奥义书》。《梵书》是关于吠陀的注释,例如吠陀的唱法,吟颂吠陀的正确动作等。《梵书》还广征博引远古的神话和传说,追溯祭祀礼仪的起源。《森林书》记载了婆罗门在森林幽静的地方研究吠陀的秘诀,《奥义书》是关于宗教伦理道德的典籍,具有高度的哲理性。婆罗门教最核心、最基本的教义几乎被《奥义书》全部包罗进去。例如,它系统阐述了梵天是世界的最高实在、灵魂可以轮回转世、人今生的行为决定了他来世的生活条件等观点,这些全部都是婆罗门教立教的理论基础。三部书和四部吠陀一样,都是以后祭司们继续发展婆罗门教教义的基础。

3. 三部经:《所闻经》、《家范经》和《法经》

婆罗门教的古老经典多为关于宗教礼仪的记述,很少涉及教徒具体的行为规范。公元前3世纪至公元3世纪,婆罗门祭司编纂了《所闻经》、《家范经》和《法经》三部经典。除《所闻经》还是关于祭祀礼仪的规定外,《家范经》和《法经》都已直接触及到了法律规范。其中《家范经》相当于教徒的家庭法规,《法经》相当于民事、刑事法规,确定了教徒的社会行为准则。与婆罗门教其他经典相比,《家范经》和《法经》在古印度法的体系中有着更为突出的地位,成为当时执法机构判案的主要依据。

4. 婆罗门教的《法典》——《摩奴法典》、《述祀氏法典》等

随着社会文明程度的提高,人们对法律的需求已大大不同于古印度国家刚刚确立之时。大约公元前3世纪至公元5世纪,婆罗门祭司相继编纂了几部称为法典的经典,它们是:《摩奴法典》、《述祀氏法典》、《那罗陀法典》、《布里哈斯帕提法典》、《迦旃延那法典》等。这

些法典与婆罗门教最古老的经典有很大区别,其具体内容不仅是宗教组织对宗教教义的阐释,也包含了大量规范教徒世俗法律生活的内容。比如,《述祀氏法典》中有大量有关法院和诉讼制度的内容,《那罗陀法典》对债务、合伙等问题作了详细规定。在几部法典中,《摩奴法典》最完整、最系统地总结了婆罗门教的全部教规教义,是婆罗门教最具代表性的经典,因此是古印度法最重要的渊源。《布里哈斯帕提法典》和《迦游延那法典》更多地反映了古印度社会由古代向中世纪过渡时期的政治、经济状况。

(二) 佛教类

佛教作为古印度社会中和婆罗门教并行的另一大宗教,其经典也是古印度法的重要渊源。佛教经典的种类比较单一,主要是《律藏》、《经藏》和《论藏》,统称"三藏"。"藏"有装物的篮子之意,佛经称为"三藏",意在告诉世人这是三部满载佛教知识的著述。其中《律藏》记载了佛教创始人释迦牟尼定下的寺院规条;《经藏》主要记录了释迦牟尼的一些言行;《论藏》是佛教各教派学者的论说集。"三藏"中的《律藏》更多地涉及了教徒的生活准则,法律的性质更为明显。

(三) 其他渊源

主要指古印度国王颁布的一些诏令。古印度各王国都是政教合一的国家,国王的法令大都以宗教名义颁发,因此也是古印度法这一宗教法的渊源。

第二节 《摩奴法典》

一、《摩奴法典》的结构

《摩奴法典》分 12 章,共 2684 条。第 1 章到第 6 章的次序是按婆罗门教徒一生的四个"行期"来编排的。所谓"四行期",是婆罗门教徒一生生活和修行的历程,即梵行期、家居期、林栖期和遁世期四个阶段。第 7 章至第 11 章较为集中地论及刑事、民事、诉讼等各项法律制度。法典最后阐述婆罗门教关于业力轮回的宗教教义。

二、《摩奴法典》的性质和主要内容

(一)《摩奴法典》是一部宗教经典

《摩奴法典》是婆罗门教经典,由婆罗门祭司根据吠陀经典和自古以来形成的风俗习惯逐渐改造而成。法典的结构顺序是按婆罗门教徒一生生活和修行的历程编排的,充分显示了宗教法的性质。法典融合了宗教、哲学、道德、法律等各种规范,纯法律性质的规范仅占1/4,尽管如此,由于它对全体社会成员都具有约束力,因此,其法典的性质也十分明显。实际上,《摩奴法典》的作用首先表现为以宗教规范来约束教徒,其次才表现为经由统治者认可的约束全社会的法律规范。

法典以婆罗门教教义贯穿始终,大量条文直接宣扬婆罗门教义,具有浓厚的宗教色彩,如"梵我如一"、"业力轮回"在法典中被反复沦证;宣称法典为"梵天"之子摩奴所定,违反法律即违背神的意志;关于王权,法典认为国王是一个"寓于人形的伟大神明",因此拥有无上的权力,国王有权剥夺侵犯王权者及其家庭成员的生命和财产,作为"大地的主人",国王有权取得地下埋藏古物及贵重金属的一半;关于婚姻,婚姻本身是合于神意的行为,一经成立,即不得解除。但实际上丈夫可以抛弃妻子,妻子却不可以再嫁,妻子必须谦卑地对待丈夫,奉丈夫若神明,无论丈夫行为多么恶劣,都不得离开丈夫;关于犯罪,许多罪名都来源于教义,如杀害牝牛,由于牝牛是神的化身,因此杀害牝牛是仅次于杀害婆罗门等大罪的二等罪,比杀死一个首陀罗严重得多。再如违背誓言、无视圣典教训、否认来世、非再生人偷听他人诵读经文等均属重大犯罪;关于刑罚,法典根据"业力轮回"的学说,规定对犯罪者不但应给予即时的、肉体上的刑罚,而且还要在来世对其进行惩罚,如死后变成牲畜等,此外,诅咒被作为一种刑罚来使用,苦行也可以代替某些刑罚,可以赎罪,如婆罗门杀害婆罗门,可以以苦行赎罪;关于诉讼,法典认为,仅依靠证人证言和物证,不能确定事实真相,要判明是非曲直,须依靠宣誓和神明裁判。

（二）《摩奴法典》既是宗教经典，又在古印度社会起到法典的作用

《摩奴法典》作为一部宗教经典，在古代印度政教合一的国家里，起着法典的作用。宗教教义被赋予法律效力，由国家机关保障其强制执行，法律借助宗教的力量，而更显示出其权威性和威慑力。

《摩奴法典》作为一部宗教经典，它充分表达了人们对于超自然力的信仰与遵从的自觉性，但与此同时，它并不回避《法典》的强制功能，又体现了法律的强制性特征。根据法典，任何人背离了它都要受到严厉惩罚。法典第8章第128条告诫国王如果该受刑罚的不用刑罚，不该交刑罚的反受刑罚，他就会下地狱。法典还对社会全体成员具有普遍约束力，即使社会最高等级婆罗万种姓也必须依法典来规范自己的全部生活。可见，《摩奴法典》既是宗教典籍，又有法的一般特征，实现了宗教戒律与法律制度的高度融合与统一。

（三）《摩奴法典》包括了多种学科知识

《摩奴法典》涉及到宇宙和人类的起源、人与自然的关系、人的行为准则、敬神仪式等宗教规则、道德训言、统治者治国方略、商业知识等多个学科领域，相当于一部百科全书。特别是其中收录了很多至理名言，诸如"甘露甚至可以取自毒药，妙语甚至可以取自孩童，善行甚至可以取自敌人，金子甚至可以取自不结物"等等，说明法典虽然以宣扬唯心论、形而上学为主，但也有一定的科学性。

（四）法典是一部种姓法

《摩奴法典》所确立的最基本的法律制度是种姓制度，种姓制度为其精髓。从法典中我们看到，各个部门的法，包括刑事的、民事的、诉讼方面的，乃至婚姻家庭方面的，无一不以种姓制度为核心，无一不受到种姓的制约。

1. 法典宣扬梵天为了世界繁荣，以自己的口、双臂、双腿、双足创造了婆罗门、刹帝利、吠舍和首陀罗四个种姓，不同种姓应从事不同的职业。

其中婆罗门来自梵天之口，是最高贵最洁净的种姓，其任务（即职业）是教授与学习吠陀，为自己或他人祭祀、布施和接受施舍物。因其出生的位置最高尚，时间最早，所以理应为世界万物的主宰。刹

帝利来自梵天的双臂,是最有力量的种姓,其任务是保护人民、参加祭祀、学习吠陀与限制享乐,吠舍来自梵天双腿,是最勤劳的种姓,其任务是放牧、施舍、参加祭祀、学习吠陀以及从事农业、商业、放高利贷等。首陀罗来自梵天双足,是最低等、最肮脏的种姓,其任务便是温顺地为前三个种姓的人服务。

2. 法典规定严格实行族内婚,禁止不同种姓的人通婚,特别是严禁高种姓的女子下嫁给低种姓的男子,凡属这种婚姻一律称为"逆婚",不受法律保护,其后代也被排斥在四个种姓之外。如果婆罗门女子嫁给一个首陀罗男子,后果更为悲惨,其后代被称为"旃陀罗",是不可接触的"贱民"。他们必须住在村外密林深处,不得与有种姓的人接触,只能穿死人的衣服,用别人遗弃的容器,从事搬运尸体等最低贱的职业。如果婆罗门不幸看见他们,必须用香水清洗玷污了的双眼。禁止族外婚的规定仅有一种例外,即允许高种姓的男子娶低种姓的女子为妻,这种婚姻称为"顺婚"。但这只能作为一种变通,而不是常例。

3. 依据法典,不同种姓的人权利、义务极不平等。在担任国家公职、行使公权方面,法典规定只有高贵种姓的人有资格担任国家公职,只有婆罗门僧侣有权担任法官职务,"如果国王容忍首陀罗在他面前宣读判案,他的国家就会陷入困境,有如牝牛陷入泥潭"。在财产所有权方面,法典公然宣称婆罗门是"一切存在物的主人","婆罗门在穷困时,可以完全问心无愧地将首陀罗的财产据为己有,而国家不应加以处罚"。刹帝利和吠舍的私有财产也受法律保护。只有首陀罗不享有私人财产所有权,"奴隶没有任何属于自己的东西,他不占有主人不能夺取的任何所有物"。事实上,法典公开将首陀罗视为权利客体,剥夺了他们最起码的作人的权利。在债权债务方面,借贷利率随种姓不同而不同,信用贷款的利率依种姓高低依次为2%、3%、4%和5%,在遗产继承方面,法典指出,在一个男子娶几个不同种姓的女子为妻的情况下,其子女的继承份额各不相同。婆罗门妇女之子取得遗产中的三份,刹帝利妇女之子取得二份,吠舍妇女之子取一份半,首陀罗妇女之子仅能取得一份。结婚方式也因种姓的不同而各不相同,不得违背。

三、《摩奴法典》的历史地位和影响

《摩奴法典》自编纂完毕之日起,一直被印度各代统治者奉为圣典,无论国内政治、宗教、经济状况有多么大的变化,《摩奴法典》都是各代统治者的立法依据。其后,穆斯林、英国人入侵印度时期,伊斯兰法和英国法相继占有统治地位,但《摩奴法典》在印度教徒中仍被适用。印度独立后,《摩奴法典》的强大影响仍未消除,其中许多内容伴随着种姓制被保留下来,20世纪50年代制定的印度教法典就有许多《摩奴法典》的痕迹;《摩奴法典》在南亚次大陆及东南亚的广大地域有着深远影响,如缅甸、泰国、斯里兰卡、柬埔寨、老挝等国都以《摩奴法典》为蓝本,建立自己国家的法律体系,从而形成以《摩奴法典》为基础的印度法系。

【思考题】
1. 古印度法的渊源。
2. 简述《摩奴法典》中的种姓制度。

第三章 古希腊法

古希腊法作为西方社会最早产生的法律文明,由各城邦不同类型的法律制度组合而成。其中雅典城邦经过多次重大立法改革确立了奴隶制民主宪政制度,创制了"主权在民"、"轮番为治",以及选举和监督等制度和原则,成为近现代西方民主宪政的历史基础。

第一节 古希腊法的产生与演变

古希腊以爱琴海为中心,包括希腊半岛、爱琴海诸岛、克里特岛和小亚细亚半岛西部海岸的广大地区,是欧洲最先进入阶级社会和最早产生奴隶制国家与法的地区。古希腊法泛指存在于古希腊各奴隶制城邦及希腊化时代所有法律的总称。

一、古希腊法的产生与演变

公元前20世纪,在希腊文明的发源地——克里特岛,出现了早期的奴隶制城邦。在该岛克诺索斯城邦遗址,考古发现刻写在墙壁上的由国王米诺斯制定的法律,据说该法对后来的斯巴达法有一定的影响。公元前15世纪迈锡尼文明兴起,考古也发现了刻在泥版上的"迈锡尼法"。这些远古时代的法律与早期的城邦制度有着极为密切的关系,并具有远古法的一般特点,标志着古希腊法的萌芽。

公元前12世纪至公元前8世纪的希腊历史,因荷马的两部史诗——《伊利亚特》和《奥德赛》而被称为"荷马时代"或"英雄时代"。"荷马时代"末期,随着各地经济的迅速发展,氏族制度全面瓦解,阶级分化进程加速,数以百计的、具有主权性质的独立的奴隶制城邦国家在整个希腊陆续产生,各城邦国家的法律也随之逐步形成。希腊各城邦国家的早期法律均为习惯法,带有神权法的特征,希腊神话中就有专司法律与正义的女神。

公元前7世纪至公元前4世纪,希腊各城邦国家普遍进入成文法时期,这些立法有:公元前621年《德拉古立法》、公元前594年《梭伦立法》、公元前560年《庇希特拉图立法》、公元前440年《伯里克利立法》以及阿提卡地区的《阿提卡法典》、《哥尔琴法典》和《罗德岛海商法》等。其中《哥尔琴法典》颁布于公元前5世纪,共有70条,内容涉及家庭、婚姻、养子、奴隶、担保、财产、赠与、抵押和诉讼程序等,是保存较为完整的希腊早期奴隶制的法律文献,也是我们研究古希腊法的宝贵历史资料。

古希腊法也包括希腊化法律。自公元前4世纪始,马其顿王国兴起并征服了希腊各城邦,以及小亚细亚、叙利亚、埃及、巴勒斯坦等近东地区,"希腊化时代"就此开始。古希腊法并没有随着城邦的衰落而消失,它不仅仍然适用于希腊居民,而且进一步随着马其顿帝国亚历山大大帝及其继任者东征的足迹,适用于被征服地区的希腊化居民,法律的发展进入希腊化法律时期。希腊化法律即指适用于希腊人及定居于被征服地区的希腊化居民的法律的总称,它来源于希腊法,因而具有希腊法的一般特点,但又不同于希腊法,是希腊法与当地原有法律相互渗透、相互融合的产物。公元前2世纪,希腊化国家为罗马帝国所吞并,希腊化法也被罗马法所取代,退出了历史舞台。

二、古希腊法的特点

古希腊法作为欧洲最早的奴隶制法,与古希腊的自然条件和经济发展状况相适应,其主要特点可以概括如下:

1. 古希腊法是希腊各城邦国家多种法律的组合,并非希腊全境统一适用的法律体系。希腊境内多崇山峻岭,各地区之间分离隔绝的自然地理环境,加之优良的港湾,为海外贸易提供了便利,使得希腊半岛在古代时期没有形成全境统一的政治经济前提。因此,各城邦国家的法律制度长期处于分立状态,其内容和形式都存在着不同程度的差异。以希腊历史上最为重要的两个城邦国家——雅典和斯巴达的法律为例,雅典实行奴隶制民主政治;斯巴达则实行贵族寡头统治;雅典法中,妇女没有政治权利,不能参加民众大会,没有选举权;而在斯巴达,妇女则享有同男子一样的政治权利和财产权利。在雅典,土地私有化程度较高,土地可以自由转让;在斯巴达,长期实行土地公有制,严禁土地的买卖和转让。在雅典,成文法发达,从公元前621年制定第一部成文法开始,立法改革取得了重大成就;在斯巴达,则以习惯法为主,成文法不发达,等等。当然,尽管各城邦法律之间存在显著的差异,但同时也存在着共同适用的法律与习惯,具有共同的或接近的一些特点。

2. 古希腊法未能编撰完善成熟的成文法典,司法实践中倾向于运用法的"正义"观念和"公道"标准裁断案件,而不是分析适用具体的法律条文。古希腊的多数城邦虽然都制定了为数众多的成文法规,但总体水平不高,缺乏严密的法律概念和法学理论,没有对具体分散的法律进行理论抽象和概括分析。众所周知,古希腊是西方哲学、政治学的发源地,包括柏拉图和亚里斯多德在内的希腊学者偏重于用哲学、政治学的观点和方法来研究法律问题,注重研究和发现抽象的法的"正义"理论和"公道"的理性准则,对法律条文内容本身的适用或法理方面的分析缺乏兴趣。因此,在希腊没有出现罗马那种务实的带有职业化性质的法学家集团,陪审法院的千余名陪审员普遍身兼数职,有很多人根本不懂法律,审判过程中往往依照极具弹性的"公理"和"正义感",而不是依据法律来裁断事实并做出判决。

3. 希腊法中的私法相对落后,公法比较发达,对后世影响较大。古希腊社会所处的时代是奴隶制社会的中期,奴隶制的商品经济尚未得到充分发展,有关所有权、债权以及婚姻家庭制度的规定都不发达,未能形成像古罗马一样发达的私法体系。另一方面,古希腊学者偏重于对国家形态、政治体制和社会结构的研究,各城邦在政权组织、权力分工以及行政管理方面的立法相当完备,特别是雅典的民主政治制度对后世产生了极为深远的影响(本章以专节论述)。

4. 希腊化法律中,"冲突法"比较发达。由于古希腊各城邦的法律制度存在着较大差异,城邦之间的法律冲突必然存在。为了解决商业纠纷,协调城邦之间的商事法律冲突,公元前4世纪雅典设立了

"商事法庭",形成了一些解决法律冲突的基本规则。希腊化时期,希腊本土城邦以及各被征服地区之间的法律冲突更加显著,冲突法规则也得到进一步发展。各地商人也可以在签订契约时任意选择受其约束的法律,这种做法使双方当事人可以得到在自己所属的法律制度中得不到的、有利于自己的实体和程序的规定,如犹太人依据希腊法可以在借款时得到利息,而这在犹太法中是被禁止的。

古希腊法在世界法制史上占有一定的历史地位,其中的一些法律原则、具体制度和法律思想,都曾被罗马所借鉴。古希腊的法律虽然不如其哲学、艺术等领域发达,但它上承古埃及、迦太基等东方国家古代法,下启罗马法,在东西方法律文化的传承与交流方面起了一定的作用。

第二节 雅典"宪法"

雅典是古希腊各城邦国家中实行奴隶制民主政治的典型,雅典民主政治制度的内容相当于近代以后的宪法,因此被称为雅典"宪法"。雅典"宪法"是经过一系列的立法改革逐步产生、发展和繁荣起来的。

一、雅典"宪法"的创建

雅典位于希腊中部的阿提卡半岛。公元前8世纪左右,传说中的英雄提秀斯进行了改革,将雅典的四个部落联合起来,设立了以雅典为中心的中央议事会和行政机构;将雅典的全体自由民划分为贵族、农民和手工业者四个等级,雅典城邦的权力掌握在执政官和贵族会议手中。提秀斯的改革使雅典城邦具有了国家的性质,跨出了摧毁氏族制度的第一步,不过,城邦的法律尚处于习惯法阶段,并为贵族所垄断。

随着雅典经济的发展,特别是手工业和商业的繁荣,以新兴的工商业奴隶主为核心的平民阶层在社会经济生活中显示了越来越重要的作用。他们对贵族垄断司法、任意解释和适用习惯法以维护贵族特权、损害平民利益的做法极为不满,强烈要求制定成文法,公开法律,反对贵族对法律的垄断。公元前621德拉古当选为执政官,迫于平民的压力,他将雅典的习惯法加以整理汇编,制成雅典第一部成文法"德拉古法"。德拉古法虽然肯定了债务奴役制,并以广泛采用重刑闻名于世,但同时又在刑罚制度上区分了故意杀人与非故意杀人,反对血亲复仇制度,规定一切伤害案件均由国家组织法庭依据明文规定的法律审理,从而在一定程度上限制了贵族解释和适用法律的特权。

公元前594年,工商业贵族梭伦出任执政官,进行了一系列的立法改革。

1. 颁布"解负令",取消债务奴役制。根据这一法令,凡以前以土地或人身抵债的契约一律无效,土地归还原主,人身恢复自由,由国家负责赎回因欠债而被卖到外邦为奴的人,永远禁止以自由民人身作为债务抵押。

2. 以财产特权和职位特权代替世袭特权。按照财产的多少将雅典公民划分为四个等级,按等级纳税、服兵役和享有权利。只有第一等级才能担任最高官职,二、三等级担任一般官职,第四等级仅能参加民众大会和陪审法院。这一改革打破了过去贵族世袭专权的局面,为工商业奴隶主掌握政权开辟了道路。

3. 提高民众大会的作用,设立400人议事会,首创陪审法院。为了限制和削弱贵族会议的权力,法律规定民众大会是最高权力机关,各级公民均有权参加,民众大会决定战争与媾和等国家大事,并选举官吏。400人议事会类似民众大会的常设会议,由4个部落各选100人参加,前三个等级的公民均可当选,其任务是准备和审理民众大会的提案,监督国家财政,弹劾执政官。陪审法院是从贵族会议中分享司法权的最高司法机关,每个公民均可当选为陪审员,参与案件的调查与审理,推行司法民主化。

4. 颁布一系列发展经济的条例,促进雅典工商业经济的发展;

5. 废除德拉古法中的严刑峻法,仅保留有关杀人罪的条款。

梭伦的立法改革剥夺了氏族贵族所享有的种种世袭特权,使富有的工商业奴隶主开始掌握城邦大权,赋予所有雅典公民有限的权利,规定城邦职能机构既分享权力又彼此制约。梭伦立法在雅典法制史上具有划时代的意义,为雅典民主政治的形成奠定了基础,开辟了道路,雅典民主宪政制度由此产生。

二、雅典"宪法"的发展

公元前509年,平民领袖克里斯提尼当选为雅典执政官,又进行了立法改革。主要内容有:

1. 取消原有的四个氏族部落,根据地域划分公民和选区。以地域关系取代血缘关系,彻底摧毁氏族制度的残余,分化瓦解了贵族势力的基础。

2. 进一步提高民众大会的作用,用500人组成新的议事会。民众大会作为雅典的最高立法机关,决定国家重大事项,由抽签选举产生的500人议事会取代梭伦时期的400人议事会,执行民众大会决议,并成为雅典重要的行政机关。

3. 颁布《贝壳放逐法》。为防止政治野心家建立僭主政权,克里斯提尼改革后不久,在雅典制定了"贝壳放逐法"。规定每年春天召开一次非常的民众大会,用口头表决是否要举行"贝壳放逐",如表决认为有人危害国家利益,破坏雅典民主政治制度,则另定日期,在中央广场由再次召开的民众大会进行秘密投票表决。公民在贝壳或陶片上写下应予放逐的人名,如某人的票数超过6000,则此人继续放逐国外,10年后方可返回,但保留其公民权和财产权。

克里斯提尼的立法改革结束了雅典百余年来平民反对氏族贵族的斗争,雅典民主政治制度得以最终确立和进一步巩固。

公元前462年,民主派首领阿菲埃尔特出任雅典执政官,制定了一系列打击贵族特权势力,促进雅典民主政治发展的法案。此次立法改革进一步剥夺了贵族的诸多权力,规定贵族会议不得对雅典民众大会的决议进行干预和监督,取消了贵族议会审判公职人员渎职罪的权力;在司法方面建立了不法申诉制度,公民可以就现行立法是否违反民主制度的问题向陪审法院提起申诉,目的在于保护民主政治不受寡头势力的干扰。

三、雅典"宪法"的繁荣

公元前5世纪中叶的希波战争,波斯战败,雅典成为希腊世界的盟主,缔结了"提洛同盟",取得海上霸权。雅典的奴隶制民主政治进入极盛时期。公元前443年到公元前429年,伯利克里连任十将军委员会的首席将军,成为雅典的最高统治者,他锐意改革,又制定了一系列"宪法"性法律。主要内容有:

1. 执政官和其他各级行政官职均由抽签选举产生,向所有等级的公民开放。伯利克里取消了财产资格的限制,原被梭伦列为第四等级的公民也有了参政权。

2. 扩大民众大会的权力。民众大会是国家最高权力机关,每10天召开一次会议。凡年满18岁的男性公民均有权参加、讨论和决定国家一切重大事项,并有权提出建议或批评官吏的渎职违法行为。

3. 保留500人议事会,作为民众大会的常设机构。该议事会为民众大会准备议案,审查议案的合宪性,执行民众大会的决议,监督国家行政部门的日常事务。

4. 设立共有6000人的陪审法院作为雅典的最高司法机关。陪审员由30岁以上的公民抽签产生,任期一年并不得连任。陪审法院内分10个法庭,其主要任务是审理国事罪、渎职罪等重大案件,对公职人员实行监督和考核,参与立法并核准民众大会的决议。

5. 实行公职津贴制度。为了资助贫穷的公民参加国家的政治生活,规定向担任公职的公民发放公职津贴,甚至参加文艺、体育盛会都发放"戏剧津贴"等。

如上所述,经过多次重大立法改革,雅典独具特色的奴隶主民主政治制度逐步发展成熟。其民主性主要表现在:实行直接民主制,赋予广大公民直接参政、议政的民主权利,一定范围内实践了以"主权在民"为核心的平民政治;规定民众大会作为最高权力机关,享有最高立法权,500人议事会、十将军委员会和执政官享有多种行政权力,陪审法院掌握司法权,这些机构彼此牵制,从而初步建立了立法、行政、司法的权力分立和权力制约机制;所有公职人员均实行抽签选举,轮番执政,否定了门第、财产以及政治上的特权;确立了体系完整、制度严密的监察弹劾制度,官吏自当选到卸任的一年时间内,先后需要通过资格审查、信任投票、卸任审查,以及贝壳放逐法、不法申诉制度等多种程序的监督;推行朴素的司法民主制,陪审员通过抽签选举产生,法庭的案件分配也临时抽签决定,实行投票表决决定判决结果,以确保司法的公正、廉洁和判决的权威性。

作为奴隶主的民主政治制度,雅典"宪法"也存在着不可避免的诸多历史局限。从雅典"宪法"的运行实践来看,虽然赋予公民以参政、议政的平等权利,但是,实际上能够参加公民大会的只有18岁以上的男性公民,没有公民权的妇女和异邦人无权参加,至于占雅典人口绝大多数的奴隶则更不必说。再者,虽然参加民众大会可以得到一点津贴,但是,要求农民不顾农时,放下农活,每隔10天左右就前往雅典城开一天会,实际上也不可能,因此,实际参加公民大会的只是雅典公民中的少数,这就限制了公民民主权利的行使。此外,诸如执政官以及将军等高级公职人员的职位事实上也与普通民众无缘。可见雅典的民主制本质上是奴隶主内部的民主制,而并不是真正的"全民"民主制。从雅典民主政治制度本身来看,虽然公民有权在民众大会上提出法案,但是,还必须经过复杂的程序才能成为法律,如果经陪审法院审查与雅典基本法相抵触,不但法案违法,而且提案人也要负法律责任,受到重罚。再如官吏的抽签选举制,虽然最大限度地显示了朴素而直接的民主性,但同时也背离了人才选拔的德才标准,使官吏的选拔充满了偶然性和风险性,等等。

尽管如此,雅典民主宪政制度的确立和发展在当时条件下确有积极意义,民主政治鼓励了雅典公民多方面的积极性,雅典在哲学、宗教、文学艺术、自然科学以及商业活动方面都有许多重要成就,最终成为整个希腊世界的经济和文化中心。雅典的民主宪政制度对于以后西方国家宪政制度的产生和发展产生了巨大影响,其"主权在民"、"轮番执政"、选举与监督的理念与制度等,均构成了近现代资产阶级民主政治的源流。

【思考题】
1. 古希腊法有哪些基本特点？
2. 什么是贝壳放逐法？
3. 如何评价雅典民主宪政制度？

第四章 罗马法

罗马法是古代社会最发达最完备的法律,也是世界法律史上最有影响的法律体系之一,它不仅是大陆法系形成的基础,而且对英美法系也有重大影响。罗马法关于公法和私法的划分对后世法律与法学具有重要影响,其关于人法、物法的制度和原则奠定了后世民法理论的基础。罗马法学家为罗马法和罗马法学的发展做出了重要贡献。东罗马皇帝查士丁尼时期编纂的《国法大全》,是对罗马法的全面编纂和总结,也是罗马法最重要的渊源。

第一节 罗马法的产生和演变

罗马法指罗马奴隶制国家的全部法律,存在于罗马奴隶制国家的整个历史时期,它包括公元前6世纪塞尔维乌斯改革(罗马国家产生)到公元6世纪中叶为止(东罗马帝国查士丁尼时期)这一整个历史时期罗马奴隶制国家的全部法律。因此,罗马法不是一部法律文献,而是罗马奴隶制国家整个历史时期的法律的总称。罗马法伴随罗马奴隶制国家的产生而产生,随着罗马奴隶制国家的灭亡而灭亡。

一、罗马法的产生

古代罗马国家产生于意大利半岛。罗马居民属于印欧语系的拉丁族人,从意大利以北的欧洲内陆进入半岛中部的拉丁姆地区定居,并在那里建立起一些城市。相传罗马城是由罗慕路斯于公元前753年建立的。

公元8世纪以前,罗马处于氏族公社时期。传说它分为三个部落,包括十个胞族或称库里亚,每个胞族又包括十个氏族,所以共有三百个氏族。他们的全体成员构成"罗马人民"或罗马氏族公社。公元前8世纪至公元前6世纪,罗马由原始公社向阶级社会过渡,相继有七个王统治罗马,史称"王政时代"。当时的社会管理组织有民众大会或称"库里亚"会议、氏族长老组成的元老院和"王"。调整人们行为的规则是为大家所共同遵守的习惯。

随着生产力的发展,公元前7世纪以后,氏族内部出现财产不平等和阶级的分化,出现了"保护人"和"被保护人"。前者为贵族;后者是那些经济和社会地位低下的人,包括被解放的奴隶和贫民,他们依附于贵族谋生。与此同时,奴隶制度也发展起来,在氏族贵族的家庭和土地上开始使用奴隶,奴隶的来源主要是战俘。此外,在罗马居民中还出现了"平民"这一特殊阶层。其来源主要是拉丁姆境内的被征服者和移居罗马的外来工商业者。他们的人身是自由的,可以占有地产,必须纳税和服兵役,但是却不能参加库里亚大会、不能参与被征服土地的分配、不能担任工职、不能参加宗教仪式等。这种只尽义务、不能享受权利的地位,引起了平民与贵族之间的尖锐斗争,客观上加速了罗马氏族制度的瓦解。

公元前6世纪前后,由于平民为争取权利进行长期斗争,氏族贵族被迫让步。王政时代的第六王塞尔维乌斯·图利乌斯(Servius Tullius,约公元前578—前534年)时实行了改革。改革的主要内容是:废除原来以血缘关系为基础的三个氏族部落,按地域原则将罗马城划分为四个区域部落,居民按区域部落登记户口和财产;按照财产的多寡将罗马居民分为五个等级,确定相应的权利义务。这次改革是罗马国家和法产生的重要标志。

二、罗马法的历史发展

罗马法从一个狭小的城邦国家的法律发展成为世界性的法律,从不成文的习惯法发展成为古代最完备的成文法体系,经历了一千多年漫长的历史发展过程。

(一)王政时期(公元前8世纪—公元前6世纪)

王政时期是罗马氏族制度解体和罗马国家和法的形成时期。王政时期的法律渊源主要是不成文的习惯法,其形式大都保持着氏族社会传统习惯的原始形态,其内容主要是宗教和道德习惯。这些习惯法仅适用于罗马市民,用以保护市民的特权,非市民不适用。据说王政时期的贵族大会制定过关于家长权、保护人与被保护人的关系、宗教仪式和历法的法律,王政时期的第六王塞尔维乌斯·图利乌斯颁行过有关契约和侵权行为的法律约五十条,但均无可稽考。公元前509年,第七王塔克文(Tarquinus)因专横暴戾、破坏法律,被罗马人驱逐,王政结束。

(二) 共和国前期(公元前6世纪—公元前3世纪)

公元前510年,罗马进入共和国前期。这一时期罗马作为一个小的城邦,主要以农业为基础,但已取得某些贸易上的重要地位。在共和国的前150年中,它主要致力于在市民社会中形成的两大阶层内部的斗争,即贵族和构成其人口主体的平民之间的斗争,这一斗争主要是为了实现政治上以及经济上的公平。与此相适应,罗马法由习惯法向成文法发展。

共和国初期没有成文法,仍沿用习惯法。贵族垄断了国家政权,平民没有资格担任执政官和其他高级官吏。贵族专政在司法上的表现是贵族祭司垄断习惯法的解释权,不允许广大平民了解法律的内容。遇有讼争,法官徇情枉法,袒护贵族,欺压平民。因此,平民不断地与贵族发生尖锐的矛盾和冲突,迫使贵族让步,允许平民举行平民会议,选举保民官,保护平民权利。公元前462年,平民保民官特兰提留(A. C. Terentilio)提议编纂成文法典。贵族被迫让步,元老院于公元前454年成立十人立法委员会,负责起草法律。据说,委员们曾到希腊考察法制,回国后于公元前452—451年编成10表法律条文,经民众大会通过,元老院批准,镌刻在10块铜版上,公布在罗马广场。次年,即公元前450年,改组十人委员会,另增两表补充,连同前10表共12表,称《十二表法》。

《十二表法》是罗马第一部成文法。英国著名法律史学家梅因曾评价道:"世界上最著名的一个法律学制度从一部'法典'开始,也随着它而结束。从罗马法历史的开始到结束,它的释义者一贯地在其用语中暗示,他们制度的实体是建筑于'十二铜表法',因此也就是建筑于成文法的基础上的。"① 自它的颁布到公元6世纪东罗马皇帝查士丁尼组织大规模法典编纂,在上千年的时间里统治者从未表示过要将其废止,所有的罗马法学家都对这部法典进行过早期法典的注释。《十二表法》公布后的60年,即公元前390年,高卢人入侵罗马,该法连同建筑物被焚毁。现在所知的内容是后世学者从各类文件中收集整理而成。

《十二表法》各表的篇目依次为:传唤、审理、执行、家长权、继承监护、所有权和占有、土地和房屋(相邻关系)、私犯、公法、宗教法、前五表法的补充、后五表法的补充。《十二表法》的特点表现为:

1. 内容广泛,诸法合体。《十二表法》的内容包括公法和私法,宗教法和世俗法,实体法和程序法等,但它的主体是私法。

2. 程序烦琐,形式主义严重。例如,第六表"所有权和占有"中规定:"凡依'现金借贷'或'要式买卖'的方式缔结契约的,其所用的法定语言就是当事人的法律";"凡依'要式买卖'或'拟诉弃权'的方式转让物品的,具有法律上的效力"。

3. 适用范围狭窄,采取属人主义原则。《十二表法》表现出狭隘的民族性,仅适用于罗马市民,对非公民一律不予保护。例如,第六表中规定:"外国人永远不能因占有而取得罗马市民所有权"。

4. 严格维护奴隶主阶级的利益和统治秩序,保护私有财产权。对于侵犯人身和财产的各种行为,规定了惩罚和赔偿。例如,第八表"私犯"中规定:"现行窃盗被捕,如为自由人,处笞刑后交被窃者处理;如为奴隶,处笞刑后投塔尔泊奥岩下摔死;如为未适婚人,由长官酌处笞刑,并责令赔偿损失。"第三表"执行"中规定:"期满,债务人不还债的,债权人得拘捕之,押他到长官前,申请执行"。"债权人可拘禁债务人60天。在此期内,债务人仍可谋求和解;如不获和解,则债权人应连续在三个集市日将债务人牵至广场,并高声宣布所判定的金额"。"在第三次牵债务人到广场后,如仍无人代为清偿或保证,债权人得把债务人卖于台伯河以外的外国或把他杀死"。"如债权人有数人时,得分割债务人的肢体进行分配,纵未按债额比例切块,也不

---

① 〔英〕梅因:《古代法》,沈景一译,商务印书馆1984年版,第1页。

以诈骗罪论"。

5. 某些规定反映了平民的要求和对于贵族司法专横的限制。例如,第八表中规定限制利率,"利息不得超过一分,超过的,处高利贷者四倍于超过额的罚金"。第九表中规定:"不得为任何个人的利益,制定特别的法律。""经长官委任的承审员或仲裁员,在执行职务中收受贿赂的,处死刑"。①

6. 保留了许多原始社会的遗迹。例如,第五表规定,死者无遗嘱又无继承人及父系近亲时,可由氏族成员共同继承财产;第八表中规定了同态复仇制度等。

《十二表法》是罗马法发展史上的里程碑,它总结了前一阶段的习惯法,为以后罗马法的发展奠定了基础。《十二表法》标志着平民反对贵族斗争的胜利,在它之后,平民又通过斗争取得了一系列的胜利。根据公元前445年公布的卡努列亚法(lege Canuleja),平民获得了与贵族通婚的权利;根据公元前367年的李锡尼—绥克斯图法(Lex Licinius-sextius)及其后的立法,平民获得了担任执政官和其他高级官吏的权利;根据公元前326年的波提利阿法(Lex Poetelia),平民获得了废除债务奴役制度的胜利。公元前287年霍腾西阿法(Lex Hortensia)规定平民会议的决议可以不经过元老院的同意而发生法律效力,从而又使平民会议成为具有完全立法权的机构。至公元前3世纪前后,旧的氏族贵族的特权基本被取消,平民在政治、经济和法律上都取得了与贵族平等的地位,获得了完全的公民权。平民上层与旧贵族重新组合成的新贵族掌握罗马政权,古罗马社会和罗马法进入了新的历史发展阶段。

共和国前期是罗马市民法的形成时期。市民法亦称公民法,是罗马国家固有的法律,以《十二表法》为基础,包括民众大会和元老院通过的具有规范性的决议以及习惯法规范。市民法仅适用于罗马公民,其内容主要是国家行政管理、诉讼程序、婚姻家庭关系和继承等方面的规范,涉及财产关系的规范不多。其特点是具有保守性和形

---

① 有关《十二表法》的引文见曲可伸著:《罗马法原理》附录,南开大学出版社1988年版,第406页。

式主义色彩,履行法律行为必须经过严格的仪式,做规定的动作及口颂规定的套语。这种特点源于城邦历史环境所产生的狭隘性以及私有制的不发达。

(三)共和国后期(公元前3世纪—公元前1世纪)

共和国后期是罗马市民法得到发展和万民法形成的时期。公元前3世纪后,罗马的奴隶制经济获得极大发展,对外战争的胜利使罗马获得了它的行省,版图日益扩大,最终发展成为横跨欧亚非的庞大帝国。罗马私法也得到了相应的发展。

由于经济生活的日益发展和复杂化,市民法无法满足新兴大商人和大土地所有者的要求,罗马居民也迫切要求在法律关系方面进一步明确私人之间的权利义务。公元前367年,罗马设立最高裁判官,主要管辖罗马公民之间的诉讼案件,所以又称"内事最高裁判官"。至共和国末期,由于罗马疆域的扩大和商业的发展,被征服地区居民与罗马公民之间,以及被征服地区居民之间适用法律的矛盾日益突出。古老的市民法在适用法律上采用的属人主义原则,只赋予罗马公民以法律权利,对于居住在罗马的异邦人和被征服地区的广大居民则不予保护。为了解决罗马公民与被征服地区居民之间以及被征服地区居民之间的权利义务关系,罗马国家于公元前242年又设立"外事最高裁判官",专事这类案件。随着罗马行省的增多,裁判官的数量不断增多,公元前1世纪已达到16名。裁判官在保证市民法适用的同时,通过审判实践和发布"告示"的方式,制定了许多新的法律规范,补充和修改了市民法。经过长期积累,至共和国末期,这种告示形成了一整套固定、统一的法律规范,独立于市民法之外,被称作"最高裁判官法"。最高裁判官法扩大了罗马法的适用范围,较之市民法灵活而不拘形式,体现出"公平合理"的原则。它为"万民法"的兴起开辟了道路,被罗马法学家称作"罗马法的生命之音"。

所谓"万民法",意即"各民族共有"的法律。它主要是通过外事裁判官以发布告示的方式,在不断解决外邦人之间,以及外邦人与罗马人之间因交换关系所产生的实际问题的过程中,逐渐形成的一套规范。其适用范围是罗马公民与非公民之间,以及非罗马公民之间。万民法主要来源于三个方面:第一,清除了形式主义的罗马所固有的

"私法"规范;第二,与罗马人发生联系的其他各民族的规范;第三,地中海商人通用的商业习惯与法规。

万民法是在各个民族的人民扩大商业交往的基础上发展起来的,因此,万民法的内容大都属于财产关系,特别着重调整所有权和债的关系,不涉及家庭、婚姻和继承关系(这些关系仍由市民法调整,或按照属人主义原则由外来人原来适用的法律调整)。与市民法相比,万民法具有简易、灵活、不拘形式的特点,因而更能适应罗马奴隶制经济的发展和统治阶级利益的要求。万民法的形成和发展经历了漫长的历史过程,并与市民法长期并存,互相渗透。裁判官往往将万民法的原则运用到市民法中,而市民法的某些规范也经常被外事裁判官引用。公元212年皇帝卡拉卡拉(Caracalla,211—217年在位)颁布《安敦尼努敕令》,将罗马公民权授予包括外邦人在内的帝国全体自由民。以后,万民法与市民法两个体系的差别逐渐消失,至公元6世纪皇帝查士丁尼(Justini,522—565年在位)编纂法典时,两个体系最终统一。

(四)帝国前期(公元前1世纪—公元3世纪)

市民法和万民法的逐渐融合,使罗马法开始获得世界性的意义。公元1世纪到2世纪,是罗马帝国兴盛时期,也是罗马法发展的"古典时代"。在这一时期,促进罗马法发展的重要因素是法学家活动的日益加强和罗马法学研究的兴盛。同时,随着皇权的逐步加强,皇帝的敕令逐渐成为法律的主要渊源,其他各种形式的立法逐渐消失。

共和国初期公布的《十二表法》是罗马第一部成文法。但由于它的不完备,远不能满足日益扩大的公民交往活动的需要,对法律原有的条文进行解释和补充便提上日程。最初法律的解释权力掌握在贵族祭司集团手中,他们是罗马最初的法学家,他们对法律条文做出的注释成为最早的法律文献。公元前307年执政官克老鸠斯·崔库斯(Appuis Claudius Caecus)的秘书甫拉维乌斯(Craeus Flavius)利用职务之便,把诉讼程序和进行诉讼的日期公布于众,打破了祭司集团垄断法律知识的局面。公元前254年,平民出身的祭司科伦卡纽斯(Tiberius Coruncanius)担任了祭司集团的首领,公开传授法律知识,披露法律资料,解答法律问题,法律从秘密时期进入到公开时期。法学研究之风应运而起,涌现了一批世俗的法学家。

共和国末期罗马法学家的活动普遍带有实际应用的性质,他们的活动主要表现在四个方面:1. 解答:即对于官方和私人所提出的法律问题进行解答;2. 办案:即指导辩护人办案及指导诉讼当事人诉讼;3. 编撰:即为订立契约的当事人撰写合法文书;4. 著述:即法学家从事法学研究并著书立说。这当中,法律解答和著书立说对罗马法的发展具有重大意义。

起初,法律解答纯属法学家的个人意见,并无法律效力。法学家只是法律顾问,而不是具体的司法实践者,并不出庭就具体案件进行论说。但由于他们的造诣和声望,法律解答常常为审判官所接受,并成为办案的依据。从奥古斯都皇帝(Augustus,公元前 27—公元 14 年在位)开始,逐渐授予某些卓越的法学家以法律解答的特权。获得特许解答权的法学家对法律的解答因此比一般法学家的解答更有价值,其解答往往被引证并应用于类似的诉讼案中。哈德良皇帝(P. A. Hadrianus,117—138 年在位)时进一步规定,获得特许解答权的法学家对法律问题的解答意见一致时,其解答意见具有法律效力。从此,法学家的解答成为罗马法渊源的组成部分。

帝国初期,罗马法学家之间由于观点分歧而形成两大法学家派别。一派以卡皮托(Ateius Capito)为创始人,一派以拉比沃(Marcus Antistius Labeo)为创始人。卡皮托的学生萨比努斯(Sabinus)和拉比沃的学生普罗库鲁斯(Proculus)及他们各自的追随者形成以他们的名字为称呼的两大学派。学派之间的对立与论争推动了罗马法的发展。

公元 2—3 世纪,学者辈出,最著名的有五大法学家,即盖尤斯(Gaius,公元 117—180 年)、保罗斯(Paulus,公元 121—180 年)、乌尔比安(Ulpianus,公元 170—228 年)、伯比尼安(Papinianus,约公元 146—212 年)、莫迪斯蒂(Modestinus,公元? —244 年)。法学家对法学的研究范围广泛,涉及法理学、民法、刑法、诉讼法、行政法及宗教法等各个领域。公元 426 年,东罗马皇帝狄奥多西二世(Theodosius Ⅱ,401—450 年在位)和西罗马皇帝瓦伦提尼安三世(Valuntinianus Ⅲ,423—455 年在位)共同颁布《学说引证法》(lex Citationis),

规定只有上述五大法学家的著述和解答具有法律效力。遇有成文法未规定的问题,均按照五位法学家的著述解决。当他们对同一个问题的意见有分歧时,采取其多数的主张;意见相当时,以伯比尼安的为准。《学说引证法》的颁布肯定了五大法学家的地位,但在客观上使其他法学家的解答受到限制,因而阻碍了对罗马法学的创造性研究。五大法学家对法律问题的意见后来被查士丁尼的《学说汇纂》大量采用,据统计有6014条,占全书内容的66%以上。

五大法学家的主要著述简述如下:

1. 盖尤斯:《法学阶梯》、《十二表法注释》、《日用法律知识》、《论行省告示》、《论城市裁判官告示》、《论遗产信托》、《论抵押的方式》及《论解放奴隶》等。

2. 保罗斯:《保罗斯案例》、《论告示》(78卷)、《论萨比努斯派》(16卷)、《问题》(26卷)、《解答》(23卷)及《法学阶梯》等。

3. 乌尔比安:《论萨比努斯派》(51卷)、《论贵族营造司告示》、《解答》、《争论》、《规则》、《市民法和谕令注释》(81卷)和《乌尔比安法学原理》。

4. 伯比尼安:《问题集》(37卷)和《解答集》(19卷)。

5. 莫迪斯蒂:《解答集》(19卷)、《质疑集》(9卷)《规范》(10卷)《法学汇编》(12卷)及《辩解集》等。

帝政时期,民众大会、元老院的立法权名存实亡,其立法权被皇帝的敕令所代替。皇帝所发布的敕令主要有四种:(1)敕谕,是对全国发布的、有关公法和私法方面的命令,具有普遍的法律效力。(2)敕示,是对官吏训示的命令,一般是对各省总督发出的指示,多属行政性质。(3)敕裁,是对重大案件和上诉案件所作出的裁决,其效力原则上仅及于该案的当事人;但该裁决如果涉及法律上的原则问题,公布后可对同类案件发生效力。(4)敕答,是对臣民或官吏提出的法律问题所作的批示答复。其中,敕谕最为重要,是帝国中后期的主要法律渊源。

(五)帝国后期和查士丁尼法典编纂时期(公元3世纪—公元6世纪)

这一时期是奴隶制社会没落和崩溃的时期。公元217年罗马皇帝卡拉卡拉死后,罗马的国势日渐衰微。大规模的内战、瘟疫、奴隶的暴动以及日耳曼人的入侵,使罗马奴隶制的政治经济体系发生深刻危机。50年内战的胜利者戴克里先于公元284年取得政权,实行皇帝的专制统治。为挽救危机,他扩充军队,实行税制和币制改革。其后,君士坦丁帝即位,公元330年迁都希腊殖民地拜占庭旧址,定名君士坦丁堡,罗马城遂失去其重要性。罗马帝国于公元395年正式分裂为东西两部分。公元476年西罗马帝国灭亡。从此,西欧社会向封建社会过渡。

帝政后期,皇帝和法学家致力于法典的编纂是罗马法发展中的显著特点。因此,许多学者将这一时期称作法典编纂时期。最初几部"法典"是私人的作品,以其编纂者的名字而命名,其中第一部为《格利哥里安法典》(Codex Gregorianus),约公布于公元291年,主要内容包括从哈德良皇帝到戴克里先皇帝的敕令。第二部为《赫摩根尼安法典》(Codex Hermogenianus),约公布于公元314—324年间,其主要内容是从公元294年到324年包括君士坦丁和李奇安皇帝共同执政时期的敕令,实际上是《格利哥里安法典》的续编。

第一部正式编纂的官方法典是《狄奥多西法典》(Codex Theodosianus)。公元429年,东罗马帝国皇帝狄奥多西二世任命了由官员和数名法学家组成的委员会,以上述两部"法典"为样板,对君士坦丁皇帝以来的敕令和法学家的著作进行汇编,没有成功。到公元435年又成立一个新的委员会,仅对敕令进行汇编,于公元438年编成,共16卷,内容包括自君士坦丁皇帝以来的敕令3000多种。

公元4世纪末和5世纪初,在东罗马帝国还出现了一些皇帝敕令和法学家著作的合集。如公元1321年在梵蒂冈图书馆发现的"梵蒂冈残片"(全书共232页,但只发现28页,因而得名为"残片");4世纪末、5世纪初编成的"摩西律法和罗马法对照",其中包括一些皇帝的敕令和五大法学家的著作选段。

大规模、系统的法律编纂工作,是在东罗马皇帝查士丁尼统治期间(Justinianus,527—565在位)和他去世后的一段时间里进行的。公元527年,东罗马皇帝查士丁尼即位后,为了恢复昔日罗马版图,谋求罗马昌盛的再现,挽救奴隶制的垂危命运,在发动对西方的战争的同时,对罗马法进行了系统的整理和编纂。他成立了以大臣特里波尼安(Tribonianus)为首、由著名法学家参加的法典编纂委员会,从公元528—534年,先后完成三部法律汇编,即《查士丁尼法典》、《查士丁尼法学总论》、《查士丁尼学说汇纂》。

1.《查士丁尼法典》(Codex Justinianus)。这是一部查士丁尼时期仍然有效的罗马历代皇帝的敕令大全。从公元528年开始,法典编纂委员会对历代的皇帝敕令和元老院决议进行整理、审订和汇编,删除业已失效或与当时法规相抵触的内容,于次年颁布施行。后因发现一些新敕令尚未列入,又重新进行增补修正,于公元534年再度颁行。法典共12卷,每卷分章节,所载敕令一律按年月日顺序编排,并标出颁布各项敕令的皇帝名字。第1卷,教会法和国家公职人员的权利义务;第2卷至第8卷,私法;第9卷,刑法;第10卷至第12卷,行政法。

2.《查士丁尼法学总论》(Institutiones Justinianus),又译为《法学阶梯》。以盖尤斯同名著作为蓝本,参照其他法学家的著作改编而成。公元533年底完成。它是阐述罗马法原理的法律简明教本,也是官方指定的"私法"教科书,具有法律效力。此书共分4卷,各卷的主要内容是:第一卷,人法(自然人和家庭法);第二卷,物和物权以及遗嘱;第三卷,继承、债及契约;第四卷,因侵权行为所生之债和诉讼。

3.《查士丁尼学说汇纂》(Digesta Justinianus),又译为《法学汇编》。从公元530年开始,立法者将历代罗马著名法学家的学说著作和法律解答分门别类地予以汇集、整理、摘录。全书共50卷,于公元533年颁布实施。汇编的内容大体可分为三部分:(1)有关市民法的著作摘录,以萨比努斯学派的学说为主;(2)有关裁判官法的著作摘录,以乌尔比安的学说为主;(3)有关各种实用性的法律问题及案件的著作摘录,以伯比尼安的学说为主。

三部法律汇编完成之后,查士丁尼颁布敕令,宣布今后适用法律均以它们为准,凡未被汇编收入的以往的一切法律,一律作废;凡未被《学说汇纂》收入的以往的法学家著作,一律不准引用。有关三部汇编的疑问,均由皇帝自行解释。

在上述三部法律汇编之后,由于东罗马帝国政治经济和社会生活条件的不断发展,查士丁尼又先后颁布敕令168条,以补充法典的不足。他死后,法学家将这些敕令汇编成册,称《查士丁尼新律》(Novellae Constitutiones Justinianus),简称《新律》。其内容主要涉及公法和教会法范围,有些是对现行法的解释,也有一些是婚姻家庭和遗产继承方面的规范。

以上四部法律汇编,至公元 16 世纪统称为《国法大全》或《民法大全》,与当时通行的《教会法大全》相对应。《国法大全》的问世,标志着罗马法已经发展到最发达、最完备的阶段。

德国法学家耶林(Rudolph von Jhering,1818—1892 年)说过,罗马人曾三次征服世界,第一次用武力,第二次用宗教,第三次用法律。这种说法既概括了罗马人的成就和上千年的罗马历史,同时也在查士丁尼一生的活动中得到映证。

第二节 罗马法的渊源和分类

一、罗马法的渊源

本教科书所指罗马法的渊源,是指罗马法规范的各种表现形式。在罗马国家发展的不同历史阶段,罗马法的具体表现形式是不相同的。罗马法的渊源主要有以下几种:

(一)习惯法。公元前 450 年以前,罗马国家法律的基本渊源为习惯法。《十二表法》的颁布奠定了罗马成文法的基础,标志着罗马法由习惯法进入到成文法阶段。

(二)民众大会与平民会议制定的法律。罗马在共和国时期的主要立法机关是民众大会与平民会议,它们通过的决议即为法律。例如《十二表法》、《卡努列亚法》、《霍腾西阿法》等,是分别由民众大会或平民会议制定和通过的法律。

(三)元老院的决议。元老院是罗马贵族的代表机关,在王政时期主要是咨询机关,在共和国时期成为罗马最高国家政权机关,并享有一定立法职能,民众大会或平民会议通过的法律须经它的批准方能生效。帝国时期,元老院被皇帝所控制并被授予立法权,其本身所通过的决议具有法律效力。

（四）长官的告示。罗马高级行政长官和最高裁判官发布的告示具有法律效力。其中最高裁判官发布的告示最多，包括其上任时发布的特殊公告、宣布的施政方针及办案原则，也包括其在任期一年内的司法实践中所确立的一些审理案件的准则。帝国时期，因诉讼活动增多，最高裁判官已增至10余名，前任裁判官发布的告示，经常为后任裁判官沿袭和借鉴，从而形成最高裁判官法，成为罗马法的重要渊源之一。

（五）皇帝的敕令。帝国时期，皇帝的敕令成为最重要的法律渊源。主要包括：敕谕、敕裁、敕示、敕答。

（六）法学家的解答与著述。奥古斯都执政时期赋予若干法学家解答法律的特权，使其具有法律效力。公元426年罗马皇帝颁布的《学说引证法》，规定五大法学家的法学著作和法律解释具有法律效力，从而使法学家的著述成为法律渊源之一。

二、罗马法的分类

罗马法学家依据不同标准，从不同角度将法律划分为以下几类：

（一）公法与私法。这是根据法律所调整的不同对象而作的划分，是由罗马五大法学家之一乌尔比安首先提出的。公法包括宗教祭祀活动和国家机关组织与活动的规范；私法包括所有权、债权、婚姻家庭与继承等方面的规范。查士丁尼《法学阶梯》指出："公法涉及罗马帝国的政体，私法则涉及个人的利益"。① 罗马法还明确规定了公法、私法适用的不同原则和效力，《学说汇纂》指出："公法的规范不得由个人之间的协议而变更"，而私法规范则是任意性的，可以由当事人的意志而更改，它的原则是"对当事人来说'协议就是法律'"。② 罗马法学家有关公、私法的划分，不仅被当时的罗马立法所采用，也为后世资产阶级学者所接受。罗马法以私法为发达，对后世的影响也最大。通常人们所说的罗马法，是指罗马私法而言。

（二）成文法与不成文法。这是依照法律的表现形式所作的划

---

① 〔罗马〕查士丁尼著：《法学总论》，张企泰译，商务印书馆1989年版，第5—6页。
② 周枏著：《罗马法原论》（上册），商务印书馆1994年版，第84页。

分。《法学总论》阐明:"我们的法律或是成文的,或是不成文的,正如希腊的法律,有些是成文的,有些是不成文的。成文法包括法律、平民决议、元老院决议、皇帝的法令、长官的告示和法学家的解答。"① 所以,成文法是指所有以书面形式发表并具有法律效力的规范。不成文法是指被统治阶级所认可的习惯法。

(三) 自然法、市民法和万民法。这是根据罗马法的适用范围所作的分类。对这种分类,罗马法学家的看法并不一致,有三分法与二分法之争。乌尔比安认为:"自然法是大自然传授给一切动物的法则",来源于自然理性,是生物间的规则,因此罗马法应由自然法、市民法和万民法三部分组成。持两分法说的是盖尤斯,他认为自然法不是独立的体系,其观念规则已融合在万民法之中,罗马法应由市民法与万民法两部分构成。市民法是指仅适用于罗马市民的法律,包括罗马的习惯法、《十二表法》等民众大会通过的法律和元老院的决议等,是罗马国家固有的调整公民内部法律关系的一种特权法。盖尤斯说:"实际上,每一个民族都为自己创立法,一个城邦的法就是这种法,它被称为'市民法',可以说它是该城邦自己的法"。② 万民法是调整外来人之间以及外来人与罗马公民之间财产关系的法律,故也被称为"各民族共有的法律"。

(四) 市民法与长官法。这是根据立法方式不同所作的分类。长官法专指由罗马国家高级官吏所发布的告示、命令等构成的法律,其中最高裁判官颁布的告示数量最多,是构成长官法的主要组成部分,故长官法又常常被称为裁判官法。长官法的内容多为私法,在私法体系中占有重要地位。与市民法的立法方式不同,长官法不是通过罗马的立法机关依照立法程序制定的,而主要是靠裁判官的司法实践活动逐渐形成的。

(五) 人法、物法、诉讼法。这是按照权利主体、客体和私权保护为内容所作的分类。人法是规定人格与身份的法律,包括权利能力、行为能力、婚姻与亲属关系等。物法是涉及财产关系的法律,包括

---

① 〔罗马〕查士丁尼著:《法学总论》,张企泰译,商务印书馆1989年版,第7页。
② 〔古罗马〕优士丁尼:《学说汇纂》,中国政法大学出版社1992年版,第39页。

物、物权、继承和债等。诉讼法是规定私权保护的方法,主要包括诉讼程序与法官职权等。此种分类被《查士丁尼法学阶梯》所沿用。

第三节 罗马私法的体系及其基本内容

盖尤斯与查士丁尼的《法学阶梯》按照法律上的权利主体、客体和保护方法,将罗马法分为人法、物法和诉讼法三部分。人法包括自然人及法人、婚姻和亲属法;物法包括物权法、债法和继承法;诉讼法虽然与罗马私法的发展密切相关,但罗马私法的主要内容是实体法而不是诉讼法。

一、人法

人法又称身份法,是对权利主体的身份、资格的规定,大致包括人格、行为能力、婚姻家庭等内容。

(一)自然人

罗马法关于人的概念以法律地位的不同而使用不同的称呼:作为生物的人包括自由人和奴隶,用霍谟(Homo)这个词表述;作为法律主体的自然人,不包括奴隶,用波尔梭那(persona)这个词表述。罗马法规定,作为权利义务主体的自然人必须具有人格,即享有权利和承担义务的资格。奴隶虽是生物学概念上的人,但因其不具有法律人格,不能成为权利义务主体,而被视为权利客体。盖尤斯的《法学阶梯》中说:"人法中最重要的划分是:所有的人或者是自由人或者是奴隶。"[①]

关于自然人的法律资格,根据法律的规定是因出生而取得,因死亡而丧失。出生时婴儿必须离开母体;必须有生命、有存活能力、具备正常人的形体。死亡使自然人的权利终止。如果亲属两人以上同时死亡,为了确定继承的起点和顺序,必须推定他们死亡的先后。推定的原则是:男 14 岁、女 12 岁以下的未成年人先于其尊亲属死亡;

---

① 〔古罗马〕盖尤斯著:《法学阶梯》,黄风译,中国政法大学出版社 1996 年版,第 4 页。

成年卑亲属后于老年尊亲属死亡。罗马法还有宣告失踪的规定。

罗马法称自然人的权利能力为人格。只有具备完全人格的人，才能取得完全的权利能力。

罗马法上的人格由自由权、市民权和家族权三种身份权构成：

1. 自由权。自由权是自由实现自己意志的权利，是享有市民权和家族权的前提条件和基础，没有自由权，即为奴隶，也就无其他权利可言。罗马法依据自由权的有无，将居民区分为自由民和奴隶。查士丁尼《法学阶梯》规定，自由权的取得来自两个方面：一是生来自由人，父母是自由人，其子女也为自由人；二是解放自由人，奴隶由于获得解放而取得自由人的身份，可以成为权利主体。但解放自由人的权利仍受到一定的限制，如无选举权和被选举权，不能立遗嘱等。奴隶解放的方式有主人解放和法定解放。主人解放指奴隶的主人通过一定形式自愿解放奴隶；法定解放指按法律规定而获得解放。

2. 市民权（也称公民权）。市民权是罗马公民所享有的特权，包括公权和私权两部分。公权指选举权、参政权、担任国家公职权等。私权指结婚权、财产权、遗嘱权、诉讼权等。市民身份的取得，有出生、法律宣布和罗马皇帝赐予等方式。外来人① 在很长间内没有公民资格。外来人初指罗马城市以外的自由人，后指意大利以外的居民，帝国时期泛指市民和拉丁人以外的自由人，包括同罗马订有条约的友邦国家的人民。外来人不享有市民法所规定的权利，他们的法律关系属同一国籍的，适用本国法，一方是外来人，另一方是罗马人的则适用万民法。拉丁人② 是介于罗马市民和外来人之间的中间等级，享有财产权和部分公权，但不享有荣誉权。由于商品经济的发展，客观上要求民事权利主体地位平等，打破身份的限制。公元212年卡拉卡拉皇帝颁布敕令，授予罗马境内所有自由人以公民权。至

---

① 外来人初指罗马城市以外的自由人，后指意大利以外的居民，帝国时期泛指市民和拉丁人以外的自由人，包括同罗马订有条约的友邦国家的人民。外来人不享有市民法所规定的权利，他们的法律关系属同一国籍的，适用本国法，一方是外来人，另一方是罗马人的则适用万民法。

② 拉丁人与罗马人同种族、同语言、同宗教、同习惯。开始指罗马市郊拉丁区居民，后来扩展到意大利半岛的所有居民。

此,除奴隶外,公民和非公民之间的界限完全消失。

3. 家族权(也称家长权)。家族权是指家族团体内的成员在家族关系中所享有的权利。罗马长期实行家长制,家长对全家成员握有支配权,对外代表全家签订契约、参加诉讼。法律上称家长为"自权人";其他处于家父权力之下的人(妻、子、女等)称"他权人"。

罗马法规定,只有同时具备上述三种身份权的人,才能在法律上享有完全的权利能力,也才属于具备完整人格的人。上述三种身份权全部或部分丧失,人格即发生变化,罗马法称之为"人格减等"。丧失自由权即沦落为奴隶,权利被剥夺殆尽,称人格大减等;丧失市民权但仍保留其自由人身份,称人格中减等;丧失家族权,由原来的自权人降为他权人,但仍保持自由人与公民身份,称人格小减等。

罗马法关于人格的概念,为后世的人法理论奠定了基础。

罗马法还对自然人的行为能力,即能否以自己的行为独立实现其权利能力做出明确规定:只有年满25岁的成年男子才享有完全的行为能力。不满7岁的幼童和精神病患者完全无行为能力,其行为能力由家长或监护人、保佐人代其行使。以下四种人行为能力受到限制:(1)男7岁以上、14岁以下,女7岁以上、12岁以下,为未适婚人,其行为非得监护人的同意不发生法律效力。(2)已达适婚年龄,但未满25岁者,为适婚而未成年人,他们原则上有行为能力,但由于年少,缺乏经验,可为他们安排保佐人。在欺诈之诉中法律对他们的利益加以特别保护。(3)浪费人,指滥用财产、挥霍无度、损害本人及家属利益的人,法院根据利害关系人的请求,宣告禁治产。在宣告禁治产期间,浪费人所为的法律行为如未得保佐人或财产管理人的同意,不具法律效力。(4)成年妇女,罗马妇女长期处于家父权和夫权的监护之下,行为能力受到限制。后来妇女地位虽有改善,但有关重大的法律行为仍须得到监护人的同意。直到查士丁尼时期,妇女仍然没有公权。

(二)法人

罗马法上并无完整的法人制度,也无明确的法人概念和术语。最初,市民法只承认自然人为权利主体。尽管社会上已出现某些团体,但在法律上它们并不享有独立的人格。

共和国后期,随着商品经济的发展,人们为某种共同利益所进行的共同活动不断增加,社会团体大量涌现,各种团体在社会生活中所发生的作用以及由此产生的诸多关系需要相应的法律加以确认和调整。于是,罗马法学家开始注意到团体与参加团体的各个成员是不同的。到帝国初期,提出了许多有价值的论断,如"团体具有独立人格","团体成员的变动不影响团体组织的继续存在","个人财产与团体财产要完全分开,团体债务并非个别人的债务",等等。这些论断已初步涉及法人概念的本质和主要特征。至帝国时期,罗马法开始承认某些特殊团体,如商业团体、宗教团体、慈善团体、地方政府乃至国库等,在法律上享有独立人格,享受权利,承担义务。

罗马法的法人分社团法人和财团法人两种。前者以自然人的集合为成立的基础,如地方行政机关、宗教团体、手工业行会、士兵会等;后者以财产为其成立的基础,如慈善基金、商业基金、国库以及"未继承的遗产"等。

根据奥古斯都时期优利亚法的规定(公元4年),法人的成立必须具备三个条件:(1)必须以帮助国家或社会公共利益为目的;(2)必须具有物质基础,社团要达到最低法定人数(三人以上),财团须拥有一定数额的财产,数额多少没有严格规定;(3)必须经过政府的批准或皇帝的特许。当社团的成员减少到不足三人,财团的财产缺乏到不能维持,或政府撤销承认以及法人章程所定之目的完成时,法人即行消灭。

(三)婚姻与家庭法

婚姻法、家庭法是罗马人法的组成部分。婚龄为男14岁、女12岁,实行一夫一妻制原则。

罗马的婚姻制度经历了由"有夫权婚姻"向"无夫权婚姻"的演变过程。早期实行的是"有夫权婚姻",也称"要式婚姻"。其基本特征是:丈夫享有特权,妻无任何权利,妻完全被夫的特权所支配。婚姻以家庭利益为基础,被视为男女的终身结合,目的在于生男育女,继血统,承祭祀。结婚方式有共食婚、买卖婚和时效婚。结婚以后,妻便脱离父家而加入夫的家族,受夫权支配,其地位"似夫之女",身份、姓氏均依其夫。妻不忠时,夫有权将其杀死。妻的财产不论婚前或婚后所得,一律归夫所有。未经夫的允许,妻不得独立为法律行为。

共和国后半期,产生了"无夫权婚姻",也称万民法婚姻或自由婚姻。帝国时期则广泛流行。无夫权婚姻不再以家族利益为基础,而以男女双方的本人利益为依据。生子、继嗣降为次要地位。查士丁尼《法学阶梯》规定"婚姻是一男一女以永久共同生活为目的的结合"。这种婚姻不需要履行法定仪式,只要男女双方同意,达到适婚年龄,即可成立。夫对妻无所谓"夫权",妻没有绝对服从丈夫的义务,夫妻财产各自独立,妻的财产不论婚前婚后所得一律属自己所有。夫妻财产彼此没有继承权。后来裁判官法规定,无法定继承人时,配偶有继承权。

古罗马实行一夫一妻的家长制家庭制度。家庭是指在家长管辖下的一切人和物的总和,包括妻、儿女、孙儿女、奴隶、牲畜及其他财物。家长(称家父)由辈分最高的男性担任,在家庭中享有至高无上的权威,对家庭财产和所属成员有管辖权和支配权。维系亲属关系的纽带是宗亲和血亲。罗马法早期,家庭关系以宗亲为基础。宗亲只包括男性后裔,不以血缘关系为必要条件:嫁入的女性和养子虽然无实际的血缘关系,也视为宗亲。出嫁到他人家庭的女性,则不算宗亲。共和国后期,家庭逐渐以血缘关系为基础,称为血亲。共和国后期,家长制家庭关系逐渐发生变化。家父作为家庭中的主宰,权利日益受到限制,家庭成员的地位不断得到提高。帝国时期,法律明确规定,家父在家庭中不仅享有权利,而且负有扶养直系尊亲属和卑亲属、婚嫁子女、立遗嘱时给法定继承人保留特留份等义务。

二、物法

物法包括物权、继承权和债权三个基本内容。物法在罗马私法体系中占有极其重要的地位,是罗马私法的主体和核心。物法对后世民法的影响最大,为大陆法系所直接继承,成为近代制定民法典的主要依据。

(一)物权

1. 物的概念和分类

(1)物的概念。罗马法上所说的物,范围较广,泛指除自由人以外存在于自然界的一切东西。不仅包括有形物体和具有金钱价值的东西,而且包括无形体的法律关系和权利,如役权、质权等。奴隶在古罗马不是权利义务主体,也是物。

(2) 物的分类。罗马法根据物的性能对物进行了分类,主要有:要式转移物与略式转移物、可有物与不可有物、有体物与无体物、动产与不动产、消费物与非消费物、主物与从物、特定物与非特定物、有主物与无主物、原物与孳息、单一物与集合物等。

2. 物权的概念和种类

(1) 物权的概念。物权是指权利人可以直接行使于物上的权利。罗马法学家认为它是指人和物的关系,其内容与债权不同。物权的范围和种类皆由法律规定,而不能由当事人自由创设。只有法律所规定的物权才受法律的保护。

(2) 物权的种类。在古罗马,后世学者所说的物权和债权最早称为对物之诉和对人之诉,即对物诉讼所保护的权利和对人诉讼所保护的权利;前者称为对物权,后者称为对人权。罗马法上的对物权主要有所有权、役权、地上权、永佃权、质权等。按照物权标的物的归属,可分为自物权和他物权。物权标的物属于权利人本人的,称自物权,属于他人的,称他物权。上述物权中,只有所有权属于自物权,其余的属他物权。

3. 所有权。所有权是物权的核心,是权利人可直接行使于物上的最完全的权利。

(1) 所有权的内容和特征。所有权的内容,即所有人所享有的基本权能,包括:占有、使用、收益和处分的权利及禁止他人对其所有物为任何行为的一切权利。《查士丁尼学说汇纂》称所有权为"所有权人对物的最完全的支配权"。盖尤斯曾总结出所有权具有绝对性、排他性和永续性的特征。绝对性是指所有人在法律允许的范围内可以任意处分其所有物而不受任何限制;排他性是指"一物不能同时有两个所有权",所有人有权禁止或排除他人在其所有物上进行的任何干预;永续性是指"所有权与其标的物的命运共始终",只要所有权人无消灭其所有物的意思,亦无毁灭其所有物的意外事故发生,其对该物的所有权将永远存在。

(2) 所有权的形式。所有权的形式随着罗马社会的演进而有所变化。市民所有权是最早出现的所有权的形式。这种所有权的特点是：第一，所有权的主体只能是罗马公民。不具备市民权的人不能享有之，其财产得不到市民法保护。第二，所有权的客体十分狭窄，能作为所有权客体的只有意大利半岛的土地和法律所限定的动产如牲畜、奴隶等。第三，所有权的转移必须严格遵照法定的曼兮帕蓄式①、拟诉弃权式② 等方式进行。

由于市民所有权过于保守，不能适应奴隶制经济和商业发展的需要，从共和国后半期开始，逐渐出现了一些新的所有权形式：

最高裁判官所有权 它突破了市民法所有权关于要式转移物的转移方式的严格要求，确认以当事人协议或其他简便方式（略式转移方式）转移所有权的法律效力。是共和国后期广为流行的所有权形式。

外省土地所有权 它突破了市民法所有权关于所有权客体的限制。最初，被征服的各省土地被视为"公地"，属于国有，私人不得买卖、交换和赠与，国家只赋予当地的贵族、官吏和商人以占有和使用权。至公元1世纪，各省的土地买卖现象已相当普遍，土地逐渐集中到少数奴隶主手中，没有被市民法确认。于是，国家不得不通过最高裁判官的审判活动和颁布告示的方式来保障他们的利益，从而形成了外省土地所有权。

外来人所有权 它突破了市民法所有权关于所有权主体的限制。最初，外来人的财产得不到市民法保护。帝国初期，罗马统治者通过万民法承认其所有权主体地位，赋予他们与罗马公民一样享有对财产的使用、占有和支配权利，从而出现了外来人所有权。

帝国后期，由于中央集权的发展，城邦国家的结构形式失去意

---

① 曼兮帕蓄式是市民法所有权转移的方式之一。据盖尤斯的《法学阶梯》记载，买卖当事人必须亲自到场，由已达适婚年龄的五人为证人，另同一资格的人为司秤。买受人一手持标的物，一手持铜块说："按罗马法律，此物为我所有，我是以此铜块和秤买来的。"说毕，以铜块击秤，买卖完成。

② 拟诉弃权式也是市民法转移所有权的一种方式，即当事人利用诉讼程序以转移财物的所有权。

义,外来人全部获得公民权以及所有权的转移方式普遍简化等原因,上述所有权的差别逐渐消失。《查士丁尼法典》正式取消了这种差别,最终形成了统一的、无限制的所有权形式。无限制所有权的概念后又被资产阶级发展成为私有财产权无限制原则。

(3) 所有权的取得。罗马法依据取得的来源和手续,将所有权取得的方法分为:① 原始取得。包括"先占取的"(法律规定:"自然理性要求以无主之物,归属最先占有者。");添附(如岸边土地冲击扩展归岸边土地所有者);加工;孳息及依时效取得。② 契约取得。通过订立契约取得所有权。③ 法律取得。如接受遗赠、取得依法赠予的财物等。

(4) 所有权的保护和消灭。所有权的保护有两种:① 请求收回所有权的诉讼。② 请求排除他人对所有权妨害的诉讼。

所有权的消灭有:① 事实上的消灭,如房屋毁坏、动物死亡或逃逸。② 法律上的消灭,分为绝对消灭和相对消灭。前者如所有权客体的消灭、奴隶死亡或解放等情况;后者如买卖、转让等行为,虽然所有权人发生更换但标的物仍然存在。

4. 占有。罗马法认为,占有是一种事实,而不是权利,是指对物有事实上的管领力。占有是所有权诸要素中的重要内容,属于所有权人的占有,严格受法律保护,不受他人的侵犯。但占有也有和所有权脱离的情况。占有在罗马法中是个复杂的问题。

5. 他物权。他物权不同于所有权,是对他人所有物直接享有的权利。他物权不能离开所有权而单独存在,而是基于他人的所有权而产生的物权。罗马法上的他物权分为用益物权和担保物权两种。用益物权包括役权、地上权和永佃权;担保物权包括质权和抵押权。

役权是为特定人或特定土地的利益和便利,而使用他人所有物的权利。它是罗马法中最重要、并且出现最早的一种他物权。役权分为地役权和人役权两种。地役权是为自己土地的方便和利益而使用他人土地的权利。自己的土地称为需役地;他人的土地称为供役地。人役权是为特定人的利益而使用他人所有物的权利。人役权包括使用权、收益权和居住权等。

地上权是以支付租金为代价而利用他人土地建筑房屋供自己长

期使用、出租、出让、抵押的权利。

永佃权是以支付租金为代价而长期或永久使用并收益他人不动产的权利。

质权和抵押权是债务人或第三人以物权保证债务的履行,从而使债权人对担保物取得一定的权利。如果在履行协议时向债权人转移了占有权(实际控制权),称为质权;如果标的仍由债务人占有,则债权人对其享有抵押权。

(二) 继承

罗马法的继承概念与现代的继承概念不同。罗马法的继承概念是指死者人格和财产的延续。由于罗马长期实行家长制家庭制度,家父死后,其权利必须延续下去,所以,继承既包括对死者身份的继承,也包括对财产权利义务的继承,这种继承即所谓"概括继承"。查士丁尼时期,继承已限定为对死者的财产的继承,但仍然实行概括继承的原则。《查士丁尼法学阶梯》给继承所下的定义是:"以被继承人的遗产概括地转移于继承人,但专指被继承人的权利和义务不在此限"。因此,罗马法上的继承权是指死者所有权的延伸,而非指继承人的权利。公元543年,查士丁尼颁布敕令对继承制度进行彻底改革,规定继承人从继承开始,应于60天内将遗产编制成财产目录,其所负债务仅以已经登记在财产目录范围以内的遗产为限,从而废除了以往的继承人无限责任原则,而代之以有限责任原则。

罗马法上的遗产继承有两种方式,即法定继承和遗嘱继承。

1. 法定继承

《十二表法》称法定继承为无遗嘱继承。指死者生前未立遗嘱,而按照法律来确定继承人的顺序。法定继承必须在以下几种情况下才能采用:被继承人生前未立遗嘱;虽立有遗嘱,但由于某种原因而归于无效;遗嘱中指定的继承人全部拒绝继承。

法定继承人的顺序在罗马法发展的不同时期有着不同的规定。总的原则是,变宗亲继承为血亲继承。《十二表法》规定以宗亲关系为继承的基础,女性后裔没有继承权。以后经裁判官法改革,逐渐代之以以血亲为基础的继承原则,女性有了同等继承权。至查士丁尼进行法律编纂时,法定继承人的顺序是:(1) 直系卑亲属;(2) 直系尊亲属及同胞兄弟姐妹;(3)同父异母或同母异父的兄弟姐妹;(4)其他旁系血亲;(5)生存配偶。

2. 遗嘱继承

遗嘱继承是依照行为人生前立下的遗嘱所进行的遗产转移和分配。这种行为的效力从被继承人死亡时开始发生,效力涉及全部遗产。不允许同时按遗嘱又按法定来处理。由于罗马奴隶制商品经济发达,遗嘱继承极为盛行。罗马法对遗嘱继承制度作了全面系统的规定,包括遗嘱方式、遗嘱能力、继承人的指定、遗嘱的效用和遗嘱的限制等。

(三)债权

1. 债的概念和特征

在罗马法中,债权是物权的一个重要内容。《查士丁尼法典》给债下的定义是:"债是依国法得使他人为一定给付的法锁"。所谓法锁是指特定的双方当事人之间用法律来连结和约束。《学说汇纂》规定:"债的本质,非以某物或某种役权归我所有,而是使他人给与某物、为某事或为某物的给付"。

从上述规定可以看出,债的基本特征是:(1)债是债权人和债务人之间的权利和义务关系。(2)债的标的是给付,债权人对标的物不能直接行使权利,只能通过向债务人请求给付而间接行使权利;(3)债一经成立,便具有法律效力,受法律保护,如果债务人不履行义务,债权人有权诉请强制执行或诉请赔偿损失。

债权与物权的区别是:(1)取得物权能长期享有,具有永久性;而债权是暂时的,有一定期限。(2)物权享有人可以直接对物实施权利;而债权则须依赖他人的行为。(3)物权有追及权和优先权,债权则无此二项权利。

2. 债发生的原因

罗马法将债发生的原因分为两类:一类是合法原因,即由双方当事人因订立契约而引起的债;一类是违法原因,即由侵权行为而引起的债,罗马法称之为"私犯"。后来,又规定了准契约和准私犯为债发生的原因。

(1)契约。契约是债发生的主要原因。契约必须具备如下要件:当事人必须具备订立契约的能力;当事人必须意思一致;必须具备法定的订立方式和法律认可的原因。

罗马早期,由于商品交换不发达,只有买卖、借贷等少数几种契约,订立契约应符合形式上的要求,如,买卖要式转移物的曼兮帕蓄式、进行借贷的涅克疏姆式、口头契约的斯帕蓄式等。共和国后期,随着商品经济的发展,出现了各式各样的契约,罗马法学家把这些契约分为四类,即要物契约、口头契约、文书契约和合意契约。

要物契约是指要求转移标的物才能成立的契约。属于这类契约的有借贷和寄托。口头契约是由当事人以一定语言订立的契约,由债权人提问、债务人回答而订立。文书契约是登载于账簿而发生效力的契约,相当于后世的契据。合意契约既不要求文书,也不需要当事人在场,双方当事人只要"意思一致"即可。属于这类契约的主要有买卖、租赁、合伙、委托等。合意契约是流行最广、在经济生活中起重要作用的契约。

(2) 准契约。指双方当事人间虽未订立契约,但因其行为而产生与契约相同效果的法律关系,并具有同等的法律效力。主要包括无因管理、不当得利、监护和保佐、海损、共有、遗赠等。

(3) 私犯。私犯也是债发生的根据。罗马法将违法行为分为"公犯"与"私犯"两类。公犯指危害国家的行为,犯者受刑事惩罚;私犯指侵犯他人人身或财产的行为,应负赔偿责任。《查士丁尼法学阶梯》所列私犯有四种,即窃盗、强盗、对物私犯和对人私犯。窃盗指窃取他人财物为己有,或窃用、窃占他人财物。强盗指以暴力非法攫取他人财物的行为。对物私犯指非法损害或破坏他人的财物,如焚毁他人房屋、杀害他人家畜等。对人私犯指加害他人的身体和损伤他人的名誉、侮辱他人人格的行为。

罗马法规定私犯的责任条件是:客观上须有损害事实发生;造成损害事实的行为是违法行为;违法行为与损害事实之间有因果关系;行为人须有过错。

(4) 准私犯。指类似私犯而未列入私犯的侵权行为。如法官渎职造成审判错误而使诉讼人利益受到损害;自屋内向屋外抛掷物件而致人伤害;奴隶、家畜造成的对他人的侵害等,都要负赔偿责任。

三、诉讼法

与公法和私法的划分相适应,诉讼也分为公诉与私诉两种。

公诉是对损害国家利益的诉讼;私诉是根据个人的申诉,对涉及私人利益案件的诉讼。私诉是保护私权的法律手段,相当于后世的民事诉讼。在罗马私法中,有关私诉方面的法律所涉及的内容比较广泛,规定得比较详尽,确立的一些诉讼原则也独具特色。私诉分为两类:对人诉讼、对物诉讼。对人诉讼涉及的是债的关系,对物诉讼涉及的是物权关系,也包括身份权、家庭权方面的内容。《查士丁尼法学总论》指出:"诉权无非是指有权在审判员面前追诉取得人们所应得的东西。"①

根据不同时期的需要,罗马国家先后实行了三种私诉程序:

(一)法定诉讼

亦称旧式诉讼,是罗马国家最古老的诉讼程序,盛行于共和国前期,只适用于罗马市民。诉讼时,双方当事人必须亲自到场,原则上不得委托他人代理,双方当事人的陈述须讲固定的术语,配合固定的动作,并应携带争讼物到庭。整个程序分为法律审查与事实审查两个阶段。前一阶段主要审查当事人的诉权是否为法律所承认,请求权属于何种性质,如何适用法律等,然后决定是否准予起诉。后一阶段主要对起诉案件作实质审理,审查事实和证据,依照裁判官的意见要点,由民选的承审法官做出判决。

(二)程式诉讼

程式诉讼是裁判官在审判实践中所创立的诉讼程序。共和国后期,适应对外经济发展的需要,最高裁判官采用了程式诉讼的形式,以弥补法定诉讼形式主义的缺陷。

程式诉讼由裁判官做成一定程式的书状,内容主要包括诉讼人请求的原因和目的,抗辩的记载及判决的提示等。诉讼程序仍分法律审查与事实审查两个阶段。先由原告向裁判官陈述要求和理由,裁判官拟成一定程式的书状,然后移交民选的承审法官,命他们按书

---

① 〔罗马〕查士丁尼著:《法学总论》,张企泰译,商务印书馆1989年版,第205页。

状载明的案情要点和判决的提示进行审理和裁判。程式诉讼废除了法定诉讼繁琐严格的形式,简化了手续,双方当事人均可自由陈述意见,并允许被告委托他人代为出庭辩护,也可以缺席裁判。程式诉讼扩大了适用范围,不仅适用于罗马公民,也适用于审理外国人的违法案件。

(三) 特别诉讼

亦称非常诉讼,开始于罗马帝国初期,在帝国后期成为主要的诉讼制度。其特征是废除了过去两个阶段的划分,诉讼活动自始至终由一个官吏担任;侦查时允许告密;为了取证,可以对当事人进行刑讯逼供。对当事人提出的证据裁判官可以自由心证决定取舍。审判不再公开进行,只许少数有关人员参加。特别诉讼允许代理和辩护,并为此规定了上诉制度。但上诉败诉则科以罚金。

第四节 罗马法的复兴和影响

一、罗马法的复兴

(一) 从西罗马帝国灭亡到罗马法复兴前罗马法在西欧的局部保留

在西欧自西罗马帝国灭亡后,在东欧自查士丁尼皇帝以后,欧洲历史逐渐进入到封建的中古时期。随着罗马文明的衰落,罗马法失去其作为国家的主要法律渊源的统治地位,但它在西欧社会生活中的影响却并未消失。从5世纪至11世纪末期,即西罗马帝国灭亡到罗马法复兴以前,西欧主要通行日耳曼法和以日耳曼法为基础同时受到罗马法影响的地方习惯法。在日耳曼人建立的各"蛮族国家"中,罗马法在某些地区和某些领域保持着效力,这成为罗马法得以保存的重要途径。其主要表现是:

1. 日耳曼人侵入西罗马后,由于社会制度上罗马因素和日耳曼因素的相互影响,各日耳曼王国在适用法律方面均采用属人主义原则,其结果形成日耳曼法与罗马法并存,并且逐渐相互渗透、相互融合。为了便于适用,一些日耳曼王国进行了罗马法的编纂,用以调整罗马人之间的关系。例如5世纪末、6世纪初勃艮第王国颁布的罗马法典；西哥特王国阿拉利克二世时期编纂的《阿拉利克罗马法辑要》。

2. 教会法在形成过程中吸收了许多罗马法的原则和制度，使罗马法得以保留。并且，由于教会法的地位在日耳曼王国时期逐渐上升，通晓罗马法的教会僧侣通过协助各日耳曼王国进行行政管理、法律编纂、司法审判等，客观上传播了罗马法。

3. 中世纪初期，自然经济占统治地位，商业普遍衰退，但在意大利和法国南部等地区残存下来的城市中，以及在各地有限的商业活动中，仍然按照罗马法原则行事，这使罗马法的某些原则以地方商业习惯的形式继续存在。

（二）罗马法复兴的原因

在5世纪至11世纪，罗马法在西欧虽然局部地得到保留，但其适用范围仍然是有限的，法学处于衰退和湮没无闻的状态。自12世纪开始，西欧各国先后出现了一个研究、采用罗马法的热潮，历史上称作罗马法复兴(Reformation of Roman Law)。通过罗马法复兴运动，罗马法的地位及适用范围得到提高和扩大。在西欧各国，凡是地方习惯和王室法令没有规定的问题都可以引用罗马法，罗马法成为一种重要的补充法律。同时，法学也得到蓬勃发展。罗马法复兴、文艺复兴、宗教改革共同构成中世纪西欧三大改革运动，为资本主义制度的诞生做出了政治、经济、思想上的准备。

公元1135年，在意大利北部的阿玛尔非地区发现了查士丁尼的《国法大全》的手抄本。有学者认为，这个偶然的发现引发了罗马法的复兴运动。不可否认，《国法大全》的重新问世对罗马法复兴有着直接的影响。但是，根据德国法学家萨维尼(Savigny, 1779—1861)在其著作《中古罗马法史》中的论述，中世纪早期西欧的教会图书馆中亦保存有查士丁尼法律的原本和手抄本，并且这些法律文献经常为教会法学者所引证。罗马法在西欧的复兴不是偶然的现象，而是西欧封建社会发展到一定阶段的要求，也是罗马法本身的性质和特点所决定的。

在经过长期衰退以后，11世纪后期到12世纪初期，欧洲的经济进入到发展相对迅速的时期。农业生产力的提高、手工业和商业的发展、十字军东征对商品交流的推动作用,使欧洲逐步从封闭的自然经济向开放的市场经济过渡,工商业城市迅速发展起来,并产生了市民阶层。实现法律的统一,取消封建特权和封建等级制度的束缚,实现当事人的民事权利平等,实现契约自由,成为新产生的社会经济环境的迫切要求。而当时西欧各国现有的法律,包括习惯法、商法、城市法、教会法和王室的立法都不能适应这种客观需要。其中商法虽然是针对商业关系的法律,但它只调整商人之间,以及商人与非商人之间由于商业活动所产生的法律关系,对于双方当事人不是商人的案件均不受理,并且商业法院只在城市设立。由于欧洲尚处于封建割据时期,国王只能在自己直辖的领地上行使权力,除英国以外尚不存在全国性的立法和司法机关,所以,国王政府制定的法令也无法满足经济条件变化而产生的要求。在这种情况下,从整体上看,已经中断了5、6个世纪的罗马法以其丰富的内容、完备的体系、科学的精神成为社会所需要的现成的法律。"因为在罗马法中,凡是中世纪后期的市民阶级还在不自觉追求的东西,都已经有了现成的"。[①] 罗马法复兴运动适应了中世纪资本主义萌芽的客观需求,罗马法在新的历史条件下焕发了新的生命力。

(三)罗马法复兴的经过及研究罗马法的学派

罗马法复兴自12世纪开始,延续数百年,相继出现了波伦亚、巴黎、伦敦等研究中心。在研习罗马法的热潮中,学者以法律院校为基地,翻译、注释、研究罗马法文献,探究罗马法的精神,逐渐形成研究罗马法的不同学派。先后形成的三个学派是:

1. 注释法学派。复兴罗马法是从大学研究《国法大全》开始的。意大利最古老的大学——波伦亚大学是研究罗马法最初的中心。这所大学是1158年由德意志皇帝授予特许状成立的,开始只有法律系,后来增加了医学、神学系。13世纪初,欧洲各国的学生到这里研习罗马法的人数已达万人。除波伦亚大学外,当时成立的那不勒斯大学、热亚那大学和罗马大学等都设有法律系,开展罗马法的教学和

[①] 《马克思恩格斯全集》第21卷,第454页。

研究工作。学者们采用中世纪欧洲流行的注释方法来研究罗马法,因而得名为"注释法学派"。注释的具体方法是,通过对《国法大全》的研究,对疑难的条文、词语、原则进行解释,这种解释就注在《国法大全》原稿的两行之间、条文旁边或者页的四周。注释法学派的创始人是伊尔纳留斯(Irnerius,约1055—1133年),由于他对罗马法研究作出的重大贡献,被誉为"法律之光"。注释法学派对罗马法复兴起了开创的作用,《国法大全》的研究从此成为一门科学。这一学派的主要代表人物还有阿佐(Azo Portius,1150—1230年)、亚库修斯(Acursius,约1182—1260年)等。该学派为罗马法的复兴奠定了基础。

2. 评论法学派。评论法学派形成于13世纪中叶,其代表人物是14世纪意大利法学家巴尔多鲁(Bartolus,1314—1357年)。他曾在波伦亚大学等著名大学讲学,并担任过审判员、议员等社会职务。他的成就主要是,将几个世纪以来的罗马法学尤其是对《学说汇纂》的研究成果转化为在当时可以适用的法律,对后世的法学尤其是德国法学产生了巨大的影响,有人甚至认为他的理论是德国现代法学的直接来源之一。评论法学派在研究方法上突破了注释法学派只对原文注释、固守罗马法条文的局限性。它的宗旨是致力于罗马法与中世纪西欧社会实践的结合,根据时代需要将罗马法的原则和制度适用于改造落后的封建地方习惯法,使罗马法的研究与适用有了新的突破。评论法学派也称作后期注释法学派。

3. 人文主义法学派。该学派也称沿革法学派。在文艺复兴中发展起来的人文主义思潮对法学研究也发生了直接影响。15世纪,人文主义者开始在人文主义思想的指导下对罗马法进行研究,从而形成了人文主义法学派。它的产生,标志着罗马法复兴已经与文艺复兴相汇合。人文主义法学派的代表人物是意大利的法学家阿西亚特(Alciati,1492—1550年)。他出生在意大利,曾在意大利的帕维亚大学和波伦亚大学学习法律。后来到法国,在布尔日大学任教,因此也被认为是法国人文主义法学派的创始人。在研究方法上,人文主义法学派着重于研究罗马法的本意和历史沿革关系。它克服了先前就法典注释法典、就法律研究法律的模式,引进了当时盛行的各种科学方法,如哲学的、文学的、考古的、历史的、比较的等方法,在罗马法和近代资产阶级法之间架起桥梁。17、18世纪时,人文主义法学派被古典自然法学派继承和取代,从而为西方资产阶级法律制度的产生提供了理论依据。

(四) 罗马法的继受

罗马法复兴在意大利兴起后,很快扩展到欧陆各国。近代形成以罗马法为基础的大陆法系。

在法国,从12世纪起便有大批学者到波伦亚大学学习,12、14世纪在法国成立的大学(如图卢兹大学、巴黎大学、奥尔良大学等)大都仿照波伦亚大学的模式,建立法律系,进行罗马法的研究和教学。16世纪以前,法国法学基本受意大利法学的影响,注释法学派和评论法学派的主要著作在法国享有很大权威。16世纪以后,法国在研究罗马法方面超过了意大利,取得了全欧洲的领导地位,并且在实践上推动了法国南、北两大法律区域对罗马法的接受,使罗马法的影响进一步深入扩展。

德国早在13世纪就已广泛采用罗马法。与意大利、法国一样,德国各大学在提高罗马法的地位方面起了很大作用;德国最早建立的布拉格大学及以后建立的维也纳大学、海德堡大学、科隆大学等均设立法律系研习罗马法,至15世纪末叶,各大学已将罗马法列为必修课程。1495年,神圣罗马帝国皇帝建立帝国最高法院,并规定在该法院任职的法官应当有一半以上接受过罗马法的训练,法官应根据罗马帝国的普通法即《国法大全》进行审判。17世纪末,从帝国法院到地方普通法院,对罗马法的适用已不限于个别条文而是基本内容。18世纪是德国研究和继承罗马法的极盛时期,"潘德克顿"学派兴起,罗马法以更广泛的方式适用于德国。

在西班牙,对罗马法的研究与适用同样受到重视。卡士提利亚王国的斐迪南三世(1219—1252年在位)及其继承人阿方索十世(1252—1284年在位)都聘任罗马法学家在国王参事府和王室法院任职。罗马法学家以查士丁尼《国法大全》为借鉴,为王室编纂了《国王法典》,并制定了一系列王室法令、诏书和议会法规。阿方索十世在1265年颁布的《七编法典》(code of seven parts),包含了罗马法的大部分内容,作为普通法在全国实施,后来这部法典还成为大学指定的教科书。

位于不列颠岛上的英国,虽然因其特殊的政治和历史条件,自11世纪后期在日耳曼习惯法的基础上,通过法官的审判活动创设了一套不同于欧洲大陆国家的、独特的法制发展道路,没有经历罗马法复兴运动的洗礼,但其法律与法学也受到罗马法的影响,吸收了罗马法的精神,借鉴了罗马法的诸多原则和制度。如14世纪中叶,为了克服普通法的不足,英国吸收了罗马外事裁判官以所谓"公平"、"正义"的判决弥补市民法缺陷的经验,通过大法官的审判活动创设了衡平法体系,衡平法中的许多制度都直接来自罗马法。此外,英国的商法、海商法、遗赠、合伙、诈欺、抵押以及未成年人和神智丧失者的法律行为能力等,也大多渊源于罗马法。英国的很多法律著作,如格兰威尔在12世纪末面世的《法律论》、布拉克顿约于1259年发表的《英国法律与习惯》等,均程度不同地吸收了罗马法的原理。不过,罗马法对英国的影响相对于欧洲大陆国家要小得多。

二、罗马法对近代以来法律发展的影响

许多法学经典著作都对罗马法给予很高的评价,恩格斯曾指出:"罗马法是纯粹私有制占统治的社会生活条件和冲突的十分经典性的法律表现"[1]。"它是我们所知道的以私有制为基础的法律的最完备形式"。[2] 它是"商品生产者社会的第一个世界性法律"[3]。正因为罗马法对私有制和以私有制为基础的简单商品所有者的一切本质的法律关系,做出了详尽的规定,以至后来的立法不能对它做出任何实质性的修改,所以,罗马法至今仍旧保持着强大的影响力,具有重要价值。

在罗马法学家的手里,法律第一次完全成为科学的主题,罗马法形成了完整的法律体系。正如一个西方学者所说,"罗马法学家的力

---

[1] 《马克思恩格斯全集》第21卷,第454页。
[2] 《马克思恩格斯全集》第3卷,第143页。
[3] 《马克思恩格斯全集》第21卷,第346页。

量不仅在于,他们有能力在前所未有的规模和复杂程度上创建和操纵这些抽象原则,而且还在于,他们清楚地觉察到社会生活和贸易生活的需要,注意到如何采用最简单的方法取得所希冀的实际结果。当自己规则体系的逻辑与适宜性所提出的要求发生冲突时,他们乐于摈弃这种逻辑。"① 在中世纪中后期,罗马法的复兴给予整个欧洲以法律概念的共同库藏,并在不断变化的范围内提供了共同的法律规则。起源于欧洲的两大法系之一的大陆法系就是罗马法体系。

罗马法作为世界古代最为发达和完备的法律,不仅积极地影响了中世纪许多国家,推进了西欧法制的发展进程,也对近代以来的法律与法学产生了重大影响,尤其对近代以来私法的建设与统一具有卓越的贡献。罗马法的有关私法体系,被西欧大陆资产阶级民事立法成功地借鉴与发展。如1804年的《法国民法典》,继承了《法学阶梯》的人法、物法、诉讼法的体系;1896年制定的《德国民法典》则以《学说汇纂》为蓝本并加以发展,形成了总则、债法、物法、亲属法和继承法的编纂体系。法、德两国的民法体系,又为瑞士、意大利、丹麦、日本等众多国家直接或间接地加以仿效。20世纪初,罗马法经日本传到中国,中国法律的体系和内容均发生了根本性变化。

罗马法中许多原则和制度,也被近代以来的法制所采用。如公民在私法范围内权利平等原则、契约自由原则、财产权不受限制原则、遗嘱自由原则、侵权行为的归责原则、诉讼中的不告不理原则等;权利主体中的法人制度、物权中有关所有权的取得与转让制度以及他物权中的用益物权和担保物权制度、契约制度、陪审制度等。

罗马法的立法技术已具有相当的水平,它所确定的概念、术语,措词确切、结构严谨、立论清晰、言简意赅、学理精深。如人格及其取得和丧失、所有权定义以及关于占有、使用、收益、处分各种权能的界定,无因管理、不当得利等术语,多为后世立法所继承和发展。

法学作为一门独立的学科是诞生在古罗马时代,罗马法学家的思想学说对后世资产阶级法学也产生了深远影响。罗马法学家的著作,特别是查士丁尼《学说汇纂》,是后世广为流传的极其珍贵的法学

---

① 尼古拉斯著:《罗马法概论》,黄风译,法律出版社2000年版,第1页。

遗产。

【思考题】
1. 罗马法是怎样形成发展起来的,各个时期有何基本特点?
2. 为什么说罗马法是古代社会最发达、最完备的法律制度,具体表现在哪些方面?
3. 罗马私法包括哪些内容,体现了哪些法律原则?
4. 如何理解罗马法复兴的意义及其对后世法律与法学的影响?

第五章 日耳曼法

日耳曼法是西欧法律史上重要的法律体系之一。作为西欧早期封建时期适用于日耳曼人的法律,它一方面反映着私有制、阶级已经出现的事实,另一方面又保留着许多原始公社时期氏族制度的残余。《撒利克法典》是日耳曼法的重要代表。西欧进入封建割据时期以后,日耳曼法在西欧大陆演变为分散的封建地方习惯法,最终作为习惯法的一种因素被保留下来。近代西欧法律和中世纪法律有着明显的继承关系,因而日耳曼法也是近代西欧法律的历史渊源之一。研究日耳曼法的基本原则和主要制度,对了解大陆法系和英美法系的形成、发展及其特点具有重要意义。

第一节 日耳曼法的产生和演变

一、日耳曼法是西欧早期封建制时期的法律

日耳曼法是继罗马法之后在西欧形成的一种重要的法律体系。它是公元5—9世纪西欧早期封建时期各"蛮族"① 王国适用于日耳曼人的法律。这种法律是日耳曼各部族在入侵西罗马帝国,建立"蛮族"国家的过程中,在罗马法和基督教会法的影响下,由原有的氏族部落习惯逐渐发展形成的。它的范围,从时间上看,大约在公元5—9世纪。这是日耳曼人建国和西欧封建制确立并进入封建割据阶段,日耳曼法演变成分散的地区性习惯法的时期。从地理范围上看,凡是日耳曼人建立的国家的法律都包括在内。因此,除了日耳曼人

---

① 罗马人把居住在其国家东北方的外来部族称为"蛮族",这些外来部族中人数最多的是日耳曼人、克尔特人和斯拉夫人。

建国的主要地区西南欧以外,斯堪地那维亚诸国的法律以及大不列颠岛上的盎格鲁撒克逊人和裘特人所建立的国家的法律也都属于日耳曼法的范畴。

在罗马时代,日耳曼人主要分布在罗马国家东北方的广大地区,记载有关日耳曼人社会生活的最初和最主要的文献是罗马将领恺撒在公元前1世纪出征高卢时的记录——《高卢战记》和罗马历史学家塔西陀的《日耳曼尼亚志》。恺撒时代的日耳曼人尚处于氏族社会,塔西陀时代日耳曼人的氏族制度已趋于解体。公元5世纪,日耳曼人在西罗马帝国经济政治危机不断加深的情况下,侵入西罗马帝国,进行民族大迁徙,在占领的土地上建立了许多"蛮族"国家,主要有法兰克王国、西哥特王国、东哥特王国、伦巴德王国和盎格鲁·撒克逊王国等。这些国家的建立,不但推翻了罗马帝国在西欧的统治,并且改变了西欧的社会制度。从此,濒于崩溃的西欧经济由于生产关系的改变而继续发展,开始向封建制过渡,法律呈现出早期封建制法的特征。

在日耳曼诸王国中,最强大、存在较久的是法兰克王国。法兰克人的勃兴,对西欧历史的发展,起着巨大的作用。法兰克人最初居住在莱茵河下游,五世纪中叶,东哥特人、西哥特人、汪达尔人,相继侵入罗马帝国时,法兰克人也分批侵入罗马帝国的腹地。墨洛温王朝的国王克洛维(公元481年—公元511年在位)时,接受基督教,吞并了其他部族,占领了高卢全境。到加洛林王朝国王查理(公元768年—公元814年在位)时,建立起法兰克帝国。国家版图东抵易北河,西连西班牙,南至意大利的大部分,北起北海、波罗的海。

自罗马帝国末年,基督教教会已成为大土地所有者,财产日增。在蛮族入侵罗马帝国时,教会并没有遭受很大的损失,相反,因帝国的崩溃,蛮族的文化低下,教会成为惟一的庞大组织。教会因部族之间的战争对它的财产是一种威胁,愿意有一个稳定的势力来保护它的财产,扩张它的势力,因此希望克洛维皈依基督教。克洛维看到教会是可以利用的力量,可以和缓与罗马人之间的矛盾、以基督教教义摧毁蛮族的种族观念、利用教会的帮助对其他蛮族进行战争、提高自己的地位与威信。遂于496年宣布自己信奉基督教,成为第一个信奉基督教的蛮族国王。公元800年12月25日(圣诞节)教皇乘查理在罗马之便，为查理加冕，授予"罗马人的皇帝"称号。从此，查理和他的继承人以罗马皇帝自居。但帝国的统一并不稳固，公元843年分裂为三部分，即近代法兰西、德意志和意大利三国的雏形。9世纪末，查理大帝的帝国土崩瓦解。

日耳曼法作为早期封建制度形成时期的法律，既表现出封建法律的特征，又保留着原始公社时期习惯的残余。同时，由于它是在以基督教为国教的罗马地区形成和发展的，所以受到罗马法和基督教会法的影响。

二、日耳曼习惯法及其成文化

在民族大迁徙以前，日耳曼人依靠在氏族部落中形成的风俗习惯来解决纠纷，调整氏族成员之间的关系。这些风俗习惯没有文字记载，而是口耳相传。"蛮族"国家建立以后，日耳曼人的风俗习惯相应地转变为法律。最初，各个国家的法律仍然是不成文的，也就是习惯法，依靠口授心记，世代相传。在各国的贵族中，有些人专门熟悉、掌握习惯法，负责向法庭解答疑难问题，法制史著作把这些人称作"宣法者"。因此，这时的习惯法和道德规范并没有明显区别。

从公元5世纪末期开始，大多数日耳曼国家从协调与被征服地区的居民关系、调整各部族原有的习惯与基督教教义教规的关系的需要出发，都模仿历代罗马皇帝的做法，在习惯法的基础上编纂了成文法典。这类法典在历史上称为"蛮族法典"。在西南欧地区，法典的编纂集中在5世纪至9世纪。其中最早的是西哥特王朝的《尤列克法典》(完成于公元466年—公元483年)，其后，有法兰克王国的《撒利克法典》(完成于公元486年—公元496年)、《里普利安法典》，勃艮第王国的《狄多巴德法典》，伦巴德王国的《伦巴德法典》等。在不列颠，由盎格鲁·撒克逊人建立的诸王国以及后来统一的英吉利王国，也颁布了类似的法典，如7世纪初肯特王国的《埃塞伯特法典》、7世纪末西撒克斯王国的《伊尼法典》和9世纪末英吉利王国的《阿尔弗烈德法典》等。习惯法成文化最迟的地区是北欧，直至13世纪才出现这类法典，主要的一部是1241年的《裘特法典》。

在"蛮族法典"中,法兰克王国的《撒利克法典》不仅在当时具有很大的权威性,并且有着广泛的影响,是5世纪至9世纪蛮族法典的典型代表。这部法典反映出法兰克社会向封建制过渡的状况,是法兰克人最早的成文法典,原文用拉丁文写成,编于克洛维统治时期。法典有许多稿本,迄今已发现的大约在80种以上,大部分是8世纪中期至9世纪初的。各种稿本条文不尽相同,对于原始稿本的确认长期存在争议。现在大致认为原始稿本全文分为65章,每章设若干节,后来又有补充条文,反映出法兰克社会进一步的发展①。

日耳曼诸王国编纂的法典得到了"智者"阶层即基督教僧侣和罗马法学家的协助,如《撒利克法典》序言中记有"智者"和长老商讨后,搜集处理各类案件依据的习惯法规则的经过。② 在当时的文化条件下,僧侣是惟一的知识分子。国家的书信文告的起草、账目的管理、文件的保管都要用大批的知识分子帮助。在整个中世纪,欧洲各国的宰相和其他重要官职,多由僧侣来担任。民众大会对法典的颁布保持一定作用,如勃艮第国王耿多伯德曾说过,他的法典是由"国王提议,全体人民共同同意"产生的。③ 在观念上,日耳曼各王国的成文法被看做是公约或契约,如《撒利克法典》在一些章节的开头有"互相同意遵守"的习惯用语。

三、日耳曼法同罗马法的并存与相互影响

在西欧早期封建制时期,各日耳曼王国存在着日耳曼法和罗马法两种法律制度并存的局面。随着日耳曼人和罗马人混合居住的延续以及社会封建化程度的加深,两种法律之间的相互影响与渗透逐步加深,并且,这一过程一直贯穿于西欧中世纪。

日耳曼人侵入西罗马前,各部族成员都遵守本部族习惯,受本部族习惯的保护和管辖,外族人不在这种保护和管辖之列。日耳曼各王国建立后,在适用法律方面仍然沿袭氏族制度时期的习惯,采用属

---

① 参见马克垚著《西欧封建经济形态研究》,人民出版社1985年版,第257页。
② 由嵘:《日耳曼法简介》,法律出版社1987年版,第14页。
③ 同上。

人主义原则,对日耳曼人适用日耳曼法(如对西哥特人实行西哥特法,对法兰克人实行法兰克法,等等),对被征服的罗马臣民则保留适用罗马法。由于日耳曼人是征服者,在日耳曼法和罗马法这两种法律中,日耳曼法较罗马法具有优先效力,当日耳曼人同罗马人发生法律关系时,适用日耳曼法。

应当说明的是,当时各国适用的罗马法并不是查士丁尼的《国法大全》(《国法大全》编于日耳曼人侵入西罗马之后,这时东罗马与西欧各地已没有什么联系),失散流传于各国的罗马法大多已变为习惯法在社会生活中继续起作用。并且,从西罗马帝国末期以来,由于奴隶制经济的衰退,封建因素的成长,在罗马繁盛时期建立的罗马法规范的适用范围日益缩小,罗马法中不断出现适用当时社会需要的规范。

在适用罗马法的过程中,一些日耳曼王国在罗马法学家的支持下,参考了罗马帝国时期的法学著作和法律汇纂,进行了罗马法的编纂。如5世纪末6世纪初勃艮第王国颁布的罗马法典;西哥特王国国王阿拉利克二世(公元484—507年在位)时期编纂的《阿拉利克罗马法辑要》。后者又称《西哥特罗马法典》,是日耳曼王国时期具有代表性的一部罗马法典。这部法典由阿拉利克二世任命的罗马法学家组成的委员会编纂,编纂的时间比查士丁尼《国法大全》还要早。该法典由民众大会通过公布后,所有其他罗马法律一律失效。该法典不仅在日耳曼王国时期有很大影响,并且在整个中世纪一直保持着很大的权威。在12世纪罗马法复兴之前,它是西欧罗马法的主要渊源,被各国立法、法院判决广泛吸收和引用。

四、王室法令的发展

随着各日耳曼王国政权机关的形成和发展,王室法令也出现并日益增多,其地位和作用日趋重要。王室法令是属地法,按地区实行,有的适用于全国,有的适用于特定地区,并不因人而异。王室法令的效力高于部族习惯法,在同部族法发生冲突时优先适用。法兰克是蛮族国家中王权比较发达的国家,因此王室法令发展得比较早,而且数量较多。早在5世纪末至8世纪中期的墨洛温王朝,法兰克国王就已开始颁布法令,到 8 世纪中期至 9 世纪中期的加洛林王朝时,王室法令的数量不断增多,地位和作用也更加重要。法兰克查理大帝时期是日耳曼法发展的最后阶段,帝国政府为了加强国家统一,曾企图通过王室法令统一王国法律,实现"一个君主,一种法律"。但是,由于当时自然经济占统治地位,封建割据已经形成,依靠军事行政力量推行法律难以深入到社会生活中取代分散的部族法,而各部族的社会经济发展水平又有很大差异,因此,随着帝国的解体,法律统一的努力最终未能实现。

王室法令的范围非常广泛。按其性质,可分为教会法令(因教权从属于王权)和普通法令。按其内容,则可分为补充部族习惯法的法令、独立法令和对官吏下达的训令。其中,补充部族习惯法的法令应经民众大会的同意,而国王颁布的独立法令要由高级僧侣和世俗贵族组成的御前会议同意。

王室法令虽然是部族习惯法以外的法令,但大多数都是为了补充习惯法的不足而颁布的。有时候,王室法令也根据统治阶级的需要吸收日耳曼法的某些规则和制度。由于王室立法是国王政府制定的,比部族法更便于吸收罗马法和教会法,所以,王室法令是日耳曼法与罗马法相互融合的重要途径。公元 9 世纪初编纂的查理大帝法令汇编就包含着罗马法和日耳曼法的因素。

第二节 日耳曼法的基本制度

一、适用法律的规则

日耳曼人定居罗马领土后,不得不承认罗马法的存在,并允许它继续适用于罗马人之间。两种法律的并存促进了法律属人主义的普遍实行。由于实行属人主义,在适用法律的实践中,必须解决两个问题:一是如何决定每个人所适用的法律;二是如何解决法律冲突。

(一)属人法的决定

日耳曼法上适用属人主义的一般原则是,以出生事实为根据,即某人所适用的法律通常就是他所属部族的法律。因而婚生子女从父法是一条基本原则。非婚生子女在生父认领前从母法,如不能辨认其生母,则可由本人选择一种法律适用。已婚妇女从夫法,寡妇由于仍处于夫家亲权的监护下,所以仍然适用夫法。但从9世纪中期开始,丈夫死后,妻子恢复适用出生地法。被释放的奴隶可以适用前主人的法律,也可以适用释放文书中规定的法律,在国王面前释放者则适用国王的法律。基督教僧侣适用罗马法或出生地的日耳曼法,9世纪初开始,根据法令规定,一律适用罗马法。

为了实行上述规则,在缔结契约、结婚、充当证人、进行诉讼时,每个人都要经过"法律的表白"或叫法律的宣布。因为只有宣布了自己的法律,也就是按照上述规则确定了自己所适用的法律,他的行为才有准则和发生法律效力。宣布法律的方式主要有两种:普遍的方式是,在当事人宣布法律时,要有公证人在场并写成书面文书,作为以后宣布法律时的证据;另一种方式是由法庭进行讯问,以查明某个地区的居民所适用的法律。

(二)法律冲突的解决

日耳曼法实行属人主义,形成多种法律并存的混乱局面。甚至有说在大路上餐桌上相遇的人们之中没有一个人同其他人生活在一种法律之下。所以当时经常会发生日耳曼人与罗马人、日耳曼各部族居民之间法律出现冲突的现象。如,甲部落的自由民将乙部落的自由民打伤,而甲、乙部落对赎罪金的规定不一致,究竟以哪个部落的法律为准?在这方面,加洛林王朝确立了两个原则:

第一,发生法律关系的各方的法律都有效,即各方适用自己的属人法。在解决订立契约、提供证言和结婚仪式等法律冲突时就采用此规则。例如,在举行结婚仪式时,新郎方按男方法律迎亲,新娘方则按女方父亲所在地的法律送亲。但教会反对在婚姻关系上同时实行两种法律,9世纪后宣布,结婚方式只能依一方法律,可依丈夫,也可依妻子家长所属法律。

第二,优先适用在法律关系中利益最大的一方的法律。例如,刑事案件中杀人罪的赎罪金、伤害身体罪的赔偿金的确定,适用被害人的出生地法;民事案件中,被告的权利义务的确定,如举证权的期限、宣誓的方式等,适用被告的出生地法;继承关系适用被继承人的法律;监护关系适用被监护人的法律。

日耳曼法实行属人主义,但不是绝对的,在法律适用方面也有例外:一是居住在日耳曼国家的欧洲以外的外国人,适用其保护人的法律。这些保护人一般是所在国的君主、基督教会、贵族。因为外国人处在被保护者的地位,没有政治权利,如果他们的国家没有与住在国订立特别条约,他们个人所属的法律则不被承认,因此,外国人只能适用其保护人的法律。二是在刑事案件中,对许多犯罪适用犯罪发生地的法律,尤其是犯罪地的法律能加重对凶手惩罚的案件。

二、财产制度

日耳曼法中没有像罗马法那样完整的财产制度,没有抽象的所有权主体和客体的一般概念。所有权依主体的身份地位和客体的不同而不同。不同形式的所有权,其取得的方式、效力与保护方法也不相同。对于构成财产主要部分的不动产来说,占有者只拥有有限所有权,没有处分权。对于动产来说,占有者的所有权才是绝对的。

(一) 不动产所有权

日耳曼法的不动产主要指土地。对土地的权利,依土地使用人的身份和地位确定。在日耳曼各国中,土地所有权的形式主要有三种:一是马尔克公社土地所有权;二是教俗封建贵族大土地所有权;三是农奴的份地。随着西欧封建化的不断加深,马尔克公社土地所有权逐步消失,而教俗贵族大土地所有权不断增长并且最终占据统治地位。这一过程是西欧封建制度形成的反映。

1. 马尔克公社土地所有权。马尔克公社土地所有权制度源于日耳曼氏族制度的土地所有权制度。在恺撒时代,日耳曼人的农业尚处于次要地位,氏族的首领和官员将他们认为大小适当、地点合宜的土地,分配给集居在一起的氏族成员和亲属。到塔西陀时代,土地已不再由氏族共同占有使用,而是定期分配给各个家庭单独耕种,产品归家庭私有。到民族大迁徙前后,各部族已先后按地域关系组成农村公社(马尔克),土地的公有已经向私有过渡。日耳曼人建国后,农村公社这种组织形式继续沿用,因此,不动产所有权的基本形态是农村公社土地所有制和自由农民(公社社员)土地占有制。

在这种所有权制度下,公社社员住房所占土地及其周围的小块园地归社员家庭私有;耕地属公社集体所有,分配给社员家庭使用。与过去不同的是耕地已经相对固定,不再定期重新分配;森林、河流、牧场等为公社集体所有,社员共同使用。各个家庭对耕地的占有、使用权与其家长及家庭成员的社员身份密切相连,只有具有公社社员身份的自由人才能享有这种权利,否则,即使是自由人但不是本公社的社员也不能享有这种权利。正因为如此,《撒利克法典》规定:"土地遗产无论如何不得遗传给妇女,而应把全部土地传给男性"。因为土地若为妇女继承,将可能由于婚姻关系转移到不具有本公社社员身份的人手中。但是,这种限制逐渐减弱,在晚于《撒利克法典》几十年的《里普利安法典》中,可以看出份地已经允许买卖、交换、赠与,处分权已经逐渐由公社转移到社员个人手中。

各个家庭在使用耕地和公用地时必须服从公社关于休耕轮种的统一安排。公社对土地的管理和处分应在公社民众大会上得到全体社员的同意。社员在行使占有、使用权时,不得损害其他社员的权利,否则要赔偿损失。例如,《撒利克法典》规定:如果某人的猪或牲畜跑到别人田里,而牲畜的主人被揭发,不管怎样抵赖,都应交15个金币的罚金。马尔克公社的集体利益也受到严格保护,社员不得侵犯,否则将受到严厉制裁。如《伊尼法典》规定:如果某人在林地中烧毁一棵树而被揭发,应交罚金60先令;如果某人在林地砍倒许多树,他应按三棵树交纳罚金,每棵30先令,而不论砍倒多少。

2. 贵族大土地所有权。在日耳曼王国初期,与马尔克公社土地所有权同时并存的还有教俗贵族的大土地所有权。贵族大土地所有权主要通过两个途径形成:

第一,通过日耳曼各王国国王封赏土地给贵族、亲兵和教会而形成。在征服西罗马帝国以后,被没收的西罗马帝国的土地、进行反抗的大地主的土地以及无人继承的土地都归国王所有。为了巩固自己的统治,国王除将一部分土地分配给马尔克公社所有以外,还将大部分土地赏赐给贵族、亲兵和教会,于是形成大土地所有权。

第二,通过公社社员土地分化而形成。由于耕地私有化的出现,一部分贫穷的马尔克公社社员只得转让自己的份地,这样较多的土地便集中到少数本来就富裕的社员手中,后者也发展为大地主。

日耳曼国家的大土地所有权形成以后,又通过"委身制"、"特恩权"、"采邑制"不断巩固和扩大。

所谓委身是从人身方面发生的依附关系,"委身制"是西欧封建制度形成时期教俗贵族兼并自由农民的土地,迫使他们丧失人身自由,依附于封建主的一种手段和方式。在日耳曼王国初期,大地主私人集团之间战争频繁,农民的生命财产得不到保障,经受不住沉重的封建义务负担,只好委身于邻近的大地主寻求"保护"。大地主"保护"农民的条件是要农民把土地交给地主,然后又作为份地领回耕种,向地主尽义务,终身处于地主的"保护"之下。这种政治、经济上的依附地位,逐渐使农民成为农奴。在法兰克的墨洛温王朝的一件委身文书中写道:"众所周知,由于我无衣无食,所以请求您的恩典,允许我委身于您的保护之下。为此您应帮助维持我的衣食,我将尽一切力量服务于您并使您满意。在我一生中,一定给您一个自由人的服务与尊重,并且无权脱离您的权力与保护。"①

最初国王将土地赏赐给贵族是不附带任何条件的,分封的土地成为贵族的自主地,这种赏赐的结果,大大增强了大地主的私人权力。他们不仅在经济上拥有大片庄园剥削农奴和农民,而且在领地内享有行政和司法权,以至国王不得不承认这种权力,禁止政府官吏进入大地主领地进行管理。贵族在其领地内享有的这些土地、行政、司法特权就叫"特恩权"。大地主享有特恩权,表明他们日益具有独立地位。

日耳曼王国普遍实行的"特恩权"严重削弱了王权,加剧了社会混乱,不利于整个大土地占有制的巩固。所以,公元8世纪,法兰克王国实行了土地占有制度的改革,即采邑改革。"采邑"本意为"恩赐物",指国王赏赐给贵族的土地。在采邑制度下,贵族从国王那里领受采邑,必须为国王尽一定的义务,主要是服兵役。如果受封者拒不履行义务,国王有权收回采邑。采邑只能终身享有,不能继承,领受采邑的贵族死后,土地便归还给国王。贵族的继承人若要重新得到

---

① 参见马克垚著:《西欧封建经济形态研究》,人民出版社1985年版,第87页。

该土地,则必须重新经过授封仪式。大贵族在把自己的土地封赏给亲信时,也仿效国王采取这种形式。这样,国王与贵族及贵族之间便以土地为纽带形成相互间的权利义务关系,在此基础上最终形成西欧的封建等级制度。

3. 农奴份地。日耳曼国家的农奴对其使用的份地只有使用权而没有所有权。农奴从地主贵族那里领取份地,就意味着他们必须接受压迫和剥削。他们要承担沉重的赋税和劳役,其人身也被束缚固定在土地上,不得随便离开土地。领主转让土地时,农奴同时被转让。如《伊尼法典》中规定:"假如任何人未得到领主允许就离去或溜到其他郡,而在那里被发现,他必须回到原地,并给其领主60先令"①。

(二) 动产所有权

在日耳曼法中,除土地外,其他财产,如武器、牲畜、农具、奴隶以及其他能够移动的物品都属于动产。与土地不同,日耳曼法对动产确认了包括占有、使用、收益和处分在内的完整的私人所有权。日耳曼法对动产实行严格保护,如《撒利克法典》规定:"如有人偷窃一只小猪而被破获,罚款120银币,折合3金币";"如果有不知谁的猪,或不知谁的牲畜,跑到人家的谷田中去,而牲畜主人被揭破,不管怎样顽强狡赖,应罚付600银币,折合15金币。"② 动产所有人丧失自己的动产,可以行使追及权。追及权有两种效力:

第一,丧失动产是基于动产所有人自己的意思表示,如寄存、出借,追及权效力只及于相对人。如果该动产所有物被对方转让给第三人或者被第三人侵占,所有权人只能要求对方赔偿损失,而不能要求第三人返还该所有物。因为日耳曼法认为,动产所有权必须表现为实际占有。所有权人基于自己的意思表示将所有物交给对方,这就意味着其所有权不再存在,所有权人与对方尽管有返还的约定,但第三人无法知道这种关系,因此,所有权人只能要求对方赔偿其损失

---

① 高等学校法学教材参考资料《外国法制史资料选编》(上册),北京大学出版社1982年版,第194页。
② 同上书,第171—172页。

而无权要求第三人返还。

第二，丧失动产并非基于动产所有人自己的意思表示，例如动产所有物被盗、被骗或遗失，则追及权效力可及于该动产持有人。如果盗窃者当场被捉，经法庭审理后，作案人除返还所窃盗的物品外，还应交纳赎罪金。如果作案人并没有当场被捉，而发生了物品转让，那么，物品的现占有人只要能证明该物是自第三人处合法取得的，即可免付赎罪金，但应将物品返还第三人，而所有人再转向第三人要求返还；若第三人也是合法取得，那么，再按同规则向前转让人追索，直到转让人无法证明自己为合法取得为止；最后这位物品占有人不仅应返还原物，而且必须支付赎罪金。

三、债权制度

由于西欧早期封建制时期商品经济不发达，日耳曼法的债权制度比较简单。其特点是：

1. 没有形成民事违法观念，债的履行与不履行没有严格界定，侵权行为和犯罪没有明确划分。

2. 契约的种类很少，只有买卖、借贷和使用借贷等少数几种契约形式。

3. 订立契约形式主义严重。订立契约必须经过标的物的交付，或经过法定的程序，讲固定的套语、做固定的动作，契约才能成立和有效。这种形式主义在土地转让中表现最为明显。订立土地契约的法定形式包括两部分：(1)公开转让土地的意思表示。双方当事人同符合法定人数的证人一起到被转让的土地上，用特定的语言表示转让该土地的意思。(2)象征性交付土地。转让人将象征土地的物品交给受让人，如将带草的土块作为象征物递交给受让人，象征土地的交付。以上公开意思表示和象征性交付行为是一个不可分割的过程，整个过程完成，土地转让的契约方能生效。

4. 严格保证债务的清偿。日耳曼法严格保护债权人的利益，为了保证债务到期得到清偿，规定了各种清偿方法，主要包括：(1)宣誓。指债务人以对神宣誓保证履行债务。(2)名誉保证。债务人以自身的名誉信用保证履行债务，如若不履行约言，债权人可以宣布债务人丧失名誉信用。(3) 扣押财产。债务人若不履行债务,债权人可以扣押债务人的财产。日耳曼法初期,扣押物仅限于动产;后期,随着土地私有制的形成,在动产不足以清偿债务时,亦可扣押不动产。(4) 扣押人身。如果债务人没有财产或者财产不足以清偿债务时,债权人可以扣押债务人的人身,使其充当奴隶。在日耳曼法初期,债务人于订立契约时往往将长矛、草茎等物品交给债权人,以象征自己连同财产一起处于债权人的权力之下。开始是由债权人自己直接对债务人进行扣押,后来改为由法院判决扣押债务人的人身,而后交给债权人永久为奴。到加洛林王朝时期,法律允许债务人以自己的劳动抵偿债务,待债务清偿完毕,即可获得自由。

四、婚姻、家庭、继承制度

(一) 婚姻和家庭制度

日耳曼法实行一夫一妻制,但贵族家庭盛行一夫多妻。结婚的方式通常是买卖婚,由男方的父亲或男方本人与女方的父亲订立婚约而成,女方则始终不是婚约的当事人,而只是标的物。一般由男方支付女方家庭新娘的身价,女方即交付男方为妻。例如,不列颠的肯特国王埃塞伯特的法典中规定:有人买一个少女为妻,若没有欺骗行为,必须支付价金;若有欺骗行为,可将少女赶回家并收回价金。①除买卖婚外还有抢夺婚的方式,即男方家族成员把女方抢掠回家后,向女方家族支付赔偿金以求和解,如女方家庭同意接受,即可成立婚姻关系。赔偿金的数额同买卖婚中支付的身价大致相等,所以抢夺婚的实质仍然是买卖婚。

婚姻关系成立后,妇女处于夫权之下。丈夫对妻子既有保护之责,也有一系列权利,包括保护其妻、以妻的名义起诉或应诉、管理妻的财产并取得收益、贫困时可将妻子抵债或出卖为奴。日耳曼法关于夫妻之间的财产关系大体上实行共同管理制,夫妻各自保有自己的财产。妇女婚后个人的财产包括:身价、新婚赠与、嫁妆、婚姻关系存续中取得的财产。但在实践中,共同管理制在很大程度上是丈夫

---

① 由嵘:《日耳曼法简介》,法律出版社1987年版,第66页。

单独管理。

在家庭关系方面,日耳曼法实行家长制。家长在家庭中享有特殊权力,除在夫妻关系上享有夫权外,对子女还享有父权。父亲对自己刚出世的子女有遗弃权;有出卖、驱逐、惩戒甚至处死子女的权力。但在传统上,日耳曼法对家长权也有一定限制。如,丈夫未经妻子同意不得处分妻子个人财产范围内的不动产;父亲不得任意处分属于儿子的不动产。这与东方国家的家长制有着明显的不同。

(二) 继承制度

日耳曼法只有法定继承,没有遗嘱继承。对动产和不动产采取不同的继承原则。动产先由近亲属继承,继承顺序是:子女、父母、兄弟姐妹。在同一顺序中,男性优于女性,女子的继承份额仅是男子的一半。不动产早期只能由儿子继承,无子由马尔克公社收回;6世纪后半期以后,随着土地私有制的出现,份地也可由女儿或其他亲属继承。

五、违法行为

日耳曼法中把犯罪和侵权行为混同一起,都称作违法行为。它们的主要区别是:第一,侵害的对象不同。侵害私人利益构成侵权行为,侵害公共利益构成犯罪。第二,法律后果不同。侵权行为引起私人复仇,犯罪则由公共场所权力机关实行惩罚。近代法律认为是犯罪的许多行为,如公开杀人、强奸妇女等,在日耳曼法中都属于侵权行为。

(一) 犯罪

早期,大部分违法行为属于侵权行为。犯罪的种类不多,主要有叛逆、逃兵、放火、暗杀、败德无耻等。刑罚有两种,即死刑和宣布处于法律保护之外。死刑对不同的犯罪有不同的执行方法,例如,对叛变和临阵逃脱罪处以绞刑;对敌前怯惧的懦夫和败德无耻者沉于沼泽之中。被宣布处于法律保护之外者,丧失一切权利,得不到任何法律保护,一般必须立即逃往森林之中躲藏起来,包括亲属在内的一切人都与他断绝往来,任何人都可以像杀死野兽一样将他杀死。因此,宣布处于法律保护之外,实际上是变相的死刑。

后期,随着国家权力的增长,应由国家机关惩罚的严重犯罪的范围扩大了,出现了侵犯国王、侵犯教会、侵犯领主等新的犯罪种类。刑罚除死刑外,还有肉刑和降为奴隶等。

在确定是否构成犯罪时,日耳曼法只要求加害行为和危害结果,不考虑行为人的主观意图。因此,对犯罪的认定没有故意、过失的区分。日耳曼法也没有明确的犯罪主体的概念,已死的人也可以作为犯罪者加以惩罚。

(二) 侵权行为

日耳曼法中的侵权行为主要指侵犯个人利益的违法行为,如杀人、伤害、毁坏妇女名誉、毁坏农作物等。对侵权行为,特别是公开杀人、伤害身体、抢夺妇女等行为,日耳曼法实行血亲复仇原则,就是由被害人亲属对加害人及其亲属实行对等报复。对此,国家审判机关不加干涉,但要遵循一定的程序。复仇必须公开进行,秘密复仇是非法的,其他家族也须严守中立。由于复仇是合法行为,因此,加害人亲属团体不能对这种行为进行控诉,也不能进行反复仇。

随着社会的发展,血亲复仇所造成的部族内部家族之间的纷争与仇杀的弊端日益明显,影响到整个部族的战斗力。私有财产的形成使人们日益重视经济利益,于是,血亲复仇逐步被支付赎罪金所取代。到日耳曼成文法时代,赎罪金制度已普遍实行。"蛮族法典"的很多内容都对各种侵权行为所应交纳的赎罪金额作出规定,其中又无不贯彻等级特权原则。例如,《撒利克法典》规定杀死一个法兰克自由人应罚付 200 金币,杀死一个为国王服务的人(贵族)应罚付 600 金币,杀死一个与国王共桌的罗马人应罚付 300 金币,杀死一个罗马农民应罚付 100 金币,杀死一个纳税的罗马人应罚付 63 金币。公元 802 年,查理大帝颁布《关于巡按使团的敕令》,明确禁止血亲复仇,实行赎罪金制度。

对杀人等重大违法行为,加害人除向被害人亲属团支付赎罪金外,还应向国王或领主交纳一部分罚金,叫做"和平金",以表明对加害人破坏和平的惩罚,其目的是恢复和平。

日耳曼法中侵权行为的认定与犯罪的认定一样,只要求具有加害行为和损害结果,不问行为人的主观意图。行为人对侵权行为负无限的赔偿责任。例如,家长对未成年人造成的损害,主人对家畜造成的损害,都应负绝对赔偿的责任,而不论其在履行监督义务时有无过失。《阿尔弗烈德法典》规定:如果一只狗咬伤人致死,主人在第一次应付赔偿金 6 先令,第二次应付 12 先令,第三次应付 30 先令;如果一只牛伤了人,主人必须在限期内把牛交出。①

六、审判制度

（一）审判机关

日耳曼各王国的审判机关是从氏族公社时期的民众大会延续下来的,主要分为普通地方法院和王室法院两类。

普通地方法院一般由百户法院和郡法院组成。百户法院即百户区的民众大会,由百户区长官主持;郡法院即郡的民众大会,由郡长主持。在进行审判时,法庭由熟悉习惯法、富有经验的长者主持,他们被称作"宣法者"。自由人出席审判大会不仅是权利,也是义务;判决须经他们同意才生效。加洛林王朝时期,曾对不出席审判会议的自由人处以罚金。后来,随着民众大会作用的下降,审判职能逐渐被少数贵族控制。查理大帝时进行司法改革,于公元 769 年颁布法令,免除了自由人出席审判大会的义务,由从地主贵族中选出的"承审官"代替了民众大会的审判职能,"承审官"终身任职。

王室法院一般由国王、宫相或其他国王委任的官员主持,不允许自由人参加。国王可根据当事人的请求,将案件从地方法院移至王室法院审理。加洛林王朝时期,日耳曼国家还设立了巡回法院。它由国王派往各地的巡按使主持,不仅监督各地司法,而且可以直接审判案件。

（二）诉讼制度

在日耳曼法中,与违法行为的划分相适应,诉讼程序也分为两种,即要求赔偿损害的诉讼和要求惩罚犯罪的诉讼。

在要求赔偿损害的侵权诉讼中,证据通常是宣誓,当事人应宣誓证明自己的请求和答辩的真实性。为了增强誓证的证明力,还可以

---

① 由嵘:《日耳曼法简介》,法律出版社 1987 年版,第 80 页。

由当事人的亲友宣誓证明,即"辅助宣誓"。由于宣誓是一种基本证据,在侵权诉讼中起决定作用,因而,违背誓言、提供伪证要受到法律的制裁。

在要求惩罚犯罪的刑事诉讼中,确定被告是否有罪的证据是神明裁判和决斗。神明裁判的方式主要是"水审"和"火审"。决斗是以击剑的胜负判断是非的方式,失败者被证明有罪。

日耳曼法实行自诉原则,即传唤被告由原告负责,一经传唤,被告即有到庭的义务,否则受罚,在诉讼中因此处于不利地位。如《撒利克法典》中规定:"凡经遵照王命,被传唤到法庭去而拒绝不到者,罚款600银币,折合15金币";"凡传唤别人到法庭去者,应偕同证人,一同到被传唤人家,如本人不在,应使其妻子或其他家属通知他本人,前赴法庭。"[①]

随着王权的加强,在日耳曼国家的王室法院和巡回法院中出现了纠问式诉讼制度,即在审理涉及王室利益的案件时,不采用自诉原则,不采用宣誓证据,而由王室法官或巡按使主动传讯知情人,以便查清事实,并做出判决。纠问式诉讼制度是王权加强的结果,同时又是加强王权的手段,相对于誓证和神明裁判的证据制度也较为合理。

七、日耳曼法的基本特点

综上所述,日耳曼法作为早期封建制时期的法律,具有以下特点:

(一)日耳曼法是团体本位的法律

日耳曼法的这一特点是指日耳曼法的保护中心和出发点是团体,即家庭、氏族和公社,而不是个人。个人行使权利和承担义务,要受到团体的约束;人们之间的关系在法律上是由他们的身份决定的,而不是凭个人意志决定的。例如,在日耳曼人的家庭中,家长的权力虽然很大,但家长在实施重大法律行为时,必须考虑整个家庭的利益,应该征得家庭成员中成年男子的同意,而不能随意作为。例如,

---

[①] 高等学校法学教材参考资料《外国法制史资料选编》(上册),北京大学出版社1982年版,第171页。

《撒利克法典》第45章对迁徙规定:如果一个人打算由一个村迁徙到另外一个村,必须征得该村全体居民的同意;只要有一个人反对他的迁入,即可向他提出警告,使他搬走。假使他拒绝搬走,就可偕同证人,到村会去控告,或呈报伯爵,将他驱逐。又如,作为氏族成员,当本氏族有人受到外氏族人侵害时,必须与其他氏族成员共同进行血亲复仇或共享赎罪金。

日耳曼法的这种"团体本位"的特征与罗马法的"个人本位"特征具有明显的区别。建立在简单商品生产高度发达基础上的罗马法,尊重个人意志自由,严格保护私有财产。在私法领域内人们之间的权利义务关系是由个人意志决定的,不受身份约束。法学著作往往把罗马法以个人为中心、尊重个人意志自由、严格保护私有财产的特点称作"个人本位"。

(二) 日耳曼法是属人主义的法律

蛮族国家建立后,各王国在适用法律方面因袭固有的习惯,因人而异,对日耳曼人适用日耳曼法,对罗马人适用罗马法。两种法律发生冲突时,以日耳曼法为准;日耳曼各部族法律之间的冲突,则按不同问题确定不同的解决办法。9世纪以后,随着社会封建化的完成,封建领主在其领地上独立行使统治权。他们设立法庭,审判领地内的案件适用同一种法律,而不管当事人原来属于什么部族。这样,适用法律的属人主义逐渐过渡到属地主义。

(三) 日耳曼法是具体的法律

日耳曼法不是抽象的法规,只是一些解决各种案件的具体办法,审理案件的依据是以前同类案件的判决。蛮族法典也不过是判例的汇编而已。例如,《撒利克法典》中并没有关于处理盗窃罪的一般规则,只列举了盗窃各种物品所应交纳的罚金。法典第2条规定:"如有人偷窃一只小猪而被破获,罚款120银币,折合3金币;如有人偷窃一只满一岁的猪而被破获,罚款120银币,折合3个金币,另加所窃猪的价值和赔偿损失;如有人偷窃一只满两岁的猪,应罚付600银币,折合币15金,另加所窃猪的价值与损害赔偿……"① 这表明,日耳曼法处理案件的根据是以前同类案件的判决,而不是一般的法律规范。

(四) 日耳曼法是注重形式、注重法律行为外部表现的法律

在日耳曼法上,凡属转让财产、结婚、赔偿损害、脱离氏族关系等法律行为,均须遵守固定的形式和程序,讲固定的语言、做象征性的动作,否则不发生法律效力。行为人外部表现出的语言和象征性动作,均按习惯加以解释而产生法律后果,而不考虑其真实意思如何。这就是说,确定犯罪和违法行为的标准只是表现出来的行为,而不考虑行为人的主观因素。

(五) 日耳曼法是世俗的法律

尽管日耳曼法中有某些原始宗教信仰的因素,如宣誓证据和神明裁判等,但法律本身并不和宗教教义直接联系,内容中不包括宗教法规,也没有宣布法律是神的意志的体现。这与古代印度的法律,以及阿拉伯帝国的法律(伊斯兰法)有着明显的区别。

日耳曼法是继罗马法之后在西欧形成的又一种法律体系,尽管它反映出比较低的社会经济和文化水平,但却以其内含的封建因素,促进了西欧封建制度的确立。9世纪后,西欧进入封建割据时期,日耳曼法逐渐演变为分散的地方习惯法,适用法律的属人主义相应转变为属地主义。但是,无论地方习惯法还是调整封建贵族之间关系的法律,都是在罗马法和日耳曼法融合的基础上发展起来的,只是各地区的情况不尽相同而已。西欧法律在整个中世纪经历了很大变化,包括罗马法复兴、教会法发展为完整的法律体系、王室法令作用的提高、中央司法机关的活动对法律的影响等,但是,以日耳曼法为基础的习惯法一直在西欧占主导地位。

近代西欧法律从日耳曼法中继承和吸收了许多原则和制度。法国在资产阶级革命过程中最先建立了资本主义的法律体系,实现了广泛、彻底的法律改革,但仍然吸收了很多渊源于日耳曼法的习惯法

---

① 高等学校法学教材参考资料《外国法制史资料选编》(上册),北京大学出版社1982年版,第171—172页。

原则和制度。例如,《拿破仑法典》中关于已婚妇女无行为能力、夫妻财产共有制和某些继承规则,主要是根据习惯法;法国政府1804年3月21日颁布的法令宣布,革命前的法律和习惯只在民法典有规定的问题上被废除,在民法典中没有规定的问题上继续有效。在德国,由于资产阶级革命不彻底,因而在法律中保留中世纪法的成分更多一些。德国民法典第一次草案(1887年)被否决的主要理由之一就是,过分依靠罗马法而忽视民族固有法(即日耳曼习惯法)。与法国民法典一样,德国民法典在婚姻家庭方面主要继承习惯法,此外还在不动产制度中保留了较多的习惯法因素。由于英国法形成和发展的特定历史环境,以及资产阶级革命所表现出的妥协性和保守性,近代英国法律所包含的日耳曼法因素比大陆国家要多,这在不动产法和诉讼制度方面更为明显。在此意义上,恩格斯称英国法为"传播于世界各大洲的惟一的日耳曼法,即英吉利法"。

【思考题】
1. 什么是日耳曼法?
2. 日耳曼法有哪些基本特点?
3. 日耳曼法所规定的土地制度有哪几种主要形式?
4. 日耳曼法对西欧法律有什么影响?

第六章 教 会 法

教会法是随着基督教教会的产生和发展而逐步形成的。西欧中世纪法律的一个明显特点是二元化,教会法与世俗法并存。教会法以基督教教义为宏旨,以《圣经》为最高渊源,是与神权密切联系的神权法。教会法具有相当完备的体系,严密的教阶制度和司法机构。教会法的内容不仅涉及宗教制度,还广泛涉及所有权、债、亲属、犯罪与刑罚、诉讼等诸多领域。教会法对西方近代法律有着重要影响。

第一节 教会法的产生和演变

一、教会法的产生

教会法也称寺院法、宗规法,是基督教关于教会本身的组织、制度和教徒生活准则的法律,对于教会与世俗政权的关系,以及土地、婚姻家庭与继承、刑法、诉讼等也都有规定。教会法的产生是基督教发展的结果,到中世纪中期才形成独立的法律体系。

基督教源于犹太教,于公元1世纪产生在罗马奴隶制帝国统治下的巴勒斯坦,其早期的教义宣扬在上帝面前人人平等,藐视富人,充满仇视统治者的反抗精神。因此,曾经作为奴隶和被压迫人民的宗教,受到罗马统治者的残酷镇压。公元2世纪后,随着罗马奴隶制政治经济的发展,许多有产者加入教会组织,并且取得领导权。基督教的教义得到改造,更多地要求人们忍耐和服从,宣扬"君权神授"。从公元4世纪起,罗马帝国对基督教的政策发生重大转变,皇帝发布的敕令明确宣布承认基督教的合法地位。公元313年罗马皇帝君士坦丁颁布的《米兰敕令》正式承认基督教的合法地位,是基督教史上的转折点。公元380年罗马皇帝狄奥多西宣布基督教为罗马的国教,教会由民办变为官办。这使教会一方面能够利用官方的强制性权力,另一方面模仿罗马国家,建立起集权式的教会组织。

教会有严密的组织和纪律,对教徒的信仰和道德行为有管辖权,教徒之间的纠纷也由主教裁判,逐渐形成惯例。公元333年,主教裁判权获得帝国政府确认。教会法就是在教会裁判权的基础上形成的。

二、教会法的发展

教会法的演变大致经历了形成、鼎盛、衰落三个时期:

(一) 形成时期(公元4—9世纪)

最初,教会法的内容只限于规定神职人员的宗教纪律,约束他们的行为。《圣经》是教会法的主要渊源。第一部正式的教会法是在公元325年由东罗马帝国皇帝君士坦丁主持召开的尼西亚会议上颁布的,称《尼西亚信经》。其内容包括:按行省划分教区组织宗教会议,由皇帝控制宗教会议的最高领导权,禁止教士放债取息等。由于这一时期教权从属于政权,所以,教会不再是单纯的宗教组织,教会立法在世俗统治者的控制之下进行,宗教会议由世俗统治者主持召开。后来,教会法从罗马法和古代文献中汲取资料,大约在5世纪至6世纪间汇编成《使徒法规》,成为早期重要的教会法规。公元476年,西罗马帝国灭亡后,早期基督教会的势力受到严重打击,但仍然残存下来。其后,随着西欧封建化的加深,教会势力重新抬头。法兰克王国的克洛维国王(公元481—511年)于公元496年皈依基督教,并利用宗教势力征服其他日耳曼国家。公元511年召开宗教会议,制定宗教法规,并使其具有国家法律的性质。公元756年,法兰克国王丕平(公元714—768年)为酬答教皇为其加冕,赠与教皇土地使之成立教皇国。教皇国的建立"使教权获得了一个稳定的政治中心和根据地"。[①] 此后,教会地位不断提高,教会法的内容除以历届宗教会议

---

① 丛日云:《在上帝与恺撒之间》,三联书店2003年版,第214页。

决议和教廷文件作补充外,还吸收了法兰克王国的某些法律规范,教会的司法权也进一步扩大。教会法不仅适用于教徒,对世俗居民也具有强制性。

(二) 鼎盛时期(公元 10—14 世纪)

公元 9 世纪,法兰克帝国解体,西欧进入封建割据时期,基督教会趁机扩张势力,摆脱世俗皇帝的控制。1054 年,基督教正式分裂为东西两大教派,西派教会以罗马为中心,称天主教,成为西欧各国封建社会中占统治地位的宗教。教皇格利哥里七世(公元 1073 年—1085 年在位)时对教会进行改革,目的在于提高教权。格利哥里对教会法的原则规定包括:宣布任免主教的权力属于教皇,废止世俗对神职人员的授予权;教会法规须由教皇颁布;地方教士应服从教皇特使;禁止圣职买卖;坚持教士独身。到 13 世纪初教皇英诺森三世时,教会权力达到顶峰,教皇几乎成为各国宗教事务和国际问题的最高主宰。随着天主教势力的增长,教会法的内容也通过教皇的教令、宗教会议的决议不断完善,教会法院的管辖权扩大到许多世俗事务方面。这一时期出现了综合汇编的教会法规集,称教皇"教令集",它是教皇的敕令、通谕和教谕等的汇编,是教会法的重要渊源之一。同时,教会法的研究也出现繁荣景象,出现了不少有关教会法的专著和法律汇编,教会法的内容更加系统,逐渐发展成为独立的法律体系。

(三) 衰落时期(公元 15—18、19 世纪)

15 世纪后,随着文艺复兴和西欧各国中央集权制的形成,教会地位开始下降。16 世纪在欧洲各地相继发生的宗教改革运动,带来基督教的再次分裂。西欧各国的世俗君主摆脱了罗马教皇的控制,新兴的资产阶级否认教皇和教会法的权威性,出现了许多脱离天主教的新教派,如德国的路德派、法国的加尔文派、英国的圣公会派等。这使罗马教廷的权力受到严惩削弱,教会法的适用范围日益缩小。资产阶级革命后,西欧各国奉行政教分离原则,国家法律实现了世俗化,教会法的管辖范围缩小到信仰、道德等领域。但是教会法作为一个法律体系仍然存在并对西欧各国法律的发展产生影响。特别是在婚姻、家庭和继承方面,教会法的某些原则和规定是西欧各国立法的重要渊源。

第二节 教会法的基本渊源

一、《圣经》

《圣经》是基督教各派信仰的基础,是教会法最重要的渊源,不仅是教皇立法的主要依据,而且本身具有最高的法律效力,是教会法庭活动的主要准则,对世俗法院也有一定约束力。

《圣经》包括《旧约全书》(以下简称《旧约》)和《新约全书》(以下简称《新约》)两部分,合称为《新旧约全书》。《旧约》是犹太教的经典,形成于公元前3世纪至公元1世纪,为基督教全盘继承。它记载了古代犹太民族关于世界和人类起源的神话以及奴隶制社会中奴隶主的神权统治的法律等。《旧约》由"律法书"(又称"摩西五经")、"先知书"和"圣录"三部分组成。"律法书"是《旧约》的精髓,共5卷,其中《出埃及记》是最古老的希伯来法律,以摩西制定的"十诫"① 为中心。《新约》是基督教本身的经典,形成于公元1世纪下半叶至公元2世纪下半叶。它由《启示录》、《使徒行传》、《四福音》、《十三篇保罗书信》、《希伯来书》、《雅各书》、《犹大书》、《彼得前书》、《彼得后书》和《约翰 书、二书、三书》组成。现今流行各国的《新旧约全书》版本的内容和目次,是由公元397年第三次迦太基宗教会议确定的。

二、教皇教令集

教皇教令集是罗马教皇和教廷颁布的敕令、通谕和教谕的汇编,是教会法的另一个重要渊源。公元12世纪,意大利的波伦亚大学教会法法学派兴起,对教会法进行了系统地研究,出现了有关教会法的专著和注释汇编。公元1140年,波伦亚大学的僧侣格拉蒂安私人编辑的《格拉蒂安教令集》(又译《历代教令提要》或《教会法规歧异汇

---

① "十诫"即教徒必须遵守的十条诫命:崇拜惟一上帝而不可拜别神;不可制造和敬拜偶像;不可妄称上帝名字;须守安息日为圣日;须孝顺父母;不可杀人;不可奸淫;不可偷盗;不可作假证陷害人;不可贪恋别人妻子、财物。

编》)是最早出现的教令集。它不仅收集了12世纪前大约4000种教会法的文献,而且进行了系统的研究和分析,其内容涉及法律的渊源、神职人员的职权、诉讼、财产和婚姻等。这部教令集在当时不仅成为大学的教材,而且为宗教法庭广泛适用。

公元13世纪,教皇格利哥里九世正式进行官方法典编纂工作,编纂有《格利哥里九世教令集》也称《官刊教令集》。其内容分别为:教会法院组织、诉讼程序、教士的义务及特权、婚姻、刑法等5编。这种编制方法为以后公布的教令集所采纳。以后,罗马教廷又编纂过《卜尼法八世教令集》(1298年)和《克雷门五世教令集》(1317年),使教会法的内容更加完备。至16世纪末,教皇格利哥里十三世将《格拉蒂安教令集》和以后的教令集汇编在一起,定名为《教会法大全》(亦称《宗规法大全》、《寺院法大全》),成为中世纪后期教会法的重要渊源,一直沿用到1917年才被新编的《天主教会法典》所代替。

三、宗教会议决议

宗教会议决议是由教皇或地方召开的各种宗教会议所制定的决议和法规。这些决议的内容包括:有关教会组织和神职人员的行为准则;对宗教反对派的处置;有关教会法庭的职权及条例等。宗教会议的决议是各地教会和宗教法院必须遵照执行的文件。在中世纪,罗马教廷和各地教会多次召开全教范围和地区性的宗教会议,通过大量的决议和法规。由于宗教会议的特殊地位和影响,封建君主往往直接参与会议决议的制定,批准会议的决议,借以巩固自己的统治地位,从而更加强和扩大了这些决议的权威性。随着宗教会议决议、法规的增多,又相应地出现了这类文件的汇编。在11世纪教会改革之前,最重要的一部是5世纪末罗马修道士狄奥尼修所编,9世纪初被法兰克教会接受为官方法律的汇编。

四、世俗法的某些原则和制度

在中世纪,教会法同罗马法和封建地方法存在一种相互渗透的关系。基督教成为罗马帝国国教后,教会法自然成为罗马帝国的统治工具之一,教会法在制定过程中自然受到罗马法的影响。罗马帝国灭亡后,新建的日耳曼诸王国先后皈依了基督教,基督教僧侣是惟一的知识阶层,不仅参与立法而且担任法官,他们大多精通罗马法,因此,教会法从日耳曼法和罗马法中吸收了许多法律原则和制度。如教会法按照当时日耳曼国家实行的属人主义适法原则规定:僧侣应受罗马法管辖,僧侣的赎罪金额按罗马法的规定,相当于罗马自由民的赎罪金额;释放奴隶时,也按照罗马法的规定,凭圣经及特许状在教堂举行。在债权制度、婚姻制度、继承制度、诉讼制度等方面,教会法也接受了罗马法的某些制度和原则的影响。

第三节 教会法的基本制度

一、教阶制度

教阶制度是规定基督教神职人员的等级和教务管理的制度。教阶制度最早萌芽于公元2世纪至3世纪。4世纪时继基督教成为罗马国教后逐步完备。11世纪东西教会分裂后,天主教会的体制进一步确立,并于13世纪达到鼎盛。教会以"整个世界就是以上帝为主宰的等级结构"的观念为理论根据,在教会内部划分出享有不同权利的等级,形成森严的教阶制度。教阶制度反映出教会法的封建性质。

教会教阶一般分为教皇、大主教、主教、神甫等,统称大教职,下设修士、修女等小教职。在教务方面按照级别逐级对下行使管理权。

教会法规定,教皇是基督教会的最高统治者,他对教会及教徒的道德和纪律以及政治、经济享有最高和最完全的管辖权;有召集宗教会议、批准会议决议、任免主教及划分教区的权利。教皇是教会法院的最高审级,各地教会的重大案件一律呈送教皇审核,而教皇本人可不受任何审判。教皇自11世纪以后由大主教选举产生,任期终身,除因异端罪外不得罢免。

教皇之下是大主教,又称枢机主教(因穿红色僧服亦称红衣主教)。大主教由教皇任命,分掌教廷各部重要教区的领导权。大主教会议是教皇的最高咨议机关,大主教是教皇的候补成员。

主教在一般教区内行使管理权,由教皇选任,对教皇宣誓效忠。主教管辖区又分若干个教区,每区设神甫1人,主持宗教仪式,进行传教活动。神甫主持工作满一定期限后可升任主教。修士、修女是终身服务于教会的低级教职人员,其职责是辅助神甫处理日常事务,从事祈祷和传教的工作。

教会法在设立森严的教阶结构的同时,还规定了神职人员的权利和义务。凡从事宗教活动的神职人员按其等级享有不同的权利,主要有:享有与其品位及等级相应的礼节,获得神品和领取教会恩俸的权利;按等级规定的对辖区的管辖权;司法特权;兵役豁免权。神职人员也负担一定的义务,包括:自省、忏悔的义务;宣传教义和忠诚履行教职的义务;坚守独身,保持贞操的义务;不得长期离开教堂,居住于本教堂的义务。

二、财产制度

教会拥有大量的地产和动产,当时曾拥有西欧1/3的土地,是欧洲最大的封建主。封建土地所有制是教会赖以生存和享有特权的经济基础,所以,教会法十分重视对土地所有制和教会财产的维护。

教会法规定,教会对其土地和动产享有独立取得、存留和管辖的权利,这种权利不受世俗政府的约束。教会法还把什一税、初生税、坐堂税和修道院税等税收,以及诉讼费、赠与和继承等,规定为教会取得合法财产的方法。为确保教会的所有权不受侵犯,教会法规定凡强占教会财产,包括动产和不动产,均应受"弃绝罚"惩处("弃绝罚"是一种严厉的惩罚制度,根据这一制度,凡强占教会财产的人不得参加圣礼领取圣物,不得接受尊位、恩俸和神品,不得接受教会职位,不得行使选举权,不得与亲友往来)。若教士犯此罪,应罢免一切圣职及所任其他职务。世俗劳动者侵犯教会财产则处罚更重,往往以惩罚异端的名义,施以残酷的报复。

从11世纪末至15世纪,教会的多数土地和建筑是通过赠与取得的。但是,赠与人往往为他本人和他的继承人保留其中的权利,如圣职授任权、地租、封建款项等,教会法称这种财产制度为"自由施舍土地保有制度"。这种通过捐赠方式取得的教会财产,与同时代的持有沉重的封建义务的世俗土地财产不同,它是属于某个教会社团并服务于该社团的目的的,而不是个人的。在这个意义上,有的西方学者认为教会的"自由施舍土地保有制度"是英国"信托"概念的来源。① 教会法学家在12世纪还发展出一种恢复土地、财产以及无形权利的法律诉讼,通过这种诉讼,一个被使用暴力手段或欺诈手段剥夺了占有权的先前的占有人,只要证明不法剥夺行为客观存在,便可以从现时占有人那里收回占有权。西方学者认为,这是具有近代意义的"占有救济"概念的发端。②

三、债权制度

为调整各教会社团之间经常发生的经济交往,12世纪以后,教会法发展出自己的契约法体系,并且,在与世俗权力争夺的过程中,教会法取得了对于俗人之间经济契约的广泛的管辖权,确立了俗人之间的契约当事人要遵守教会契约法所主张的"信义保证"原则。

12世纪后,在西欧普遍兴起的罗马法复兴运动对教会法的发展有着深刻的影响。因此,较之于财产法,在契约法领域内,教会法学家更多地接受了由同时代注释法学家从查士丁尼法典中发展出的大量的概念和规则。在契约法上,教会法主张双方的收益和损失应该"平等"、"合理",达到均衡。这是12世纪教会法学家和罗马法学家的共同观点。它被称为"正当价格"原则,即,一方当事人提供的价值必须与另一方相等。为此,教会法学家为契约中的不同的标的物作了价格上的规定。所谓"正当价格",其实就是市场价格,它要根据时间、地点的差异而有所变化。通过教会法学家的精心阐述,正当价格学说被发展成一种检验任何契约的有效性的首要原则。③

教会法禁止"重利"行为,即禁止用金钱借贷收取暴利,禁止附利息贷款。依照天主教教义,牟利和放债是一种罪恶行为,《旧约》和

---

① 参见〔美〕伯尔曼著:《法律与革命》,贺卫方等译,大百科全书出版社1993年版,第288—289页。
② 同上书,第290页。
③ 同上书,第300页。

《新约》都对高利贷加以谴责。但高利贷的定义却从来没有清楚的界说。在早期农业社会,任何从放贷中取利的行为都遭到禁止。在12世纪前后,经济形式发生变化,教会法学家开始对高利贷法律进行系统研究。13世纪下半叶,教会法学家援用了罗马法上的"利息"一词来表示贷款人可以索要的合法收益,以区别于高利贷罪孽。

教会法规定,凡经当事人宣誓的契约必须严格遵守契约终结制度,即一方当事人不遵守诺言,另一方也就不受契约的约束;但经立约人宣誓履行债务的契约,为使立约人"灵魂得救"必须履行,不得以任何借口撕毁契约。教会法承认"死抵押"权,即债权人有权获得抵押的土地或财产中的孳息收入,但又不准以此种收入抵债。这种抵押实际上是对债务人的掠夺。另外,教会法规定,凡以信用作为"抵押"而发生的债务关系,均须履行,否则债务人的灵魂不能得救。

四、婚姻家庭与继承制度

(一) 婚姻家庭制度

教会法的婚姻、家庭制度是在基督教教义的基础上,吸收罗马法、日耳曼法中的一些原则和制度建立起来的。这种制度在欧洲长期实行,对近代西方国家的婚姻家庭关系影响很大。

教会法的婚姻家庭制度主要有如下内容:

第一,关于婚姻的成立。教会法从"结婚属宣誓圣礼之一"的教义出发,确认了"一夫一妻"和"永不离异"的原则。教会法认为一夫一妻是上帝的安排,违反这一原则的婚姻无效。由此引出不准离婚的原则,认为离婚是改变上帝的决定,是对上帝不忠的行为。教会法规定:"双方合意为建立婚姻关系的必备条件",双方必须依法定方式明确表示"自愿交付或接收对于身体的永久专权"。结婚时要举行宗教仪式,16世纪后这种仪式已成为婚姻关系成立的必要条件。直到现在,一些国家仍保留在教堂举行婚礼的习俗。

第二,关于应禁止的婚姻的条件和撤销婚姻关系的条件。教会法规定婚姻不能解除,但若属于应禁止的婚姻和应撤销的婚姻,则可宣布无效。应禁止的婚姻的条件是:凡许"守童身愿"、"贞节愿"以及

"领受高级神品愿"者,禁止结婚;天主教徒禁止与异教徒及叛教者结婚;"法亲"(因收养发生的法律关系)、"近亲"(1215年以前七亲等以内的旁系血亲和姻亲,1215年以后四亲等以内的旁系血亲和姻亲)和"神亲"(因共同领受圣洗礼而形成的承属关系)禁止结婚。撤销婚姻关系的条件是:未成年人的婚姻;男女一方无性行为能力者;重婚;与异教徒的婚姻;一切违反禁止结婚条件的婚姻。

第三,关于婚姻家庭关系中男女双方的地位。教会法肯定了封建世俗法中夫妻不平等的原则,确认丈夫是一家之主,妻处于从属地位,没有单独支配财产和签订契约的权利。在亲子关系方面,教会法确认父亲对子女有完全的支配权。然而,与当时社会的世俗法相比,教会法在向女性提供保护方面却有独到的一面。教会主张在上帝面前婚姻双方当事人平等,在实践中它意味着婚姻义务、忠诚义务的互相性。教会法还规定了保护寡妇的财产制度,坚持如果不规定一笔抚养寡妇财产,也就是说不确立一项在婚姻存续期间不得减少其价值的资产,任何婚姻契约均不得订立。

(二) 继承制度

教会法采用遗嘱继承和无遗嘱继承两种制度,但只限于动产继承。不动产继承仍须由世俗法调整。由于教会的财产有相当一部分来自教徒的赠与,特别是遗赠,因此教会更提倡遗嘱继承。教会法院有权验证继承遗产的遗嘱和监督遗嘱的执行,并有权处理无遗嘱的遗产的分配。教会法学家在12世纪时建立了一种确定遗嘱的有效性以及解释、执行遗嘱的规则体系。遗嘱的程式化要求较之罗马法的规定有所降低,不仅临终前对忏悔神父所讲的"遗言"可作为正式的遗嘱,而且口头遗嘱也被认为是有效的。

教会法还强化了对生存配偶及子女的保护,以使他们免于被遗嘱人剥夺继承权。如果遗嘱人既有妻子又有子女,可以由遗嘱处分财产的三分之一以上便不得用遗嘱加以剥夺;如果只有妻子或只有子女,则子女应得到遗产的一半。

由于教会的遗产继承法构成了对封建经济、政治关系的直接干预,所以受到世俗封建统治者的抵制。在向教会的遗赠方面,世俗封建当局制定了永久产业法,禁止对宗教团体的一切土地赠与。对此,

12世纪后教会通过"受益权"遗赠的方式获得了赠与土地的利益。[①]所谓"受益权"遗赠,即是指土地所有权将被转移给一位俗人,后者以受托人身份为教会社团占有该土地,在赠与人死后,教会社团将拥有该土地的受益权以及所有孳息利益的权利。

五、刑法制度

中世纪教会法关于犯罪与刑罚的规定充满宗教色彩,规定了名目繁多的宗教犯罪。凡违反教义或宗教信仰的行为均被宣布为宗教犯罪,其中叛教、信奉异教、别立教派、亵渎圣物等行为,都属于特别宗教犯罪,一律处以死刑并没收财产。此外,为了巩固教会的宗教统治,维护神学统治的绝对权威,教会视进步的科学与思想为异端,对有关的科学家、思想家施以残酷的刑罚。

教会和教会法学家从"上帝面前人人平等"的观念出发,主张在刑罚的适用上不分身份、人人平等。由于存在教俗两种司法体系,教会法院对神职人员和世俗人员适用刑事惩罚的方式是不同的。教会法刑罚的种类主要有:惩治罚、报复罚和补赎。惩治罚包括:弃绝罚(受此罚者,相当于剥夺其在宗教和世俗上的一切权利);禁止圣事罚(受此罚者,不得为圣职行为,不得授予圣物,不得实行教会的葬礼);罢免圣职罚(只适用于教士,受此罚者免除其圣职、圣禄)。报复罚包括罚金、禁止进入教堂、免除职务等。补赎则采取诵读特定经文、施舍、朝拜圣地等方法。为维护封建社会秩序,教会法仍然兼施世俗的各种刑罚,如教士犯有杀人罪时,除处弃绝罚外,还要交法院惩处。"异端"运动兴起后,对宗教犯罪广泛适用死刑。

教会法对婚姻、家庭方面的犯罪规定了许多罪名,如亲属相奸罪、通奸罪、重婚罪、背叛贞操罪等,并规定了相应的刑罚。对侵犯财产和封建特权的行为,教会法也视为破坏上帝的安宁处以重刑。

[①] 参见〔美〕伯尔曼著:《法律与革命》,中国大百科全书出版社1993年版,第284页。

六、诉讼制度

教会法院的诉讼制度大多源自罗马法,又有创新。教会法早期的诉讼中采用神明裁判和誓证法,13世纪以后逐渐废弃了这种原始的证据制度,改用书面证据和证人证言。在刑事诉讼程序上,废除了过去由被害人及其家属提起诉讼的做法,而使用了纠问式诉讼。纠问式诉讼是指法院根据公众告发或被害人控告,即可对案件进行调查,从调查证据到执行刑罚都由官方负责。在审判中,被告人必须到庭,法院向他告知起诉人并出示证据,允许被告人进行辩解和提出对自己有利的证据。

教会法的民事诉讼制度的特点是无论起诉、上诉、证据、判决,均须采取书面形式,程序烦琐。

教会为行使司法权,建立了由各种不同等级的法院组成的宗教法院体系,包括普通法院(有主教法院和大主教法院)和教皇法院(有圣经法院和教皇署名法院)。此外,还有特别宗教法庭,即宗教裁判所。这是天主教会专门用来审判异端分子的机构。由于反宗教控制运动的兴起,以及神学家镇压宗教异端理论的提出,罗马教皇在13世纪时在法国、意大利、西班牙等国普遍设立宗教裁判所,又称异端裁判所。异端裁判所的根本任务就是镇压异端,以及一切进步思想和科学主张。为了实现这一目的,它们把纠问式诉讼发展为极端野蛮残忍的审判制度。这种制度的基本特点是:不须控告,法院主动进行侦查;实行秘密审判,以有罪推定为指导思想;刑讯逼供,一切有利于被控告人的证词都不能成立;招供后处以重刑(火刑、终身监禁、流放等)并没收全部财产。

异端裁判所在欧洲横行了500年之久,仅西班牙一地就有38万人被判为异端罪。随着封建制度的消亡,异端裁判所到19世纪末20世纪初已不复存在。

七、教会法的基本特点

综上所述,教会法具有如下基本特点:

第一,教会法是与神学密切联系的神权法。教会法的产生和发展与基督教紧密相关。它以基督教的基本精神为指导,以基督教的教义为根本内容,所以,它在本质上是一种神权法,而非世俗意义上的国家法。教会法的基本信条是维护"上帝"及由"上帝"所创造的秩序,因此,教会法的违法概念首先是对上帝的不敬和对"上帝秩序"的破坏。对犯罪者的惩罚被视为因损害上帝荣耀而实行的"补赎"行为。

第二,教会法是封建性法。教会法的封建性首先表现在,它按照世俗封建秩序建立起完备的教会权力的等级结构。12世纪晚期的教会已经发展成为一个完备的行政组织系统,形成以教皇为最高权力中心的中央集权的体系结构,即教阶制度。在教会法的具体制度的内容中,如土地制度、婚姻制度、刑法制度中,都直接体现了封建性质,实际上教会法就是披着宗教外衣的封建法。

第三,教会法具有相当完备的体系。教会法在中世纪作为一种超越国界的具有重大影响的法律,与世俗的封建法相比,具有相当完备的法律体系。这一法律体系主要由教阶制度、犯罪与刑罚制度、司法程序制度等支柱构成,虽然没有如后来西方独立存在的部门法律那样走向概念化,但却随着教会管辖权的不断扩大日趋完善。

教会法是西方法律传统的重要组成部分,教会法与罗马法、日耳曼法一同构成欧洲中世纪的三大法律支柱。由于教会的广泛影响,教会法在管辖和适用范围上都超越了国界,深入到了世俗领域。5世纪至11世纪是"罗马法上的黑暗时代",正是教会法的发展和教会僧侣的活动,传递了古希腊和罗马的法制文明。12世纪至16世纪罗马法的复兴,也有赖于教会法和教会法学家的作用。教会法传播的法律观念,伦理道德观念,权利义务观念,价值观念等,不仅构筑了中世纪的法制文明,也为后世的法学理论打上了深深的烙印,并直接影响到西方各国的立法和司法。教会法关于婚姻家庭关系方面的法律原则和制度,长期制约着西方国家婚姻家庭立法的发展。教会法注意对犯人进行灵魂感化和道德矫正,主张通过监禁给犯人以自省的机会,这对于近代刑法思想有很大影响。教会法坚持在审判中遵循的"良心原则"向世俗诉讼法中存在的大量的形式主义提出挑战,后来发展成为西方的"自由心证"原则。教会法在刑事诉讼方面所确立的纠问式诉讼模式对于大陆各国刑事诉讼法的影响更为明显。当然，作为维护封建统治利益的工具，教会法在历史上也曾经在扼杀进步思想、迫害科学家方面起过非常反动的作用。

【思考题】

1. 教会法是怎样形成和发展的？
2. 教会法的基本渊源是什么？
3. 教会法的婚姻家庭制度有哪些特点？
4. 教会法对西方近代法律有何影响？

第七章 城市法和商法

城市法和商法是西欧中世纪法的重要组成部分，两者都是随着城市的出现和经济的复苏而形成和发展起来的。15、16世纪后随着民族独立统一国家的出现，城市失去了独立的自治权力，处于国家的管辖之下，城市法也没有存在的可能。而商法却成为民族国家法律的一部分，获得了充分的发展。

第一节 城 市 法

一、城市法的形成和发展

（一）城市的兴起。10世纪末，西欧经历了长期的经济衰退之后，由于对东方贸易的发展，商业和手工业开始复苏。一些商人和手工业者在交通要道、渡口、城堡边沿、教堂附近定居下来，经营商业和手工业。由于这些地方交通便利，商人聚居，商品交换日趋活跃，终于形成不同规模的城市。最初城市的规模不大，一般的城市市民（由商人和手工业者演变而来）在5000至10000左右，只有少数城市如13世纪的伦敦、科隆人口达4.5万，至于像同期的巴黎、威尼斯、米兰等拥有10万人口的城市则为数更少。但这些大小城市已成为西欧手工业和商业的中心，也是西欧经济复苏和发展的中心。

（二）城市自治的形成。由于城市所在地是教会或世俗封建领地的一部分，直接受教会或领主的管辖。他们对手工业者和商人的苛刻要求严重阻碍了工商业的发展，损害了手工业者和商人的切身利益。于是，市民们便展开了反封建领主和要求自治的斗争，通过金钱赎买或武装斗争的方式，终于为他们居住的城市争得了自治地位。

自治城市首先实行司法自治,在各国各城市都设立了城市法院。法院所适用的法律不是传统的封建地方法,而是适合于城市商品经济需要的,保护市民利益的法。随着司法自治的出现又产生了行政自治。市民组织、自治市政府、市议会,市长、法官都由市民选举产生。城市有自己的军队、法律、旗帜和监狱,可建造自己的城堡。

城市自治按照享有自治权的程度分为三类。第一类是城市共和国。它可以单独宣战、媾和、铸造货币。它不仅对城市有自治权,而且对城市周围的农村亦有统治权。第二类是城市公社。它只对城区有完全的自治权,对城郊没有权利。第三类是半自治城市。只有不完全的自治权,要和国王或封建主共同管理城市。

(三)城市法典的制定。城市取得自治和独立地位后,必须按照市民社会的经济和社会生活方式建立和发展自己的法律制度。12世纪后,随着大批城市的涌现,日益发展的城市法进入法典编纂阶段。最早制定城市法典而且数量处于领先的是资本主义商品经济发达的意大利。如1160年的《比萨城市法典》、1216年的《米兰城市法典》。中世纪后期,西欧许多城市为了维护独立地位,保护共同的经济权益,结成了城市同盟。最有名的城市同盟是以德国的汉堡和吕贝克为中心的"汉堡同盟",它包括了上百个城市。城市同盟制定和颁布要求各国同盟城市共同遵守的法律。

二、城市法的渊源和内容

(一)城市法的渊源

1. 特许状。特许状一般由国王或城市所属辖区的封建主或教会颁发,主要规定了城市的基本制度及市民的基本权利,具体内容主要是:确认城市的自治权和经商权,城市所在地领主的征税权及市民的纳税权;确认市民人身自由,市民拥有组织商会、行会及使用城市土地的权利;确认城市有权制定法律和组织行政管理机构,建立司法机关的权利。所以,特许状也被称为"人民宪章"或市民自由的"保护神",但它不是近代意义上的宪法,它有着明显的封建法的因素。如1215年英国的《自由大宪章》等。

2. 城市立法。指获得自治权的城市,其权力机关(市议会)为适应本城市的社会经济发展需要而颁布的法令、条例等。这些法令主要涉及城市建设(道路、排水设施和桥梁的修建等)、城市管理(财政、商业、学校和粮食供应等),及城市治安的维护等问题。如最早颁布的是《意大利诸城市条例》。

3. 行会章程。中世纪城市中,商人和手工业者为了维护自己的利益,保障自己的人身和财产安全,建立了行会,每一行会都有自己的章程,行会章程由会员大会制定和通过,对行会的组织和制度做出详细规定。如手工业行会章程对行会成员的资格、手工作坊的规模、生产操作规程、产品数量、质量、材料来源、工作时间、学徒的招收管理都有具体规定,并有严格的检查、监督和奖惩制度。商人行会章程对行会会员的条件、权利义务、经营范围、商品价格、销售、代理、批发等均做出规定,对违规者有相应的惩罚措施。行会章程实际上具有法律效力,成为城市法的重要渊源。

4. 习惯和判例。在中世纪西欧城市的社会生活和商业交往中形成的,为广大市民所承认的各种习惯和城市法院的判例也是城市法的渊源。在成文法尚不完备的中世纪,习惯和判例在城市法体系中的作用不可忽视。

(二) 城市法的内容

1. 市民身份。关于自由身份的规定,是特许状的重要内容,它和封建的等级制和人身依附关系形成鲜明的差异。中世纪逃到城市的农奴,只要居住满一年零一天,就可以获得自由,领主不得再使他们成为农奴。所以当时流行的一句谚语是:"城市的空气使人自由。"如英国1215年《自由大宪章》就规定:"任何自由人,如未经其同级贵族之依法裁判,或经国法判决,皆不得被逮捕、监禁、没收财产、剥夺法律保护权、流放、或加以任何损害。"但是,市民中存在着财产上的不平等,这是中世纪城市内部斗争剧烈的原因。

2. 城市机关。市议会是最高管理机构,它是由行会会长和市民代表作为议员而组成;议员选举市长、副市长、监印官和征税员;议员任期两年,每年更换其中一半;议会决定税收事宜并向全体市民报告税款收入、债务清偿情况;如果有人不执行议会决议,该人依捣乱分子论罪,财产被没收,本人和家属永远被驱逐出城市。

3. 行会组织。中世纪的商人和手工业者为了防止封建主侵害,避免彼此之间竞争,维护自己利益而组建行会组织。只有加入行会才能经营商业和手工业,但入会有很严格的限制。例如,开设手工业作坊必须持有从国王那里得到的执照;无手工业技术,不得开设作坊。所谓技术是指他必须是正式工匠,而取得工匠资格要经过很长的学徒期限(英国为 7 年),出徒后又要为师傅当几年帮工,才能升格为工匠,可以独立经营作坊。行会对手工业产品的数量、质量、原料规格、生产工序,甚至生产每一件产品所需要的时间都加以严格规定,目的是防止同行业工匠之间的竞争。商业行会的成员必须具有自由身份和一定的社会地位,凡农奴和学徒者不能参加商业行会,商业行会会员必须是商业道德良好的成人,不得使用任何手段与非会员合伙。商业行会会员之间平等相待、相互救助,会员入会先捐纳一定数量的财物,当不幸陷于贫困时,可获得救济。

4. 物权和债权。随着商品经济的发展,动产的地位更加重要,不动产的土地也脱离了封建所有制的束缚,可以买卖、出租、抵押和继承。城市法取消了阻碍商品经济发展的封建特权,如酒类专卖权等。在商品的交往中,承认双方当事人的平等地位,契约生效的条件是双方当事人的同意,而且契约种类不断增多。

此外,城市刑法实行同罪同罚的平等原则,任何人无论身份如何,都一律平等地适用城市刑法,废除等级特权。城市刑法相当残酷,使用绞刑、斩首、肢解等死刑。

总之,城市法虽然产生于封建社会,受封建因素的影响,留有封建制度的痕迹,但是,由于城市法是伴随着商品经济的发展而产生的,因而体现了新的经济关系和社会矛盾的调和,因此,从本质上看,城市法与封建法是相对立的,城市法的形成和发展对近代资产阶级法的诞生起着重要的推动作用。

第二节 商 法

一、商法的形成和发展

（一）西欧商法的形成。商法是调整商人之间由于商事活动产生的各种关系的法律规范。

1. 商法产生的原因。作为调整商人关系和商业行为的法规古已有之，可以追溯到很早的古巴比伦时代的《汉谟拉比法典》，而发达的罗马法已经包含着相当完备的调整商业关系的规范，可以说罗马法是古代地中海区域商法和海商法的集大成者。

但是，从古巴比伦到罗马，商法都没有成为和普通法相对的特别法，没有成为一个独立的法律部门。古巴比伦法是诸法合体，自然谈不上独立的商法。罗马法把地中海沿岸地区的商业习惯吸收融合为一种统一的制度，已完全能满足不太发达的商业需要，没必要把商法独立出来。到了10—12世纪，占主导地位的封建习惯法本质上同商业发展是对立的，不但找不到调整商业关系的规范，反而严重影响商业的自由发展。因此，客观上就产生了在普通法律之外发展一种独立商法的必要。

2. 商法的形成。商法是随着商业的恢复和发展，自治城市的兴起而形成的。商法最早是集市贸易的商事习惯，这些商事习惯包括：集市贸易中心的营业秩序、关税征纳、度量衡制度以及货币、信贷制度等。商法不同于封建的地方习惯法，它适应了当时商业发展的需要，成为独立的法律部门。中世纪的意大利处于全世界商业中心的地位，因此，商法首先在意大利出现。法国、德国、西班牙等国各城市的商法都受到意大利商法的影响，因此，意大利商法是中世纪西欧各国商法的"母法"。因为，罗马法作为整体在西欧中断后，在各地有限的商业活动中，仍按罗马法原则办事，所以，罗马法的某些原则成为地方商业习惯继续存在下来。这些商业习惯随着意大利的商业复兴，城市的崛起，进一步恢复和发展起来，成为中世纪商法的基础。

商法是习惯法，由在长期商业和海上贸易实践中形成的习惯所构成,并由商业法院和海上法院的判决加以固定。商法和海商法的汇编也只是习惯法和判例的记载,而不是国家立法机关所制定,国家只是加以认可而已。如西班牙巴塞罗那城编纂的《康梭拉多海商法典》在一开头就写道:以下是良好的海上习惯。

(二) 商法的发展。中世纪商法的发展,经历了各地区、各城市共同适用商法的共同商法时期和主权国家认可、编纂和实行商法的国家商法时期。

1. 共同商法时期(公元10—16世纪)

(1) 共同商法的产生

由于商业往来和贸易活动的不断扩大,特别是海上贸易的发展,各城市的商业习惯虽然是以罗马法为基础,但也会因自然条件、历史文化和风俗传统的差异而形成若干差别。这种差别必然会给商人贸易的往来带来诸多的不便,于是就产生了各城市都适用的共同商法。共同商法产生的途径有二:一是设立混合法庭,以解决两地商人之间的法律问题,由双方代表参加,经过相互协商,使双方就商业习惯达成一致;二是城市之间订立条约或建立同盟,协调彼此的商业习惯,或制定共同的商法法规等。例如,海商法的抛弃货物制度中的买主与卖主的分摊原则,就是各城市所共同承认的。

(2) 共同商法时期的重要法典

在众多法典中影响较大的法典主要是:10世纪意大利阿马尔菲城的《阿马尔菲法典》;13世纪西班牙巴塞罗那的《康梭拉多法典》;《奥列隆法典》;《威士比法典》。这些法典都是海上习惯法和商法判例汇编,在各地普遍流行,是共同商法时期的主要成果。

2. 国家商法时期(公元17—18世纪)

(1) 国家商法的产生。16、17世纪西欧资本主义因素迅速发展,民族统一国家陆续出现,国家主权观念随之形成。过去由各种机构分别行使的立法权、司法权开始集中到国家政权机关手中,因此,商法也由共同商法转变为国家商法。商法处于主权国家的直接管辖之下,但是各国制定和颁布法典仍以共同商法和海商法为基础,把国际性商业习惯作为国内法适用。国家商法由王室法庭执行,取消了城市的商事法院。

(2) 国家商法时期的重要法典。最早的一部国家商法典是1561年丹麦国王弗里德利克二世颁布的海商法典。但是,影响最大的商法典是法国路易十四时期1673年颁布的商法典和1681年颁布的海商法典。这些法典仍然是以共同商法为基础,只是把国际性商业习惯作为国内法加以编纂颁布,所以商法的内容并没有多大的变化。

二、商法的渊源和内容

（一）商法的渊源

1. 商事和海事习惯。商业和海上贸易长期形成的商事和海事习惯,是中世纪商法、海商法的主要渊源之一,而且,商事习惯和海事习惯往往互相影响,有些则互相吸收从而成为共同的内容。这种习惯在实践中不断发展和完善,保持连续性,它独立于国家和民族兴衰史之外,从未完全中断或割裂过,所以,中世纪的许多商事、海事习惯实际上是对腓尼基、罗德岛时期习惯的继承和发展。

2. 著名的海商法典。主要包括：

(1)《阿玛尔菲法典》。10世纪由意大利的阿玛尔菲人制定,法典刻在铜板上。1843年,法典原稿被发现,名为"阿玛尔菲碑文"。此后在比萨、威尼斯、热那亚相继产生的海商法条例或汇编,其内容均源于《阿玛菲法典》。

(2)《康梭拉多海商法典》。它是13世纪由西班牙巴塞罗那海事法院编撰的,流行于地中海地区,适用达5个世纪之久,曾被译成法语、意大利语和拉丁语而广为流传,其重要内容是关于船长及船员在履行运送契约过程中的权利和义务的规定。

(3)《奥列隆法典》。11世纪的判决汇编,是由奥列隆(法国西海岸的一个小岛)的海事判决汇集而成,其内容涉及与地中海康色雷特得尔水域相通的大西洋海岸的普通海事法。因此,该汇编后来成为海事法的一部分。该汇编在英国影响很大,在爱德华三世统治期间被颁布为海事法庭审理案件时所遵循的法律。

3. 其他渊源。罗马法中有关商事、海事的原则和制度,也被许多地区的商事和海事法庭视为法律渊源。因为中世纪欧洲的大部分地区原属罗马帝国的版图,受罗马法的影响,而且罗马私法内容丰富,包括了简单商品生产的买卖、借贷、交换、合伙、委托等各种法律规范。

此外,中世纪的教会法和地方习惯法对商法也产生过重要的影响。如教会法中的公平交易、恪守协议等观念和自由代理制度,地方习惯法中的保护动产善意买受人的原则等。这些规范都是商法的渊源。

(二) 商法的内容

1. 商人。商人是指以自己的名义从事商业活动从而获取利润的人,主要来自于已经摆脱人身依附地位或已失去土地的农民,是城市市民的重要组成部分。商人享有经商权、商号权以及发生商事纠纷时向商事法院起诉的权利。商人在商业活动中必须履行义务,如必须设置商业账簿,按法律规定的内容记载营业及财产状况,遵守商人行会的规章,遵守海上习惯。商法确认商人在各地区的平等法律地位,并严格保护商人的人身和财产安全。

2. 票据。票据是以支付一定金额为内容的有价证券。早在希腊、罗马时代,就已有票据出现。在中世纪欧洲的商业城市中,信用票据成了通常使用的证券。这一时期的票据按其作用可分为汇票、本票和支票三种:汇票是指发票人委托付款人在指定的日期向受款人支付一定金额的票据,起汇兑的作用,受款人可以是第三人,也可以是发票人本人;本票是指发票人付款的票据,大多由银钱业者签发,发票人见票时无条件支付确定的金额给持票人,以代替现金流通;支票是指存款人签发的、委托银钱业者在见票时从发票人账户内支付确定的金额给收款人的票据。随着经济的发展,票据制度不断完善,其种类日益增多,作用也日渐增大,但最基本的仍然是汇票、本票和支票这三种。

3. 审判制度。对商事的纠纷,由城市中的集市法院审理,法官由市场管理人员或地方官员担任,院长往往由行会会长出任。法院进行定期或不定期的开庭审理工作。诉讼程序简单,证据以书面证据为主。如果商事纠纷发生于本国商人与外国商人之间,或双方全是外国商人,有的地方法院对此有管辖权,有些则组成"商事混合法庭",由外国商人与本国商人代表一起参与案件的审理,以使纠纷得到公正的解决。

4. 共同海损制度。航船遇有风暴等紧急情况时,为了船员及船货的安全,船主在不征得货主的同意下,可以弃货以减轻船只的负担,对由此所遭受的损失,由船主、船员及货主共同承担。这是海商法所特有的制度。

城市法、商法是中世纪西欧法律的重要组成部分,对后世都有很大影响,但商法的生命力更强,存在的时间更长,对后世影响也更直接。它们不仅对资本主义经济的萌芽有着不可替代的促进作用,而且其许多制度还直接为近现代商法所吸收。

【思考题】
1. 城市法的渊源有哪些?
2. 商法的发展经历了哪些时期?

第八章 伊斯兰法

伊斯兰法是在伊斯兰教产生和阿拉伯国家统一的过程中形成的,在阿拉伯国家的法律体系中居于极其重要的地位。由于伊斯兰法与伊斯兰教存在密切联系,因此,其法律规范具有明显的宗教色彩,许多法规内容直接来源于宗教教义。这种特点一方面使伊斯兰法能够以宗教为媒介得到广泛的传播,另一方面,其宗教教义的相对稳定性也在一定程度上阻碍了该法系的发展进程,使它在面对纷繁复杂的社会生活时缺乏必要的灵活性。伊斯兰法的适用范围很广,影响波及信奉伊斯兰教的广大地区,形成伊斯兰法系。虽然在其产生和发展的过程中,传统的伊斯兰法曾受到内外因素的冲击而呈现出衰颓之势,但是,时至今日,伊斯兰法在伊斯兰国家中仍发挥着支配性的作用。

第一节 伊斯兰法的形成和演变

一、伊斯兰法的产生

伊斯兰法是指伊斯兰教法,音译为"沙里阿"(Shari'a),原意是指"通向水源之路",在宗教教义里被引申为"通往先知的大道"。伊斯兰法是有关伊斯兰宗教、政治、经济、社会、家庭和个人生活准则的总称。《古兰经》和"圣训"是伊斯兰法的基本渊源。伊斯兰法实质上是宗教教规,在内容和形式上都与伊斯兰教有密切联系,所以,伊斯兰法和伊斯兰国家的法律是不同的,它不包括世俗法,而仅指中世纪发展起来的适用于全体穆斯林(伊斯兰教教徒)的宗教法。作为一种封建法律制度,伊斯兰法适用的范围很广,包括古代阿拉伯封建帝国和近现代伊斯兰教封建势力强大的国家所适用的基本法律制度。

伊斯兰法是伴随着伊斯兰教和阿拉伯统一国家的形成而产生的。公元6世纪末7世纪初,居住在阿拉伯半岛上的贝杜因人的原始氏族公社开始解体,部落内部由于生产力的发展和私有观念的出现,产生了阶级分化;部落之间为了争夺水源和财产经常发生战争,整个半岛处于极度混乱的状态,社会正孕育着一场重大的历史变革。消除半岛分裂和实现民族统一成为这一时期阿拉伯半岛各个阶层的共同愿望。伊斯兰教的产生和阿拉伯国家的统一正是顺应了这一历史潮流。穆罕默德是伊斯兰教的创始人,在他的领导之下完成了阿拉伯半岛的统一。

穆罕默德(公元570年至公元632年)出生于麦加城的一个没落贵族家庭。公元610年,面对当时混乱的社会局势,他在批判地继承阿拉伯各部落的原始宗教和借鉴犹太教、基督教的基础上,开始了创立伊斯兰教的活动。经过二十多年的努力,取得了对麦加贵族武装斗争的胜利,并且建立了政教合一的统一的阿拉伯国家。在统一过程中,穆罕默德将自己称为"安拉的使者"和"先知",并以安拉的名义陆续发布经文,传播伊斯兰教,要求人们无条件地敬畏惟一的神——安拉,服从"安拉的使者"。在阿拉伯统一国家建立以后,伊斯兰教成为占据统治地位的宗教,伊斯兰法也随之产生。

二、伊斯兰法的发展

伊斯兰法产生以后,随着阿拉伯国家的对外扩张和社会形势的不断变化,在发展的不同阶段呈现出复杂的多样化特征。从穆罕默德死后到公元10世纪中叶时期,伊斯兰法大致经历了以下发展三个阶段:

(一) 形成时期(公元7世纪至公元8世纪中期)包括穆罕默德、四大哈里发和倭马亚王朝时期

穆罕默德作为宗教先知,不断下放《古兰经》经文。经文内容涉及礼拜、斋戒、朝觐等宗教义务和礼仪习惯方面。伊斯兰法最初就体现在《古兰经》中。《古兰经》吸收了犹太教、基督教的因素,对原有的阿拉伯部落习惯进行了改造,同时也对不断出现的新问题提出了解

决办法。《古兰经》中涉及法律部分的经文就是最早的伊斯兰法,这些经文有些是属于穆斯林的宗教教义,有些是穆罕默德对具体案件的裁决意见。

四大哈里发(先知的继承者)时期,以哈里发为首的政府通常都遵照《古兰经》的规定和穆斯林的遗训处理法律问题。当出现《古兰经》中没有规定的新问题时,政府就根据伊斯兰法的原则和精神制定并颁布行政命令。这一时期哈里发政府颁布的行政命令是伊斯兰法的重要组成部分。

倭马亚王朝时期,《古兰经》的影响开始下降,古老的阿拉伯意识再度抬头,伊斯兰法发生了重大变化。一方面为了解决版图扩大后所产生的一些新的社会问题,倭马亚人在法律实践中吸收了许多外来的法律概念和制度,丰富了伊斯兰法的内容;另一方面该王朝设立了专职法官,称为卡迪。这些法官适用伊斯兰法处理案件并对一些宗教事务进行管理。这使得伊斯兰法在司法实践中得到了灵活运用,有利于它适应社会生活的需要,在内容上不断做出新的调整。

(二) 全盛时期(公元8世纪中期至公元9世纪中期)包括阿巴斯王朝的前期和中期

这一时期,阿拉伯国家的地域逐渐扩大,在一些新征服的地区出现了许多新的矛盾和冲突。但是,《古兰经》和"圣训"不能随意变动,这使已有的伊斯兰法不能解决新出现的问题。为了解决现实问题,加强伊斯兰法的可适用性,一些虔诚的学者结成松散的学术团体,纷纷提出自己的见解。伊斯兰法学家由此应运而生,并形成了不同的法学派别。各个法学派别都有自己的学说和主张。为了争夺作为伊斯兰行为法典纯正表现的正统地位,各派之间相互竞争。从最初的早期法学派到后来的四大法学派,伊斯兰法学在大约两个世纪的时期里得到了长足的发展,并推动了伊斯兰法的进一步发展。早期法学派分为麦地那学派和库法学派,他们的研究带有明显的地域性色彩。虽然各个法学派在法律体系和法律学说上都存在差异,但在观点上多有相似之处,他们都反对倭马亚王朝法律生活的世俗化,更重视运用《古兰经》中的法律及其立法原则和精神来探讨法律问题。后期形成了以哈乃非、沙菲仪、马尼克、罕伯里为代表的四大法学派,与早期法学派相比,各派之间在观点上的差异拉大:哈乃非派主张创制法律,通过类比的方法在原有法律中加入个人意见;罕伯里派主张严格遵循《古兰经》和"圣训",按照经文的原意来适用,反对个人意见的加入;沙菲仪派和马尼克派则属于中间派。

(三)衰落时期(公元9世纪中期以后)

随着阿巴斯王朝的衰落,四大法学派权威的确立,伊斯兰法进入了盲从时期。这一时期法学家只能因袭传统,不能再对《古兰经》和"圣训"作进一步的解释,不得修改以前的权威著作。伊斯兰法从此停滞不前,成为固定不变的永恒的体系。这种状态一直持续到近代的法律改革之前。

三、伊斯兰法系的形成和近现代伊斯兰法的改革

公元8世纪到9世纪,随着军事活动节节胜利,阿拉伯成为地跨欧、亚、非三大洲的大帝国。以此为契机,伊斯兰教迅速传播,伊斯兰法成为在这些地区占统治地位的法律。阿拉伯帝国崩溃以后,在被征服的地区建立了埃及、叙利亚、摩洛哥、突尼斯和伊朗等封建国家,这些封建国家仍然信奉伊斯兰教,适用伊斯兰法。15世纪,土耳其人建立了军事封建的奥斯曼帝国。由于土耳其人从10世纪就开始信奉伊斯兰教,因此,奥斯曼帝国成了中世纪后期伊斯兰教的支柱,伊斯兰法继续在广大的地区适用。这些信奉伊斯兰教的国家和地区的法律都将《古兰经》和"圣训"作为主要渊源。因为具有共同的法律特征和历史联系,这些国家和地区的法律被称为伊斯兰法系。

近代以来,随着各个伊斯兰国家经济、政治和文化的不断发展,固有的伊斯兰法传统与社会现实发生了矛盾,另外,西方列强的入侵也对社会产生了巨大的冲击。在内外因的作用下,原有的伊斯兰法已不能适应社会的发展需要。为了缓和这些矛盾,从18世纪开始,奥斯曼帝国就进行了法律改革,一方面大量引进西方国家的法律,尤其是法国法;另一方面通过编撰法典的方式对传统的伊斯兰法进行整理。第一次世界大战后,奥斯曼帝国解体,新产生的阿拉伯国家先后沦为西方列强的殖民地或半殖民地。二次世界大战以后,许多阿拉伯国家相继摆脱殖民主义的统治,建立了独立国家。这些新的独

立国家进行了法律改革。这些法律改革表现出如下特点:

第一,不同国家对西方法律的接受程度不同。土耳其和印度走得最远,他们从实体法到程序法,从法院组织到法学教育全部西方化了。前者归属于大陆法系,后者则成为普通法系中的一员;埃及、巴基斯坦和苏丹等国的法律体系仍以伊斯兰法为主,只在个别领域有选择地借鉴了西方法律;沙特阿拉伯和阿拉伯联合酋长国等则严格遵循着传统的伊斯兰法。

第二,西方法律对不同法律部门的影响有所不同。接受西方法律最多和阻力最小的是商法领域,其次是刑法、民法及宪法领域。婚姻家庭法则采用经过改革后的伊斯兰法。

第二节 伊斯兰法的渊源和基本制度

一、伊斯兰法的渊源

伊斯兰法的"渊源"系阿拉伯文"优素尔"(Usūl)的意译,原意指"根源",引申为伊斯兰法的立法根据、原则和理论基础。具体包括《古兰经》、"圣训"、公议、类比四大渊源。此外,哈里发的行政命令、习惯和外来法律也属于伊斯兰法的渊源。

(一)《古兰经》

"古兰"系阿拉伯文"Kur'ān"的音译,意为"颂读"。《古兰经》是伊斯兰法最根本的渊源,是伊斯兰教的最高经典。它是穆罕默德在传教过程中,以"安拉"的名义陆续发布的经文,共30卷114章6200节。麦加和麦地那两个时期所发布的经文在数量和内容上都有所差别。前期发布的经文占整个《古兰经》的2/3,大多是关于道德规范信仰方面的原则;后期经文占1/3,多涉及法律规范的内容。在原则精神上,前期经文提倡和平;后期经文号召穆斯林用圣战解决问题,态度趋于强硬。《古兰经》确立了伊斯兰法的基本原则和精神,规定了伊斯兰法的基本制度,内容涉及家庭和继承法、债务关系法、刑法、战争法等诸多法律部门。

《古兰经》是由穆罕默德本人口述,并由其弟子记录的。穆罕默德死后,在首任哈里发时期就开始就对经文进行整理,至第三任哈里发奥斯曼(公元577年至公元655年)在位时,奥斯曼命令将汇集的经文予以核定并正式定本。该定本沿用至今,称为"奥斯曼定本"。

(二)"圣训"

"圣训"系阿拉伯文"哈底斯"(Hadith)和"逊奈"(Sunna)的意译,是对穆罕默德本人的言论和活动的传述。它是仅次于《古兰经》的伊斯兰法的基本渊源。

"圣训"是对《古兰经》内容的补充。如果出现了《古兰经》中找不到现成答案的新问题,则按照先知的言论、行为和对某事的默示或习惯进行处理。由于穆罕默德在世时禁止记录他的言行和习惯,圣训的传述是在穆罕默德死后开始进行的,但是,在传述的过程中出现了大量的伪圣训,为了确保"圣训"的统一性和权威性,人们开始对圣训进行全面搜集整理。到公元9、10世纪时出现了著名的"六大圣训集",其中的《布哈里圣训实录》被公认为是仅次于《古兰经》的经典。

(三)"类比"

"类比"在阿拉伯语中的音译是"格亚斯"(Kiyas)。对新出现的问题,如果《古兰经》和"圣训"里都没有现成的答案,即用其中类似的规则加以处理。"类比"在四大哈里发时期之前就得到了广泛适用,以后各法学学派也广泛运用这一方法,并形成了类比派和圣训派。前者根据《古兰经》和"圣训"的精神要旨来创制法律,而后者在创制法律时不注重对《古兰经》和"圣训"的精神领会,只强调字面理解,结果造成了许多不合理的现象。

(四)"公议"

"公议"系阿拉伯语"伊制马仪"(Ijmā')的意译,指穆罕默德的直传弟子或权威法学家对某些疑难法律问题所发表的一致意见。"公议"是阿拉伯部落社会时期的原始民主制遗风。为了解决《古兰经》和"圣训"中都找不到答案的新问题,各派法学家就对某一问题进行"公议"。由于地域的分散性和法学派别的多样性,"公议"带有明显的地域性色彩和派别性色彩。

(五)哈里发的行政命令、习惯和外来法律

作为阿拉伯国家的统治者,哈里发在领导和管理国家的过程中经常通过发布行政命令来决定重大问题,对伊斯兰法的某些规定做出修改和变通。这些行政命令大多涉及与政府管理活动有关的公法领域,特别是税收和刑法。

在伊斯兰法的发展过程中,统治者按照伊斯兰法的精神,在改造的基础上对各地的习惯予以吸收。法学家们在创制法律的活动中也吸收了所在地区的习惯,把它们纳入了伊斯兰法的范畴。

伊斯兰法中的许多概念、原则和制度来自犹太教法、基督教教会法以及罗马法。如:《古兰经》中关于宗教仪式、禁食、禁止利息的规定受到了犹太教和基督教的影响。

二、伊斯兰法的基本制度

(一) 穆斯林的义务

穆斯林的义务主要是履行"五功","功"系阿拉伯语"Rukan"的意译,意为基础、柱石。这五功包括:

第一,念功。每个穆斯林在做礼拜或者参加重要的宗教活动中,都要口诵"除安拉外,别无主宰,穆罕默德是安拉的使者",以此来表白自己的信仰。

第二,拜功。即礼拜。穆斯林每天要在晨、晌、脯、昏、宵五个时间内做礼拜;每星期五举行一次"聚礼";每年在开斋节和宰牲节举行两次"会礼"。做礼拜时,身体、衣服和场地必须保持清洁。

第三,斋功,即斋戒。每年伊斯兰历9月,除了病人和旅客以外,每个穆斯林从日出到日落都要禁绝一切饮食和房事。

第四,朝功。即朝觐圣地。凡有条件的穆斯林一生中至少要到麦加克尔白朝圣一次。分为集体朝觐的"大朝"和个人进行的"小朝"两种。"大朝"在伊斯兰教历12月举行,是全世界穆斯林的盛大聚会。

第五,课功。即法定施舍。原指富有者向贫穷者进行的一种自愿施舍,后来成为国家向穆斯林征收的一种税收。

除了"五功"外,穆斯林还有为真主进行圣战、严格遵守关于食物戒律的义务。

（二）所有权制度

根据伊斯兰法的规定，土地属于"安拉"，只有"先知"和他的继承人哈里发才享有完全的土地所有权。土地分为三种：一是"圣地"，包括穆罕默德出生和创教的麦加及其邻近地区，异教徒不得在圣地居住，死后也不能埋葬于此处；二是被征服地区的土地，其所有权属于国家，被征服的异教徒可在缴税后使用土地；三是除上述两者之外，穆斯林以其他方式取得的一切土地。

瓦克夫是伊斯兰法中规定的一种特殊的所有权形式。"瓦克夫"在阿拉伯文中的原意是"保留"或"扣留"。该制度是指财产的所有者以奉献真主的名义冻结财产实体，并把财产用益权奉献给捐赠者本人所规定的宗教慈善事业。公益瓦克夫和家庭瓦克夫是该制度的两种类别。前者是指捐赠人一开始就明确宣布财产将用于宗教慈善事业，后者是指捐赠人宣布把财产的收益优先留归子孙后代使用，直到没有受益人时再用以赈济贫民。

（三）债权制度

伊斯兰法中没有关于债的一般概念，也没有关于契约的详细规定。根据《古兰经》中的教义，社会中普遍流行的是买卖契约。伊斯兰法中关于契约的规定主要涉及以下四个方面：一是当事人必须享有支配自己财产的权利，双方当事人在缔约时必须在场。未成年人、神志不清者、奴隶、非穆斯林没有缔约的权利。二是契约自由。但这种自由是真主限定范围内的自由。三是重视履行诺言。契约一经订立就必须履行，否则要以施舍赎罪。四是禁止利息。《古兰经》明确宣布"禁止放贷取利"，鼓励人们相互无偿借取。

（四）婚姻家庭和继承制度

伊斯兰法所规定的传统婚姻家庭关系带有明显的封建性，保留了父系家长制的残余。法律中有关一夫多妻、包办买卖婚姻、男尊女卑等内容的规定反映了上述特征，并且，这种婚姻家庭关系被披上了一层宗教道德的外衣。

在伊斯兰法中，婚姻被视为是一种以宗教道德为基础的普通民事契约。男女双方在证婚人面前，一方提出求婚，一方表示接受，婚姻即告成立并具有法律效力。实行有条件的一夫多妻制，凡能公平对待诸妻的人可以娶四个妻子。男子12岁,女子9岁即可以缔结婚姻。血亲近亲、乳母近亲和姻亲近亲之间禁止结婚。婚姻能否缔结与男女双方的宗教信仰有关,穆斯林男子可以与犹太教、基督教女子结婚,但穆斯林女子不得嫁给任何异教徒。

离婚方面,伊斯兰法将离婚看成是丈夫单方面的行为,丈夫可以无条件地宣布休妻。妻子被休之后,要给予3个月的等待期,以便证实是否怀孕,在这期间丈夫可以撤销休妻决定。但撤销休妻决定只限两次,第三次休妻决定宣布后,妻子必须离去,休妻时若有婴儿,应哺乳至两岁。

继承方面,以男子继承为主,但也给予妇女一定的继承权,其继承份额为男子的一半。继承分为"遗嘱继承"和"经定继承"。其中"遗嘱继承"是"经定继承"的补充,通过遗嘱处分的遗产不能超过总资产的1/3,余下财产要根据"经定继承"中所确定的原则予以分割。根据《古兰经》关于"经定继承"规定,第一顺序为份额继承人。伊斯兰法规定了12种继承人,其中每一继承人的份额都要因其他继承人的存在而减少,或因其他更近的继承人的存在而不再享有继承权。如:妻死,若无子女,夫得遗产的1/2,若有子女只得1/4;祖母和外祖母的继承份额是1/6,但如有死者祖母在,则将其外祖母排除在外。第二顺序为父系继承人,包括父系男性亲属和父系女性亲属。

(五)刑法制度

伊斯兰法中关于刑法的规定很不发达。犯罪主要分为三类:

第一,"经定刑罚"的犯罪。这是指《古兰经》中明确规定了处罚方法的犯罪。如通奸罪,未婚男女私通,各鞭打一百;已婚男女通奸,则用乱石砸死;偷窃罪,第一次砍去右手,再犯砍去左脚;饮酒罪,鞭打八十;叛教罪,一般处死刑。

第二,酌定刑罚的犯罪。这类犯罪在《古兰经》中未规定如何处罚,而由法官根据案件情况自行处理,具体包括临阵脱逃罪、伪证罪、诬告罪等。

第三,杀人、伤害等侵犯人身的犯罪。对这类犯罪应处刑罚的规定保留了氏族社会的血亲复仇制度的残余。抵罪主体仅限于加害方本人。受害方报复时只能由本人及近亲属进行,并且要贯彻对等原则。经被害人同意后,加害方也可用"赎罪金"来代替血亲复仇。

(六)审判制度

伊斯兰法的法院分为"沙里阿"法院和听诉法院两种。前者由一名"卡迪"(教法执行官)主持,主要管辖私法案件;后者由哈里发政府选派行政官员组成,设立之初负责审理有关行政官和法官违法行为的案件,后来职权扩大到有关土地、税收等公法领域。

伊斯兰法的诉讼程序比较简单,没有严格的诉讼形式,民刑不分。采用的证据有当事人陈述、证人证言和宣誓。其中,宣誓的证明力最强。

三、伊斯兰法的特点

作为世界上最古老的法律体系之一,伊斯兰法独具特色,这表现在:

第一,伊斯兰法与伊斯兰教有密切联系。伊斯兰法是在伊斯兰教的形成过程中发展起来的,带有浓厚的宗教色彩,教义是真主的启示,教法是真主意志的体现。伊斯兰法既是法律规范又是宗教规范,所以违反伊斯兰法既要受到法律制裁又要受到宗教制裁。

第二,伊斯兰法学家在伊斯兰法的发展过程中发挥着重要作用。由于《古兰经》和"圣训"具有绝对权威,只有真主才拥有立法权,政教首脑只有执行法律的权力。所以,伊斯兰法的发展是通过法学家根据《古兰经》和"圣训",用类比、公议的方法来创制或注释新的法律来完成的。

第三,伊斯兰法具有分散性和混乱性。由于阿拉伯帝国各地区在政治、经济、文化发展上不平衡,以及伊斯兰法具有独特的发展道路等复杂原因,伊斯兰法呈现出明显的分散性和混乱性。主要表现在"圣训"的多样性和法学学派的分散性。

第四,对外来法律进行了吸收和借鉴。因为伊斯兰教在形成和发展中受到了犹太教、基督教和其他宗教法的影响,所以这些宗教的教规也成为伊斯兰法的重要组成部分。另外在契约、担保、继承等方面,伊斯兰法也保有罗马法的痕迹。

【思考题】
1. 哪些因素在伊斯兰法形成中发挥了重要作用?
2. 伊斯兰教有哪些渊源?
3. 伊斯兰法中规定穆斯林应该履行的义务有哪些?

第九章 英 国 法

英国法是当代世界两大法律体系中的一支——英美法系的主要组成部分。英国法的渊源包括普通法、衡平法和制定法。诺曼征服后形成于13世纪的普通法是英国法的主体,也奠定了英国法的基本特点。光荣革命后,英国在世界范围内最早确立了近代宪政制度。议会主权和以司法为中心的法治模式是英国宪政的主要特点。法官和律师在英国法的发展中发挥了重要作用。

第一节 英国法律制度的形成与演变

英国是一个具有悠久法律传统的国家。与其他欧洲国家不同,其法律制度基本上是在本土习惯的基础上发展而来的,只是在很少的一些方面受到以罗马法为基础的欧洲大陆的法律传统的影响。13世纪英国建立了以普通法为核心的法律传统后,这一传统一直沿着自身的轨迹发展而没有中断。英国法律制度的历史发端于盎格鲁撒克逊时期的习惯法。1066年诺曼征服以后,在强大的王权和王室司法机构的形成和发展过程中,王室法官对习惯法加以整理从而建立了普通法体系。17世纪资产阶级革命后,普通法传统被部分地改造而得以继续发展。19世纪大规模的司法改革最终完成了英国法的现代化。

一、盎格鲁撒克逊时期英国的法律制度

不列颠群岛原有的居民是伊比利亚人和从欧洲大陆迁来的克尔特人。公元前1世纪,罗马人征服了此地,不列颠成为罗马的一个省。5世纪初,在西罗马帝国濒于崩溃的情况下,罗马人撤出不列

颠,当地克尔特人恢复短暂的独立。由于罗马帝国对不列颠的征服时间不长,且主要是对少数沿海城市实行军事控制,因而罗马法在不列颠几乎没有留下任何影响。

自5世纪中叶起,在日耳曼人大迁徙的过程中,日耳曼人的支系盎格鲁人、撒克逊人和裘特人侵入不列颠,建立了十几个小的独立国家。7世纪初,诸小王国合并为7个王国:西撒克斯、南撒克斯、东撒克斯、麦西亚、诺森伯里亚、东盎格里亚和肯特王国。除肯特王国外,前6个王国均为盎格鲁撒克逊人所建。827年,盎格鲁撒克逊诸王国由西撒克斯国王爱格伯特统一成为一个国家,即英吉利王国。此为英国史上的盎格鲁撒克逊时期。1017年,丹麦人征服了英格兰,丹麦国王卡纽特(1012—1035)把英格兰与丹麦、瑞典、挪威都置于其统治之下,形成一个不巩固的"帝国"。卡纽特死后,盎格鲁撒克逊的贵族恢复英王统治。新王爱德华(1042—1066)曾长期流亡诺曼底并曾与诺曼底公爵联盟。爱德华死后,1066年诺曼底公爵威廉征服英国,借鉴欧洲大陆的封建制度建立了英国的封建制度。

盎格鲁撒克逊各国的法律制度,是日耳曼法的组成部分,在本质上与法兰克等王国的法律制度没有什么重大区别。尽管如此,盎格鲁撒克逊时期的英国法也还是受到了罗马法的影响,其原因是盎格鲁撒克逊和裘特人皈依了基督教,不少熟悉罗马法的神职人员在王国担任要职,参与立法;大陆各日耳曼国家普遍开展的法典编纂活动也给不列颠带来影响。盎格鲁撒克逊诸王都重视立法,法典的内容同其他蛮族法典一样,主要是片断的习惯法的汇编,没有统一、完整的体系。盎格鲁撒克逊主要法典包括:600年左右,肯特王国制定的《埃塞伯特法典》;694年西撒克斯国王伊尼颁布的《伊尼法典》;以重视立法著称的英王阿尔弗烈德(871—901)和爱德华(899—924)颁布过许多敕令,如《阿尔弗烈德法令汇编》;卡纽特国王制定的《卡纽特法典》。

然而,在1066年以前,英国法的主要渊源仍然是习惯法。国家与教会、行政与司法、民事过错与刑事犯罪,都没有明确的区别。法律实行"属人主义"原则,带有分散性,充满形式主义色彩,宣誓和神明裁判是证据的主要形式。血亲复仇仍然存在,但已逐渐被赎罪金代替。

二、英国封建法律制度的形成与发展

1066年,诺曼人在威廉公爵的率领下侵入英国,威廉加冕为王,称威廉一世(1066—1087),从此在英国确立了封建制度。

威廉征服不列颠后,允许盎格鲁撒克逊人继续适用固有的习惯法,同时建立了王权比较强大的、具有中央集权性质的国家,并在此基础上建立了管辖全国的中央审判机关。在王室法院的推动下,至13世纪,英国在各地习惯法的基础上,形成了通行全国的普通法。同时,由于国王政府的频繁活动,各种形式的制定法也发展起来。

13世纪中叶,英国的经济结构和社会结构发生了重大变化,1265年,作为代表君主政体的重要标志的等级代表机关——国会成立。爱德华三世(1327—1377年在位)统治时期,国会成为国家的立法机关。1343年确立两院制,国会从监督财政收支开始,逐渐扩大权力,取得了有限制的立法权,国会立法成为英国重要的法律渊源之一。

14世纪后,以习惯法为基础的普通法不能适应日益复杂的社会关系,不能满足商品货币经济发展的要求,为了补充普通法的不足,衡平法应运而生。衡平法和普通法共同构建了英国法律传统的主体。

16世纪,英国建立了君主专制政体。在都铎王朝时期,即君主专制的前期和中期,国王政府通过国会立法贯彻政策,国会的立法活动频繁。同时,国王敕令的地位和作用也大为加强。

三、英国资产阶级法律制度的建立

1640—1688年完成的英国革命,是世界上最早的资产阶级革命。但在当时,这是一次不彻底的革命,经过近半个世纪的反复斗争,以资产阶级和贵族相互妥协而告终,确立了资产阶级君主立宪政体。英国革命的这一特点反映在法律上,就是资产阶级和新贵族建立了联合专政的政权后,继承了英国封建时期的法律传统和特点,保留了封建时期的法律形式和司法机关。对此,恩格斯指出,在英国,革命以前和革命以后的制度之间的继承关系、地主和资本家的妥协,表现在诉讼程序被继续应用和封建法律形式被虔诚地保存下来这方面。革命在法律上的成果主要体现在宪法领域,1689年的《权利法案》和1701年的《王位继承法》成为确立君主立宪制度的基本法律。英国革命时期,国会通过了一系列改变封建制生产关系的法律,主要是土地立法,将封建土地私有制改变成资本主义土地私有制。在共和政体和克伦威尔军事独裁统治时期,国会通过上千项"圈地"法令和掠夺殖民地的法令,促使英国资产阶级完成了资本的原始积累。在建立资产阶级法律制度的过程中,法学家和大法官著书立说,对促使普通法转变为资本主义法律起了重要作用,其代表人物是科克和布拉克斯顿。通过审判实践对普通法施加重大影响的典型人物是王座法院的首席法官曼斯菲尔德(1705—1793),他将商法的重要原则引入了英国的普通法。

四、19世纪后英国法律制度的变革

19世纪,西方各国普遍发生了民族国家的法律现代化运动。在欧洲大陆,这种运动主要是以法典编纂的方式进行的。而英国法的现代化则是以司法改革的方式完成的。

19世纪30年代后,由于英国工业革命的完成,工业资产阶级的兴起,在功利主义思想家的推动下,英国法律制度进行了许多改革,发生了重大变化。在宪法方面,1832、1867和1884年的几次选举改革,对各选区代表的名额进行了重新调整,降低了对选民财产资格的限制,从而削减了贵族在选举中的特权,扩大了城市有产者的参政权。议会权力进一步扩大,责任内阁制逐渐形成。1911年又颁布了《国会法》,对上院的权力进行限制。在法院组织和诉讼程序方面,改革的成就显著,主要是通过一系列立法(如:1857年的《司法条例》,1852年、1854年和1860年的《普通法诉讼条例》,1852年的《衡平法院诉讼条例》等),精简和改革了旧的重叠的法院组织,整顿和改革了刻板繁琐的诉讼程序。到1873—1875年司法条例颁布后,最终结束了英国普通法院和衡平法院数百年分立的格局,重新建立了一个统一的法院体系。在刑法方面,采用了缓刑、假释以及减轻对青少年犯罪的处罚等新的刑罚制度。

19世纪后期、特别是20世纪以来,由于现代社会政治经济生活发生深刻变化,新的社会现象和社会关系大量出现,政治民主的社会呼声强烈,国际局势风云变幻,这些使英国法律制度的发展带有新的特点。其一,制定法的比重和作用上升。在经济管理、城市规划、交通运输、社会保险以及环境保护、教育卫生等新的领域,进行了大量的立法。在传统的法律部门,如财产法、契约法刑法、婚姻家庭和继承法等领域,加紧制定成文法。为了使法律改革具有系统性,英国国会于1965年通过了《法律委员会条例》,根据该条例成立了一个常设性的法律委员会,为法律改革提供方案。其二,英国法在英格兰以外地区的适用范围缩小。第一次世界大战后,英帝国的殖民体系瓦解了,许多殖民地成为帝国内的独立或半独立的国家,"英联邦"逐渐取代了英帝国的称谓。为了处理英联邦内部的各种关系,英国议会于1931年制定了《威斯敏斯特条例》,承认各自治领享有完全独立的立法权,英国议会所制定的任何法律、法令或规则,除该自治领国同意外,不得作为该自治领法律的一部分而适用于该自治领。第二次世界大战后,又有大批英国前殖民地获得独立,英国法也不再能在那里直接适用。其三,欧洲共同体法成为英国法的组成部分,英国法更多地受到罗马日耳曼法的影响。1973年英国加入欧洲共同体,承认共同体法在英国具有法律效力,并且英国国内的具体法律要符合共同体法的规定,在经济立法方面更是如此。由于欧洲共同体的创始国都是大陆国家,欧洲共同体法在英国加入共同体以前主要采用罗马日耳曼法模式,因而英国法更多地受到罗马日耳曼法的影响。反之,欧洲共同体法也受到英国法的影响。

第二节 英国法的渊源

一、普通法

"普通法"一词在西方法律史上有多重含义。这里讲的普通法是指英国大约于13世纪由王室法院发展起来的通行于全国的判例法,它被认为是源于传统的"王国的普通习惯",所以称作普通法,意思是它代替了各地的习惯法而通行于全国。

(一) 普通法的形成

1. 中央集权化的出现

威廉一世加冕为英国国王以后,为巩固其统治地位,一方面允许盎格鲁撒克逊人继续适用固有的习惯法,以证明他是爱德华的合法继承人;一方面建立了王权比较强大的、具有中央集权性质的国家。为适应统治需要,威廉一世进行了一系列的政治、经济改革,主要有:

(1) 确立国王与陪臣关系"直接化"的原则。征服英国后,威廉宣布自己是英国全部土地的最高所有者,没收盎格鲁撒克逊贵族的土地,封赠亲族、功臣、亲信,并支持他的教会。实行陪臣关系直接化的政策,即"我的陪臣的陪臣也是我的陪臣"。不仅国王的陪臣,且陪臣的陪臣都要宣誓效忠国王。因而使英国的王权十分强大,避免了大陆的割据局面,使英国成为欧洲第一个以王权为中心的封建国家。在此基础上,有别于其他欧洲国家,建立起了较为统一的法律制度,克服了过去习惯法的分散性。

(2) 进行全国土地调查。1085 年,威廉王在格洛斯召开会议,讨论占领英格兰的情况,然后派人到英国各郡,调查土地状况:国王本人在全国有多少土地、牲畜,他在各郡一年的收入有多少。史料记载说,每一海德或一码土地,一头牛或一头猪都无一遗漏地被载入记录。调查结果编定成册,保存至今,是为"末日审判书"。土地、牲畜和其他财产调查的结果,使英国上下无论贵族还是自由民,均应依据其占有土地和财产的情况,向王室纳税;自由民还要向采邑领主纳税;被束缚于领主土地上的农奴(维兰)更需向领主提供奴役性劳务。这样,威廉王从 1066 年到 1086 年,经过 20 年的时间,完成了土地和财产的再分配,建立了英国土地的封建原则,为政治上的中央集权和法律上的统一奠定了基础。

(3) 设立御前会议。诺曼征服不久,威廉一世即设立"御前会议",代替以前盎格鲁撒克逊人的"贤人会议"。"御前会议"由主教、贵族、领主及高级官吏构成。它既是国王的咨议机关,向国王提出建议;又是强有力中央政府,秉承王意,处理国家行政事务;它还是国家的最高司法机关。"御前会议"的成员经常被派往各地作巡回法官,负责处理谋杀、抢劫、伪造、纵火等犯罪案件。1178年,"御前会议"中的"小会议"(即由国王身边的高级官吏组成的机构)中有5人被指定为专职法官,组成中央常设法庭,处理与国王有关的案件及大封建主之间发生的案件。

2. 亨利二世改革

开始,御前会议仅审理一些重大案件,并不接受一般诉讼。然而,司法管辖对国王的财政收入有着极重要的意义。因此,亨利一世时(1100—1135)就把负责财务行政和财务诉讼的财务法院从御前会议中分离出来,使其专门化。同时设立巡回法庭,代表财务法院调查和受理地方上的财务案件,以便把各地的诉讼案件吸引到国王法庭。

1154年,亨利二世(1154—1189年在位)继承王位。为了达到加强中央集权的目的,他进行了一系列改革,其中最重要的是司法改革。司法改革是使英国法迈出与大陆国家不同的发展道路的决定性的一步。改革以诏令的形式进行,其中主要有1164年和1166年的《克拉灵顿诏令》和1176的《诏桑普顿诏令》。改革的主要内容有三:

(1) 统一司法机构,扩大王室法院的管辖权。亨利二世积极干预教会法院和领主法庭的司法权,扩大王室法庭的审判范围。他干预的两条原则是:第一,国王的救济要采取一种严格规定的诉讼形式,它是预先制定的,适用于某一特殊类型的案件;第二,这种形式对每个希望得到国王救济的人都适用。结果,许多案件从领主法庭转移到王室法庭,削弱了领主法庭的权力,且诉讼费成为王室收入的重要来源。

亨利二世在御前会议内设"棋盘法院"、民事诉讼高等法院和王座法院,分别审理财政、民事和刑事案件。

棋盘法院,或称财务法院,由亨利一世设立,亨利二世扩大了它的管辖权。它有两个分支机构:一为履行征税责任的行政机构,一为审理与税收有关的诉讼的司法机构。

普通民事诉讼法院,审理臣民之间的一切民事诉讼,不涉及国王利益。

王座法院,与国王有密切联系,国王经常亲自主持审判。拥有广泛的刑事案件管辖权,同时拥有经普通民事诉讼法院同意的民事案件,特别是关于非法侵入的诉讼案件的管辖权。它有权监督低级法院的活动,发布执行令、禁止令和复审令等。

(2)完善巡回审判制度。亨利二世于1176年颁布敕令,使亨利一世时业已形成的巡回审判制度经常化、制度化。他把英国分为6个巡回区,向每一个巡回区派遣5名法官。从1179年开始,国王每年向全国各巡回区派遣巡回法官成为制度。

被委派到各地定期巡回审判的法官,有权撤销地方法院的判决。他们所适用的法律,除了国王的诏书、敕令以外,主要是日耳曼人的地方习惯法。他们从征服者的利益出发,对各地的日耳曼法律和习惯进行分析,凡认为正确、合理、与国王的立法不相冲突的,便被确认为判案的依据。因而,巡回法官适用的法律自然高于地方法院适用的习惯。巡回法官们是由中央委派的,统一的司法机构使他们经常有机会聚集在中央综合各地的习惯法,交换意见,承认彼此的判决。一些被引为依据的判决便成为普遍应用于全国的普通法。

(3)建立陪审制度。英国的陪审制度起源于公元9世纪欧洲大陆的法兰克王国,最初是国王设立的一种询问制度,1066年"诺曼征服"后传入英国。威廉一世制定"末日审判书"时广泛采用这一方法,亨利二世将这种出于行政目的而采取的措施引入到司法审判程序,建立了陪审制度。

1164年,亨利二世颁布《克拉灵顿诏令》,其中规定,王室法院的巡回法官在审理土地诉讼时,从当地骑士和自由农民中挑选12名与当事人无关的证人,经宣誓后向法庭陈述事实真相。如果证言一致,案件便据以解决;否则重新挑选证人,直到某种意见得到12名证人的证实为止。

1166年,亨利二世再次颁布《克拉灵顿诏令》,规定凡属重大刑事案件,如暗杀、强盗抢劫、窝藏罪犯、伪造货币或文件、纵火等,都要由当地政府和12名代表向法庭提出控告,呈请将被告逮捕审判。这12名代表即是英国最早的控告陪审团,他们不仅在案件中起着证人的作用,还充当公诉人。

陪审制度创立之初,当事人仍可选择神明裁判的方式。1215年,罗马教皇在第四次拉特兰宗教会议上命令废除神明裁判,促使英国的陪审制度由陪审员仅参加案件的审查和控告,发展为参与案件的事实审理。

1275年,英王爱德华一世(1232—1307)颁发《威斯敏斯特第一条例》,规定那些"具有恶劣名声的重罪犯如拒绝在诉讼中接受陪审团的调查,应作为拒绝服从国家的普通法而判处严酷监禁"。一般认为,这是英国起诉陪审团,即"大陪审团"的开始。1352年,爱德华三世(1327—1377)颁布诏令,禁止起诉陪审团参与判决,另设一个由12人组成的陪审团,对案件进行实体审理,这就是"小陪审团"。在发生纠纷的时候,原告将案件诉至普通法院,由"大陪审团"审查提出起诉后,"小陪审团"根据双方当事人的陈述、答辩、举证和法官就案件所作的法律指示做出是否构成犯罪或侵权的裁决,这就是英国的陪审制。

陪审制的建立对普通法的形成和发展具有重要意义,因为许多地方习惯法没有文字记载,是世代口耳相传的,陪审员熟悉各地的风俗习惯和法律。当巡回法官们聚集于中央,讨论案例时,便熔各地法律习惯于一炉,成为通行全国的普通法。

(二) 普通法"遵循先例"的原则

判例是指判决中体现的法律规则,是司法活动的产物,普通法是判例法,其基础是"遵循先例"的原则。

在英美法中,对具体案件所作的判决产生两种效果。一是对当事人判决的既判力,称作既判事项原则,也称作任何人就同一案件不受两次审判的原则;二是该判决所确立的法律原则将产生法律效力,以后法官在处理类似案件时,有义务遵循这些法律原则,这被称做"遵循先例"的原则。而具有这种拘束力的判决即是先例或判例。先例的拘束力表现为强制性的拘束力和说服性的拘束力。法官必须遵循具有强制拘束力的先例,而对于具有说服拘束力的先例,法官也会给予足够的重视。先例中的法律推理和意见可分为两种:一是判决理由,即特定判决中所包含的具体法律原则。判例的拘束力就来源于判决理由;二是附带意见,即法官在做出判决、阐明判决理由时所发表的其他观点。这一部分法律推理仅有说服力而无拘束力。在实际上,很少有两个案件的情况是完全相同的。因而,很少有可能原封不动地照搬现存的法律原则。通常的情况是把先前判例中的法律原则适用于新的基本相同的案件,通过对案例中的判决理由和附带意见进行"区别",通过类推,创制出新的法律原则。

适用遵循先例必须具备两个前提条件:一、要有足够多的公开的案例可供法官援引以审理案件;二、要有明确的法院层级体系以使法官援引案例时可以判断各个法院所确立的先例的效力。严格意义上的遵循先例原则是在19世纪司法改革,尤其是在1873—1875年的司法条例后形成的。1972年英国加入欧洲共同体(现在的欧洲联盟)后,欧共体的法律成为英国的最高法,原有的遵循先例原则也相应地进行了调整。现代英国法上的遵循先例原则具体表现为:一、欧洲法院解释欧盟法的判决对各级英国法院都具有强制性的拘束力。二、作为英国本土的最高法院,上议院的判决对各级英国法院都具有强制性的拘束力。1966年上议院发表声明,宣布自己可以有条件地背离自己先前的判决。三、上诉法院的判决对所有下级法院具有强制性拘束力。除特定情况外,上诉法院民事分院必须遵循自己的判例;上诉法院刑事分院则不像民事分院那样严格地遵循自己的判例。四、高等法院的判决对所有下级法院具有强制性的拘束力,但其自身不受自己判例的拘束。

"遵循先例"的原则在很大程度上限制了法官判案的任意性,因此它使英国判例法得以保持其稳定性、连续性,在一系列的判例中所形成的法律规则前后相接,形成了稳固的法律体系。

(三)普通法的令状制度

英国的普通法是以"令状"制为基础发展起来的。用令状进行诉讼是普通法的又一个特点。

令状诉讼制度是随着王室司法权的扩大而逐渐形成的,并与增加王室法院的财政收入相联系。"令状"本来只是由王室发出的、命令地方官吏进行某项工作的公文形式,早在盎格鲁撒克逊时代,它就被运用到司法领域。因为根据传统,国王作为正义的源泉,有权向起诉人颁布令状,使他们在得不到地方法院的救助时得以向国王请求法律上的公正裁决。亨利二世时,王室法院用令状干预地方法院、封建领主法庭的办法成为习惯。在任何法院中,有关自由持有土地的案件必须获得国王签发的令状后,方可开始诉讼。诉讼当事人为取得相应的令状,必须花钱向大法官购买,否则得不到王室法院的救助。因此,民事诉讼程序的第一个阶段就是以原告从大法官那里获得令状开始的。这种令状叫"开始诉讼令"和"传唤出庭令",是以国王的名义由大法官写给被告居住地的郡长的书面文件,命令郡长保证被告到王室法院出庭,向被告说明原告提出的请求或诉讼理由。每种诉讼理由都有相应的诉讼形式,同时发给相应的令状。

由于令状是以国王的名义发出的,具有必须执行的强制性,因此人们越来越经常地以各种理由请求王室法院颁发各种令状。其结果是进一步限制了地方法院和教会法院的管辖权,引起国王与封建主和教会的矛盾。这样英王政府不得不对令状的种类和数量加以限制,12世纪时,各种诉讼令状开始定型化。最重要的令状有:"非法侵入令状"、"债务令状"、"请求返还扣留物令状"等。令状对诉讼方式和管辖都有所确定,也明确了被告的传唤方式、诉讼答辩方式、审理办法、判决形式、执行方法等。因此,原告在向大法官申请发出令状时,必须认真选择什么令状最符合诉讼理由,只有诉因没有超出令状规定的范围,诉讼才能成立。如果选择错误的令状,其案件将会被驳回,或终止审理,原告的权利就无法获得司法救济。这逐渐形成一项普通法原则——"程序先于权利",即"有令状的地方即有救济","有救济即有权利",反之,"无令状则无权利"。

(四)法律权威著作

法律权威著作对英国普通法的形成具有十分重要的意义。在英国判例法发展早期,这些著作曾具有法律拘束力,司法实践中法院经常将它们作为判决的依据而加以援引。

中世纪英国最早的普通法著作是亨利二世时任巡回法官、大法官等职的格兰维尔(?—1190)所著的《论英国的法律和习惯》。该书约成书于1187年。全书分14编,用拉丁文写成,主要论述王室法院土地争讼的程序,包括约80个令状。

第二部有影响的普通法著作是亨利三世时担任法官的布拉克顿(?—1268)所著的《论英国的法律和习惯》。该书约于1262—1268年完成。布拉克顿借鉴罗马法的概念和体系,第一次系统和条理地对普通法作了论述。具体法律制度则以王室法院判例加以阐述。因其内容清晰、条理分明，被后世赞誉为"英国法学之花"。

第三部有影响的普通法著作是1466—1481年担任过民事诉讼法院法官的利特尔顿(1402—1481)所著的《土地法论》。该书用法语写成，于1457年成书。它以《年鉴》为资料，从实体法的角度详细论述了土地的占有关系。英国著名法官爱德华·科克称赞它是"普通法的光辉"、"登峰造极的巨著"，将它作为科克本人的《英国法学原理》第一卷的主要论述对象。

英国资产阶级革命后，为了使普通法适应变化了的资本主义关系，英国法官和法学家以新的精神解释古老的普通法的原则，在理论上为普通法的发展做出了贡献。著名法官、法学家爱德华·科克(1552—1634)在反对国王专制权力的斗争中，极力主张普通法高于国王的意志，在主要由他起草的1628年的《权利请愿书》中，明确表达了天赋人权的自然权利思想，使普通法中的"日耳曼自由"的因素得以发扬。科克的主要著作《英国法学原理》(亦译作《英国法学总论》)1628年出版，对16世纪以前的普通法进行了总结，为议会至上和普通法至上提供了依据。此书被西方资产阶级学者公认为17世纪前"关于解释英国普通法的最伟大的作品"。

继科克之后，18世纪英国法学权威威廉·布拉克斯顿(1723—1780)于1765年至1770年间发表了《英国法释义》(4卷集)，该书受罗马法影响，就国家组织和家庭关系的规范、动产和不动产、诉讼程序、犯罪和刑罚诸方面做出系统论述。这部书不仅为法官广泛引用，而且成为19世纪前英国各大学普通法的基本教材，在许多国家，特别是在美国有重要影响。

二、衡平法

衡平法是从14世纪起由大法官在审判实践中发展起来的旨在对普通法的不足进行补救的法律体系。衡平法所遵循的原则是"公平"和"正义"。衡平法又称"大法官法"。

（一）衡平法的形成

13世纪中叶，英国国内外市场对羊毛的需求量激增，促使英国的手工业和商业迅速发展,城市中新兴的市民阶层成为一支重要的社会力量。农村中由于商品货币关系的渗入,不少中小贵族兼营手工业和商业,转化成与市民利益趋于一致的新贵族。新的经济关系和社会关系需要有新的法律规范来调整。一些富裕的商人、手工工场主掌握了城市的控制权,要求城市自治、有权缔结契约、买卖土地,而王座法院、民事诉讼高等法院和棋盘法院(统称为普通法院)都只适用普通法,它们给予商人在法律上的帮助非常有限,主要是解决契约方面的争端。虽然在一些港口城市建立了商事法院,用以解决商业贸易方面的纠纷,但是,由于封建贵族害怕货币关系的发展动摇封建关系的基础,这类法院并未得到发展。

普通法墨守陈规,诉讼程序受程式主义的严重束缚,令状制度刻板、僵化。而且它只能对因侵权行为造成的损害,给予有限的金钱赔偿,却无力制止侵权行为本身;只承认书面契约,对于违反合同本身的诉讼没有相应的令状;不承认受益制中受益人的权利;在不动产抵押关系中严格限制抵押人的赎回权等等。这种情况不能满足商品经济的发展和财产关系日益复杂的要求。新产生的而又不在普通法诉讼形式范围内的案件不断增多,于是当事人为了保护自己的利益,向国王提出施与恩惠、给予补偿的请求。国王把处理这类案件的行政裁判赋予司法大臣,即大法官,由他根据国王的"公平和正义"直接判处。大法官在审理这类案件时采用了不同于普通法的原则和普通法法院的诉讼形式。1474年,大法官做出特殊审理的案件,被称作衡平案件。随着衡平案件的增多,16世纪时逐步形成衡平法院。衡平法院的判决自成体系,就是衡平法。衡平法院与普通法法院都设在威斯敏斯特厅,有英国法学家形容当时的情况为:"三个普通法法院在大厅的一边,大法官法院则在另一边。在大法官法院中实行衡平法。当事人在普通法法院得不到正义,就穿过大厅去寻求大法官的救助。"

(二)衡平法的基本原则和制度

1. 衡平法的基本原则

在"公平"、"正义"原则的指导下,英国衡平法院在实践中积累判例,形成体现衡平法精神的衡平法格言,主要有:

(1) 衡平法不允许有不法行为而无补救。
(2) 衡平遵循法律。
(3) 请求衡平救济者必须为衡平行为。
(4) 请求衡平救济者必须自己清白。
(5) 衡平重意思而轻形式。
(6) 衡平法寻究履行义务的原意。
(7) 衡平法将应完成的行为视作已完成的行为。
(8) 衡平法不帮助怠于行使权利者。
(9) 衡平法力求完全公平而非部分公平。
(10) 衡平法可对人为一定行为。
(11) 有两个衡平发生时,先发生者优先。
(12) 平等即衡平。

以上这些衡平法最主要的格言是衡平法院的法官在审理案件时所依据的重要原则。

2. 衡平法的基本制度

衡平法中最重要的内容有信托制度、衡平法上的赎回权、特别履行和禁令。

信托制产生于受益制。受益制财产关系出现后,普通法不予承认,受益人的权利得不到普通法的保护,为弥补这种缺陷,衡平法院通过司法审判确认了受益人的权利。15世纪初,受益制被广泛使用,大部分封建土地被置于衡平法的专有管辖范围内,产生了土地上的"双重所有权",即普通法保护受托人的法律所有权,衡平法保护受益人的衡平法所有权。17世纪后,衡平法院将受益制发展为信托制度。

衡平法上的赎回权是对普通法财产抵押制度的补充,也是对普通法抵押权的限制。由于普通法只注重形式,在处理抵押关系时判决往往不合理。比如,根据普通法,抵押人将土地转让给受押人作债权担保,倘若抵押人不能按期偿还债务本息,便丧失出押土地的所有权。在这种情况下,就有人以对方出押土地为条件向他人贷款,然后藏匿起来,直至约定的债务偿还期之后才露面,将债务人出押的土地据为己有。衡平法院的大法官在审理这类案件时,认为普通法的这种做法有失公平,根据"衡平法重内容而轻形式"的原则,承认在法律上超过约定赎回日期的赎回权,主张债务人如不能如期清偿债务是由于对方的欺诈行为或由于其他灾祸,虽然已经丧失普通法上的赎回权,但仍有权在"合理期限内"赎回其出押物,这种权利称作"衡平法上的赎回权"。

特别履行是指大法官在某种情况下可以强迫某人履行契约或信托义务的命令。它是补充普通法上损害赔偿有失公平的一种救助手段,主要调整契约和侵权行为方面的法律关系。例如,在普通法中,违反契约义务的补偿方法是"损害赔偿",但有时契约当事人原告一方要求的并不是金钱补偿,而是继续履行契约。根据衡平法,大法官可以颁发特别履行令,强迫被告遵守诺言,返还物品或履行义务。

禁令是大法官应原告请求而签发的、强迫当事人实施某种行为的司法命令。禁令除对契约关系有所调整外,还用于制止某些侵权行为。

特别履行和禁令这两种衡平救济的方法的共同之处是,它们都由法官自由裁量后颁发命令,并且,原则上只有当受害者不能依法取得损害赔偿,或者虽然可以取得金钱赔偿,但仍有显失公平时,方可用这两种方法予以救济。

(三) 衡平法的特点

衡平法是维护英国封建社会内部日益发展的资本主义经济关系的产物,与普通法相比它具有不同的特点:

1. 衡平法的形成是受罗马法影响的重要表现。

马克思、恩格斯在《德意志意识形态》一文中指出,即使在英国,为了私法(特别是其中关于动产的那一部分)的进一步发展,也不得不参照罗马法的诸原则。衡平法的形成就是英国法受罗马法影响的重要表现。衡平法的格言"公平"、"正义"、"良心"等概念,来源于罗马法的"自然理性"、"自然正义"和教会法的宗教道德观念。16世纪以前,衡平法的大法官多由精通罗马法和商事习惯法的僧侣担任,他们在审理案件时不受普通法判例的约束,直接从罗马法中找到解决纠纷的现成办法,因此,实际上衡平法是罗马法原则在英国的具体运用。

2. 衡平法的诉讼程序比较简易,大法官颁布的命令有强制性作用。

由于衡平法的形成和运用都与王权直接联系,是国王行使行政特权干预司法的结果,是国王的特别民事审判权。因此,衡平法的诉讼程序比较简易。在衡平法院诉讼不用开始诉讼令,一般由原告以控诉状的形式直接向大法官提起,不用陪审制,允许书面答辩。对于侵害诉讼,衡平法院的大法官不仅可以判决金钱赔偿,而且还可以颁发命令,制止侵权行为。如果当事人不服大法官的裁决而向普通法院重新申诉,大法官有权向当事人颁发禁令;如果当事人不服从大法官的命令或禁令,则以藐视法院论处,施加刑罚。这就是所谓的"衡平法可对人为一定行为"的原则,即衡平法对人的具体行为有强制性的约束力。

3. 衡平法的调整对象补充了普通法的不足。

衡平法与普通法并非截然对立,而是互为补充的。梅特兰指出,如果将普通法比做完整的著作中的正文,那么衡平法就是正文后的附录。衡平法的意义在于弥补普通法的不足,其存在是以普通法的存在为前提的。这就是所谓"衡平遵循法律"的原则。衡平法主要调整财产法和契约法方面的法律关系,同时也涉及侵权行为。17世纪以前,这类案件主要有:普通法上不予救济的情况;依普通法的刻板程序得不到公正审理的情况;虽依普通法可以得到损害赔偿,但仍有失公平的情况。可见,衡平法不是取代普通法,而是补充了普通法的不足,是在普通法不再发展,不尽适应社会需要的情况下,为英国法的发展开辟了道路。

三、制定法

普通法与衡平法都是判例法,与之相对的制定法,也称作成文法。制定法是国家享有立法权的机关或统治者明文制定并公布施行的法律。制定法在英国具有悠久的历史,早期的制定法与普通法几乎同时产生。那时,它只是一种重要但数量较少的法律形式,而在现代时期,制定法已成为英国法最重要的法律形式。

(一) 英国中世纪的制定法

中世纪英国的制定法有宪章、诏令、条例和敕令等形式。宣布权利存在或转移的文件均可称宪章,内容多涉及公法;国王政府为指导国家官吏的工作而制定的文件称诏令;国王颁布的立法文件称条例;经御前会议同意,由国王颁布的立法文件称敕令,敕令不能和条例相抵触。

中世纪英国最重要的制定法有1164年和1166的《克拉灵顿诏令》、1176年的《诺桑普顿诏令》、1215年的《大宪章》、1258年的《牛津条例》以及1275年、1285年、1295年三次《威斯敏斯特条例》。

1. 1215年《大宪章》

1215年《大宪章》是12—13世纪英国统治阶级内部权力斗争的产物。13世纪后,随着诸侯对农民的统治地位日益巩固,要求摆脱王权控制的情绪也日益增长。1215年春天,诸侯在中小贵族和市民的支持下,开始了反对国王的战争。国王被迫屈服,于6月15日签订了《大宪章》。《大宪章》肯定了诸侯和僧侣的特权,如规定国王在向封建主征收税金时,必须召开由封建主参加的大议会,由大议会决定;国王应承认教会的选举自由,不得侵犯教会的权利;任何自由人未经同级贵族或国法判决不得被逮捕、监禁、剥夺法律保护权等。《大宪章》还规定了一些适合市民的条款,如统一度量衡、开放城市贸易、不得向市民征收额外税金等。为了限制王权,《大宪章》还特别规定了监督国王履行宪章的条款,设立由选举产生的25名诸侯组成的25人委员会,对国王进行监督,在国王违反宪章时,有权使用一切方法强制国王执行宪章。

1215年《大宪章》是一部封建性法律文件,它确立了英国封建贵族和僧侣的特权,因而助长了诸侯各自为政的割据倾向。然而,《大宪章》中宣布的未经"全国公意"不得征税,非经法律判决不得任意逮捕、拘禁、没收财产和国王权力受法律限制的原则,在英国法律史上具有重要意义。英国资产阶级革命取得胜利后,《大宪章》被确认为英国重要的宪法性文件之一。

2. 三个《威斯敏斯特条例》

爱德华一世(1272—1307)时期是英国的等级君主制形成时期,

爱德华一世在位时发布了许多重要法律,也因此被誉为"英国的查士丁尼"。在他发布的法律中,最为出名的是三个威斯敏斯特条例。这三个条例涉及到民法、刑法和诉讼制度,实现了许多改革。

1275 年的《威斯敏斯特条例》规定对教会财产的保护、禁止滥收税金、实行郡长等官职的选举制度、刑事案件必须实行陪审制等。1285 年的《威斯敏斯特条例》对令状范围做出规定,其中第 24 条规定,大法官司可以对那些与以前的诉讼形式类似的案件颁布令状。这一规定扩大了令状的范围,到 1300 年,令状从原有的约 50 种激增到约 300 种。1295 年的《威斯敏斯特条例》规定可以不经领主许可买卖和转让土地,从而削弱了领主的权力,扩大了王室对领地的管辖权。

(二) 国会立法权的形成和发展

制定法作为立法机关的产物并具有最高权威,是伴随着国会的崛起而逐渐形成的。1265 年,大封建主西门·德·孟福战胜国王,为了解决财政困难,根据《大宪章》的规定召开大议会,出席议会的除诸侯外,还有中、小贵族及市民代表参加,这次议会被认为是英国国会的雏形。13 世纪英国国会颁布的法律达 237 项。

从 14 世纪开始,国王的立法活动必须通过国会进行。但国会仍然具有司法、行政职能,是政治案件的最高法庭。从 1343 年起,国会分为两院:上院由僧俗贵族组成,称贵族院;下院由地方骑士和市民代表组成,称平民院。国王的征税计划在征求上院的建议后,由下院做出决定。下院常常利用讨论国王征税计划的机会,向国王提出"请愿",这些"请愿"实际上就是立法议案。14 世纪国会颁布了 519 项法律。从 1414 年亨利五世时起,"请愿"以法案的形式由下院向国王提出,但要征得上院的同意才能制定成法律。国王拥有对法案的否决权。15 世纪国会立法达 489 项。16 世纪都铎王朝时期,是英国资本主义的原始积累时期,由于国王同新贵族资产阶级的联盟比较巩固,国会颁布的法律高达 1902 项,是中世纪英国国会通过法案最多的时期。

17 世纪英国的资产阶级革命表现为议会对国王的斗争,直到 1688 年"光荣革命"后才在英国确立了君主立宪政体。1689 年的《权利法案》确立了议会主权的原则,国会成为国家权力的最高机关,拥有无限制的立法权。法案首先由政府或议员私人提出,一般先交国会下院辩论,经三读通过,再交上院辩论通过。

(三) 委托立法

所谓委托立法,就是议会将自己的立法职能委托给内阁或各部大臣,由他们直接立法,议会只保留事后的监督权。

在自由资本主义时期,英国议会在维护资产阶级的统治中,起着显著作用。19世纪末,随着帝国主义的形成,议会的立法权在许多情况下已为内阁取代,委托立法增多。1893年,英国国会通过《规章公布法》,从法律上固定了委托立法制的实践。该法律规定:内阁或大臣有权根据议会的"委托"发布具有法律效力的法令、命令、规章等,议会则保留事后的监督权,即内阁颁布的法令、命令、规章等,事后要送交议会批准。

第一次世界大战后,英国国家的许多重要行政措施都是以委托立法的形式公布的。从1922年到1931年,内阁平均每年颁布的法令为400件。第二次世界大战后,由于资本主义经济关系的发展和阶级关系的变化,政府对于社会救济、交通、卫生、教育、工商贸易管理、环境保护等方面的负担愈来愈重,议会委托行政部门制定具有法律效力的行政命令日益增多。从1951年至1953年,内阁平均每年颁布的法令为2200余件,超过议会所通过的法律30倍以上。议会对于委托立法的所谓事后监督权也愈来愈失去作用,常常是应当经过议会批准的委托立法规范,在议会批准以前就已经生效。1946年的"委托立法"法规确认了这一事实,1948年关于将委托立法文件送交议会批准的法规又作了补充规定:内阁颁布的法令,特别是在议会批准前已经开始生效的法令,只须通知议会即可。

四、普通法、衡平法、制定法的关系

(一) 普通法和衡平法的关系

在16世纪中叶到17世纪初叶,英国君主专制制度的全盛时期,普通法中日耳曼法的精华部分——"个人自由、地方自治以及除去法庭干涉外不受任何干涉的独立性",适应了新兴资产阶级和新贵族的利益需要,因而往往被国会的制定法所吸收;国会的制定法也成为普通法法院所适用的法律的重要组成部分。普通法法院的法官常常站在反对君主专制制度的国会一方;而新兴的资产阶级和新贵族,也以国会为阵地,把普通法作为限制和反对王权的斗争武器。衡平法是普通法的补充,但同时它的兴起又是当时都铎王朝加强君主专制的产物。因此,封建国王在同新兴的资产阶级和新贵族的斗争中,利用衡平法作为扩大司法管辖权的工具,对民事案件进行广泛的干预。16世纪末、17世纪初,普通法院和衡平法院之间在管辖权问题上的冲突,是英国法律史上突出的现象。典型的案例是1615年的"考特利诉格兰威尔案"和"牛津伯爵案"。当时担任民事诉讼高等法院的首席法官爱德华·科克和衡平法院的大法官爱尔斯密(1540—1617)对案件发生歧异,科克对衡平法院弃置普通法判决的做法表示抗议,他指出:普通法院裁决的讼案,衡平法院无权在当事人间进行干预,任何就普通法法院的判决向衡平法法院提起上诉的当事人,均须处以监禁;普通法是至高无上的,高于国王或根据国王特权而建立的衡平法院及其衡平法。爱尔斯密则争辩说:衡平法院的做法,"不是因为判决中的错误或缺陷,而是出于衡平法法官的强烈的道德心"。冲突以英王詹姆士一世裁决支持衡平法院而告终。自此,确立了当二者发生冲突时,衡平法优先的基本原则。

英国资产阶级革命后,英王在16世纪建立的审理刑事案件的星座法院在1641年被国会下令取消,而审理民事案件的衡平法院则被保留下来。不过,衡平法院不再依靠大法院的"公平"、"正义"的观念来审理案件,而是根据确定的原则和前例行事。17世纪后期,著名的大法官诺丁汉(1621—1682)、哈德威克(1690—1764)等人,为衡平法原则的定型化、系统化做出了重要贡献。

19世纪后,随着资本主义经济的发展和社会矛盾的加深,诉讼案件大量增加,极为繁琐复杂的两套法院组织、两种诉讼程序已明显地不能适应社会的需要,议会在1873年通过《司法条例》(1875年生效),对英国的司法机构做出重大改革。该条例规定,设立最高法院,由高等法院和上诉法院组成。高等法院下设5个分庭:衡平法庭、遗嘱离婚和海事法庭、王座法庭、高等民事法庭和财政法庭,统一适用普通法和衡平法。在二者发生冲突时,以衡平法为准。1880年,王座法庭的首席法官和财政法庭的首席大臣逝世后,高等民事法庭和财政法庭并入王座法庭。王座法庭受理不属于高等法院其他法庭管辖的民事上诉案件,并为重大犯罪案件的第一审级。上诉法院分设民、刑两庭,受理对于高等法院判决或者下级法院判决不服的民、刑上诉案件。当事人不服上诉法院或高等法院的判决,可以再上诉到上院。以后,英国议会通过对许多衡平法规则的肯定和修正,制定法律,衡平法与普通法逐渐相互渗透。但是,当二者发生冲突时,衡平法优先的原则仍然得以保留。在1981年的《最高法院法》中又重申了这一原则。

(二) 制定法与判例法的相互作用

在制定法与判例法的关系上,传统的说法认为,在英国法制的体系中判例法是主要的,制定法居于辅助地位,只是判例法的补充或修正。但是,17世纪资产阶级革命后,英国确立了议会主权原则。英国议会作为国家最高权力机关行使立法权。作为立法权的产物,制定法具有最高法律效力。判例法必须服从制定法。制定法可以推翻、修改判例法而判例法不得与制定法相抵触。随着英国国家的发展,制定法的比重不断增加,现代英国制定法除源于国会立法外,还有委托立法和自治立法。现代西方法学界一般认为,从法律效力上讲,制定法是主要的。但是,制定法只有通过判例法的解释才能实现其意义。在此过程中,判例法在不同程度上影响了制定法。

总之,制定法和判例法是英国法律的主要渊源,二者相互作用,促使英国法律不断发展。

第三节 宪 法

英国是近代宪政制度的发源地,英国宪法被称为是"近代宪法之母"。英王宪法所确立的一系列宪法原则,对资本主义国家的宪法具有重要影响。英国宪法不是集中规定在一个宪法文件里,而是由许多分散的、不同年代产生的宪法性制定法、宪法性判例和宪法性惯例构成的。英国宪法不具备法律形式上根本法的意义,宪法性法律和一般法律的效力几乎相等,没有制定和修改宪法的特别程序。因此,英国宪法被称作"柔性宪法"或"不成文宪法"。

一、英国宪法的渊源

(一)宪法性制定法

1. 确立君主立宪制的宪法性制定法

英国资产阶级革命是一场不彻底的革命,它没能彻底摧毁封建制度,而是以资产阶级、新贵族和封建贵族的联合,迫使国王签署了一系列限制专制王权、承认公民自由权利、确立国会立法权的重要法律文件,使英国完成了从专制君主制到立宪君主制的转变。这一时期的宪法性法律主要如下:

(1) 1679年的《人身保护法》。英国最早的两党即辉格党和托利党是在斯图亚特王朝复辟时期产生的。1679年5月,议会中代表资产阶级新贵族利益的辉格党人,为保障自己不受任意逮捕,限制国王查理二世的专制统治,拟定《人身保护法》交国会讨论,经过斗争迫使国王批准。其主要内容是:除叛国罪和重罪外,被逮捕的臣民及其亲友有权要求法院发布人身保护令,命令行政机关在限期内将其移送到法院,并说明逮捕理由;法院在审核逮捕理由是否合法后,应决定将被捕者释放,或交保释放,或继续羁押;凡违反上述规定的司法人员应处以罚金。《人身保护法》提出限制行政、司法机关对公民的人身权利和自由的非法侵犯,对于建立资本主义的法律秩序具有重大意义。

(2) 1689年的《权利法案》。1688年英国发生了被英国历史学家称为不流血的"光荣革命",即由国会两党秘密策划的宫廷政变,驱逐詹姆士二世,请他的女儿玛丽亚和荷兰的执政者——女婿奥兰治亲王到英国继承王位。1689年10月23日,威廉接受了国会提出的《权利法案》。该法案宣布:未经国会同意,国王不得颁布法律或中止法律的效力;不得征收或支配赋税;不得在和平时期征集或维持常备军等,从而进一步限制了英王的权力,提高了国会的地位。《权利法案》还规定了臣民享有的一系列权利,包括不受法律追究地向国王请愿的权利、自由选举议员的权利、议员在国会中的言论免责的权利等。

(3) 1701年的《王位继承法》。1701年6月12日,威廉签署了国会通过的《王位继承法》。该法律规定,威廉死后,王位由他的妻妹、詹姆士二世的幼女安娜继承,安娜死后由信奉新教的詹姆士一世的孙女、汉诺威女选侯索菲亚继承;英国王位不得传给天主教徒;凡非出生于英国的人均不得担任国会议员和其他官员;凡在王室担任官职和领取薪俸者,不得为国会下院的议员;法官为终身任职,只有国会才有权解除其职务;国家的一切法律与条例非经国会通过、国王批准,均属无效。《王位继承法》排除了信奉天主教国王复位的可能,对国王的人选作了安排,伸张了国会的立法权,基本确立了分权和司法独立的原则。

2. 20世纪后的宪法性制定法

(1) 1911年和1949年的《国会法》。1911年和1949年的《国会法》对上院的权力作了限制。1911年的《国会法》规定,财政议案只能由下院提出和通过,送交上院的财政议案,即使未获上院通过,在议案交上院的一个月内,亦可直接提请国王批准公布。这一规定巩固了下院对财政法案有最后否决权的传统权力。《国会法》还规定,非财政议案,上院有权否决,但只限两次,如果下院连续三次通过,议案即可交国王批准生效。这就是说,一般议案上院可拖延两年。1949年的《国会法》规定,上院对一般议案的拖延生效期限由两年缩减为一年。议会的权力进一步转移到内阁手中。

(2) 1931年的《威斯敏斯特条例》。第一次世界大战后,英帝国的殖民体系开始瓦解。各自治领强烈要求与英国本国享有同等的政治权力。为了调整英联邦内部的各种关系,在1926年和1930年的帝国全国自治领代表会议上,英国被迫承认各自治领在内政外交上的独立地位。并于1931年12月在英国国会通过了《威斯敏斯特条例》,全文除序言外,共12条,主要内容是:加拿大、澳大利亚、新西兰、南非、爱尔兰等各自治领不再称为殖民地而享有独立国家的地位;各自治领议会有完全的立法权;各自治领议会通过的任何法律不因与英国议会通过的法律相抵触而无效;各自治领对仍在当地有效的英国法律有废除或修改的权力;英国议会通过的法律除经自治领同意,不得作为该自治领法律的一部分而施行之。

第二次世界大战后,又有一批英国的前殖民地获得独立,虽然其中有些仍然保留在英联邦之内,但英国法已经不能在那里直接适用。

(3)《退位法》和《摄政法》。1936年英王爱德华八世在位,由于他有干预内阁活动的倾向,引起执政的保守党的不满。当时爱德华八世违背王室惯例,坚持要与结过两次婚的美国妇女辛普森夫人结婚,保守党首相鲍尔温以此为借口,逼其退位。爱德华八世退位时宣布《退位法》,宣告他本人及其后代不再与英国王位发生关系。爱德华八世的弟弟约克公爵于1936年12月11日继承王位,称乔治六世。1952年乔治六世死后,由长女伊丽莎白继承王位至今。

1937年、1943年和1953年,国会先后制定《摄政法》,规定英王即位时若尚未成年,或完全丧失工作能力,或因病、出访等原因不能行使职权时,应分别不同情况由成年的王位顺序继承人、女王的丈夫、大法官、下院议长、高等法院院长、上诉法院院长等中的某些人摄政。

(4)欧洲联盟法。欧洲联盟的前身是欧洲共同体。欧洲共同体是欧洲煤钢共同体、欧洲经济共同体和欧洲原子能共同体的总称,它的建立是为了实现西欧经济政治的一体化。欧洲联盟法的法律渊源是:建立欧洲联盟(共同体)的条约、欧盟各机构的决令、欧洲法院的判决。

1973年,英国加入欧洲共同体,承认欧洲共同体法在英国具有法律效力。根据欧洲法院建立的欧洲联盟的直接适用原则,欧洲联盟的各基础条约中的某些条款和欧洲联盟各机构的制定法在英国可直接适用。在与英国国内有关法律规定发生冲突时,欧洲联盟法的效力高于英国国内法。

(二)起宪法作用的法院判决

具有宪法性质的法院判决也是英国宪法的重要组成部分。英国以判例法为主,判例构成的普通法有一些宪法规范,如关于国王的特权、英国公民的权利、保护公民权利不受国家公职人员和国家机关侵犯的司法程序和法院必须执行议会通过的法律等,都属于普通法中的判例所提到的宪法规范,尤其是宪法中关于公民权利和自由的规定,大多以法院判决为依据。

(三) 宪法性惯例

宪法性惯例是指某项宪法原则和制度最初不是法律明文规定的,而是由于历史原因或事实,逐渐形成习惯和原则,并由国家认可赋予法律效力。这类宪法惯例是英国宪法的重要渊源。目前,关于英国君主的许多特权,英国内阁的一些基本原则,英国和自治领之间的政治关系等,都是由宪法惯例规定的。它们包括:

1. 王权

英国资产阶级革命后,资产阶级力图使国王服从国会通过的法律,然而国王仍然拥有从中世纪保留下的传统权力,并且其中有些权力重新得到法律确认。

在理论和形式上,国王仍是"一切权力的源泉"、"国家的化身"、不列颠的象征。在立法上,英国国王是议会的组成部分,议会的召开、闭会、解散和制定法律都要由国王下令和批准;在行政上,英王是国内最高执政长官,有权任免高级官吏;在司法上,所有法院都是英王的法院,法官多由英王任命;同时,英王还兼任海、陆、空三军总司令。然而,王权作为封建势力代表的意义随着资产阶级政权的确立已逐渐消失。自查理一世以后,国王的政权转归内阁掌握;国王只能在下院占有多数议席的党派中任命大臣。于是,逐渐形成"国王不能为非"的宪法原则,即国王的施政言行必须经过内阁签署才能生效,因此国王不负责任,内阁也不能将失职责任推诿于国王。

2. 责任内阁制

英国最早确立了责任内阁制。这一制度并不是依照立法程序实行的,而是经过几百年的历史演变而成的。

1688年以前的内阁是从枢密院中选出的少数人组成的行政机关,还不是近代意义上的内阁。1688年以后,由于王权的削弱,议会权力的上升,内阁的地位和性质发生变化,不再只是英王的咨询和办事机构,而是由下院的多数党组成,从向国王负责转变为向议会负责了。

乔治一世执政时(1714—1727),创造了内阁可以在国王不参加的情况下,召开会议、制定方针政策的先例。英王指定一名大臣主持内阁会议,内阁首相的职务和地位由此产生。第一位受命主持内阁会议的是财政大臣罗伯特·沃波尔。

1742年,辉格党发生内讧,沃波尔在新选出的下院中未取得多数信任,内阁全体辞职,创造了内阁连带向下院负责的先例,即内阁必须在下院中占绝对多数,当下院对内阁的重大施政方针不予支持时,内阁必须集体辞职。

1783年,英国托利党的领袖小威廉·庇特出任首相,因得不到下院支持,下令解散下院重新选举,又开创了内阁得不到下院支持,可以解散下院重新选举的先例。

1832年选举改革后,资产阶级进一步加强了在下院的地位,英国的责任内阁制原则作为惯例被固定下来,也就是在下院得到多数支持的多数党的领袖担任首相,组织内阁,内阁在政治上对下院负责的制度。从此,国王个人对内阁的影响几乎全部丧失。尽管在法律上国王还有权任免官吏、召集和解散议会、批准和公布法律、册封贵族和授予荣誉称号、进行司法裁判、统帅军队、宣战媾和,等等。但在实际上,英王的许多权力都是由议会和内阁掌握的,英王在行使权力时只能按惯例行事,别无选择。

1937年,英国颁布《国王大臣法》,规定首相兼财政部长,内阁和首相的称谓始为法律所正式承认。

英国的责任内阁制形成以后,许多资本主义国家相继效仿。20世纪英国成为垄断资本主义国家,为了更有效地运用国家机器对内加强统治,对外实行侵略扩张,内阁利用议会中多数党的地位控制议会,通过制定与执行政策,实现资产阶级专政的任务。

二、英国宪法的主要原则

英国宪法所确立的原则是资产阶级宪法原则的典型代表,主要有:

(一) 分权原则

"权力分立"的宪法原则是在英国的君主立宪制基础上发展起来的。英国在1688年后,建立了资产阶级和地主贵族相妥协的君主立宪制度。1689年的《权利法案》和1701年的《王位继承法》以及宪法惯例中都反映了分权的原则。资产阶级的代表在议会里掌握立法权,国王保持行政权,在实质上只是为了简化和监督国家机构而实行的日常事务上的分工罢了。

(二) 议会主权的原则

所谓议会主权的原则,按照资产阶级学者的说法是指法律上的主权属于议会。这表现在三个方面:其一,英国在资产阶级革命后和19世纪初期的选举改革后,资产阶级的代表人物控制了议会,议会享有制定和废除一切法律的垄断权;其二,任何法律或法院的判例都不能对议会有任何约束力,任何机关、团体或个人都无权宣布议会通过的法律无效,只有议会自己才能修改和废除议会通过的法律;其三,议会不仅是惟一的立法机关,而且享有对行政与财政的监督权,以及讨论政府政策和弹劾大法官的权力。

(三) 责任内阁制原则

责任内阁制原则是资产阶级议会主权的一种体现,它包括以下几个方面:内阁由议会下院多数党组成,首相和大臣都由下院多数党议员担任;首相通常是下院多数党的党魁;内阁大臣要对他副署的行政行为向英王负责;内阁大臣彼此之间相互负责;内阁阁员向议会负连带责任,如果下院对内阁的重大施政方针不予支持,内阁须全体辞职,或通过国王将下院解散,重新选举。内阁的主要职责是:对准备提交议会的议案做出决定;根据议会立法行使国家最高行政管理权、协调政府各部门的关系;在非常时期宣布全国处于紧急状态并采取措施;接受议会委托制定行政条例、规章。

(四) 法治原则

"法治"一词在不同国家、不同政治制度的宪法中具有不同含义。英国宪法中的"法治"观念是指君主的权力来自法律并受立法和司法的限制。17世纪时,英国资产阶级和新贵族在反对君主专制、争取议会主权的斗争中,提出了"法治"原则。如,1627年《权利请愿书》中的规定就是对王权的专横暴虐提出限制,要求按照法律办事的一种反映;1679年的《人身保护法》要求对国家官吏实行司法监督;1689年的《权利法案》规定保障议员在国会中的言论自由。根据资产阶级革命的实践,英国17世纪著名的古典自然法学派的代表人物洛克(John Locke,1632—1704年)在他的《政府论》中从理论上阐释了法治原则:只有议会才享有立法权,这种权力是不能转让的;法律面前人人平等,任何人都不能享有超越法律的特权。资产阶级之所以需要"法治",一方面是为了反对封建专制统治,保护他们的权利和自由,另一方面则主要是为了把他们的意志用法律形式,以国家的名义强加给全体人民,用法律调整社会矛盾,维持统治秩序。这种以自由主义为基础的法治观点,到19世纪末20世纪初便走向衰落。

第四节 财 产 法

一、英国法中财产的概念和分类

在英国法中,"财产"一词是指一种支配财物的绝对权。这一概念涉及人们支配财物关系的权利与义务,也就是说凡被法律保证为某人所有的东西就是财产。因此,"财产"一词有两种含义:其一是指作为所有权客体的"物"本身;其二是指对"物"的所有权,即法律所认可的对物所享有的使用、收益和处分的权利。

英国在1925年财产法颁布以前,将财产分为"物权财产"和"人权财产"两类。"物权财产"包括土地及其附属物或权利(如贵族称号、某些国家公职、地役权、抵押权等),总称"地产权"。"人权财产"包括有体物(或称有形财产,如家具、衣物、粮食等)和无体的经济权益(或称无形财产,如债权、股票、专利权等)。英国法中对财产的这种分类源于中世纪英国法中的"对物诉讼"和"对人诉讼"两种诉讼形式。凡由"对物诉讼"保障的权利,称作"物权财产",凡由"对人诉讼"保障的权利,称作"人权财产"。

二、封建时期的土地租佃制度

在英国封建时期,土地是最基本的财产。11世纪中叶后,封建土地所有制迅速形成,封建土地关系的主要特征是分封租佃,即土地经过封建主之间的层层相互受封,封建主人身的等级和相应的权利义务也凝固于土地之上,同时土地也具有了主人的属性形式和不同等级。理论上,国王是全国土地的所有人,他将土地分租给领主,以其效忠和承担封建义务为条件。自由农民和"维兰"(农奴)租种封建领主的土地,也必须向其履行封建义务。对不履行封建义务者,封建主有权收回土地;反之,封建主也无权收回土地。所以,英国中世纪的所有权是相对的、有条件的。

根据占有土地的条件和承担义务的不同,土地占有形式被分为自由租佃和不自由租佃两种。

自由租佃分为三种形式:"免税租佃",即不向国王缴纳贡赋的占有地;"骑士役租佃",即向国王承担军事义务的占有地;交租租佃,即向授地者提供一定数量的农产品或劳役的占有地。以上三种占有地,最初都以承租人终生占有为限,不准继承或转让,占有人死后归还授地领主,所以也称作"终身占有地产"。1285年第2号《威斯敏斯特条例》(《限嗣继承条例》)规定,原佃户死后,地产可由其直系后裔继承,而不必交还原领主或其继承人。在授予土地时,领主还可以对原佃户的继承人再提出特别限制,如必须为其男性后裔或女性后裔等。无适当继承人,领主可收回土地。这种地产被称作"限定继承地产"。1290年第3号《威斯敏斯特条例》(《买卖法》)规定,自由租佃地产在继续履行义务的条件下,可以自由转让或继承。这种地产被称作"非限定继承地产"。

不自由租佃是指农奴对份地的占有,它不存在任何约定的服役条件,农奴要对领主尽繁重的、内容不确定的封建义务,缴纳劳役地租和各种贡税。农奴占有的份地按习惯由其后嗣继承,这种份地要在法院登记注册,因此也称作"公簿持有地产"。

三、信托制度

(一) 受益制度

近代信托制度起源于中世纪的受益制度。在封建社会的英国,根据普通法,作为不动产的土地只能依法由继承人继承,不能随意转让。14世纪后,随着手工业和商业的发展,英国农村中出现了资产阶级化的新贵族。他们要求摆脱土地的封建义务,使土地能够根据自己的意志转移。这样,出现了受益制,即土地占有人将地产交受托人代管,受托人享有对地产的使用、收益权,并将地产的收益交给土地占有人所指定的受益人。这种受益制度违反普通法对封建地产的保护原则,使受益人的权利得不到普通法的保护。由于受益制可以使教会成为地产的受益人,所以,起初只有教会法院对受益制采取支持态度。亨利三世(1216—1272)时下令禁止教会法院管辖涉及土地纠纷案件,受益人的权利受到侵害时,便转而向御前会议申诉,御前会议将这类案件交司法大臣,即衡平法官处理。到15世纪下半叶,衡平法官审判的受益制案件逐步形成较为确定的受益制衡平规则。所以,受益制度的形成和衡平法的发展有着密切的关系。

16世纪上半叶,由于新航路的开辟,商业贸易市场进一步扩大,资本主义生产关系在城乡有了新的发展,土地关系也随之发生变化。受益制度的普遍设立使地产的封建义务面临危机,国王和大领主的封建捐税收入锐减。为了限制受益制的发展。1529年,亨利八世下令强制对所有交给受托人经管的地产进行登记,1535年,又强使国会通过《受益制条例》。该条例把受益制分为消极受益制和积极受益制两种,前者指受托人对于受托的地产不承担经营管理的积极责任,设立受益制的目的仅仅是为了逃避地产的封建义务和债权人的追索;后者指受托人对于受托的地产承担积极经营管理的义务,直接收取土地的租金和孳息,将土地的收益转交给受益人。《受益制条例》取消消极受益制,以便使交给受托人经管的地产承担原来的封建义务。积极受益制不受条例影响,以后发展成信托制度。

(二) 信托制度

在《受益条例》颁布后的三百年中,信托法的各项原则是通过衡平法院的判例获得发展的,成文法的影响很小。直到19世纪后,由于成文法编纂的趋势,英国国会颁布了一些有关信托方面的法令,以成文法的形式确认了信托制度,如1893年的《信托财产法》、1925年的《受托管理人条例》、1961年的《信托投资条例》等。

信托制给予财产所有人处理财产以很大的灵活性。信托就其设立的方法可分为三类:

1. 明示信托:根据财产所有人明确表示的意思,按照信托契据或遗嘱的规定而设立;

2. 推定信托:财产人并未明确表示设立信托,但依据有关情况或根据财产所有人的言行可以推定其有设立信托的意思而设立;

3. 强制信托:法院为了补救某种不公正的情况而设立。

信托就其目的而言可分为两类:一是私人的,为特定人的经济利益而设立;二是慈善性质的,为社会福利而设立。

信托的要素有以下方面:

1. 财产授予人;财产授予人是财产的所有人。任何对财产有所有权的人都可以对其财产设立信托。

2. 信托财产:财产授予人所移转的财产称信托财产。信托财产交受托人管理和处分。信托财产可以是不动产、股票、公债、抵押契据、保险单、银行存款等。

3. 受托人:受托人以财产所有人的身份和资格进行财产的使用和处分,并同第三者发生民事关系。受托人可以有两个或两个以上,或是按法律有权执行信托业务的公司组织。根据1906年的《公职受托人条例》的规定,受托人可由政府委托的一名官员担任,国家收取手续费,财产授予人和信托受益人享有由国家保证不受损失的好处。

4. 信托受益人:信托受益人是依设立信托的目的而享受信托所产生利益的人,可以是自然人,也可以是法人。在慈善信托中,受益人不是特定的人而是社会。

第五节 侵权行为法

一、侵权行为法的形成

(一) 盎格鲁撒克逊时期关于非法行为的法律

英国学者梅因曾提出:在古代社会里,刑法并不是关于犯罪行为的法律,而是关于非法行为的法律,或者用英国的专门术语来说,是侵权行为法。在盎格鲁撒克逊初期,犯罪被认为只是对被侵害人及其家庭的侵害,与侵权行为合为一体,都属于"非法行为",既可以由国家根据法律对加害人予以惩处,也可以由受害人或亲属直接予以制裁。9世纪末,西撒克斯王阿尔弗烈德(871—899)的法律中出现

"背叛"领主的概念,对于犯有"不可矫正的罪行"的犯罪,如背叛国王或领主、秘密谋杀人者,国家应主动追究,处以死刑或截肢刑;对于犯有"可以矫正的罪行"的人,仍被看做是对个人的侵害,处以罚金。

(二) 侵害诉讼的产生和发展

1176年亨利二世颁布的《诺桑普顿诏令》,明确提出重罪的概念,扩大了"不可矫正的罪行"的范围。凡叛逆、反对教会、杀人、盗窃、纵火、侵入住宅、强奸等都是重罪,要以国家名义向王座法院提起公诉,予以严厉制裁。这样,犯罪与侵权行为开始分离。"可以矫正的罪行"便是后来所称的侵权行为。

根据英国普通法的原则:"一个人不得非法侵害自己的邻居","应该像对待自己的财产那样,以应有的注意对待别人的财产"。13世纪时,英国的诉讼中出现了侵害权利之诉的令状。起初,这类诉讼的范围是以暴力和直接为特征的侵害。包括对人身、动产和不动产的侵害。所谓"暴力",是指对他人人身或财产的实际干预;所谓"直接",是指原告的损害是由被告的行为所直接造成的。侵害诉讼分为不同种类,每种都有其名称,因而普通法上将这类诉讼称作"有名侵害诉讼",它是侵权行为独立的标志,现代的英国侵权行为法就是在它的基础上产生的。

14世纪后,法律对非法侵害造成的间接和随后损害的责任也予以追究。但由于它们没有正式令状的名称,故称"无名侵害诉讼"。随着侵害人身、财产事件的日益增多,在普通侵害诉讼形式的基础上形成"回复不动产之诉"、"非法占用损害赔偿之诉"和"违约损害赔偿之诉"三种重要的诉讼形式,从而推动了侵权行为法的发展。

二、侵权行为的分类

侵权行为种类繁多,英国法学著作一般按侵权对象把侵权行为分为对财产权利的侵害和对人身权利的侵害。原告向法院请求损害赔偿时,必须证明其权利存在,指出被告违背责任侵犯其权利的事实。

（一）对财产权利的侵害

1. 侵害不动产

主要是指对不动产占有的非法侵害。由于英国法赋予不动产所有人,特别是其中的土地所有人对土地的无限权利,所以非法进入或留置于他人土地上,在他人墙上乱钉钉子,向他人土地投掷杂物等,都是侵害不动产的非法行为。《英国民法汇编》第181条规定:"土地所有人对于垂入自己土地界内之枝叶,虽其树木生于邻地,无须通知其邻人而剪其垂入自己土地界内之枝叶。"1949年《民航法》规定,飞行物在距离地面"合理高度"进行飞行时,不构成对土地所有人的侵害,但因飞行物上附落物体或飞行物本身坠落,造成对他人土地或人身的损害时,应负赔偿责任。

2. 侵害动产

普通法上对动产的侵害一般指对有体物的侵害,至于对商标、专利和版权等无形物财产的侵害则由制定法规定。如英国1938年的《商标法》、1956年的《版权法》、1949—1957年的《专利法》等。

（二）对人身权利的侵害

1. 威胁,指行为人以强力表示要加害于人,并使受害人产生受害恐惧的非法行为。

2. 殴击,指行为人恶意对他人身体施加殴打。

3. 非法监禁,指行为人违反他人意志,在一段时间内对他人实施非法控制,使其丧失自由权利。

4. 诽谤,指出于恶意以口头或书面形式诬损他人名誉的行为。16世纪以前,诽谤被作为犯罪行为,之后分为刑事诽谤和民事诽谤。1952年《诽谤法》对诽谤言论做出严格限制:诽谤必须是故意捏造或诬蔑;行为人宣布的是事实,则不构成诽谤;被告发表了有损别人名誉而不符合事实的言论可以道歉,并以非属蓄意诽谤为辩护理由;对于公共问题的公正评论,只要不是故意捏造,即使不真实也不属于诽谤。

5. 妨害家庭关系行为,包括诱奸、诱拐、虐待、挑拨他人夫妻关系等。

三、侵权行为的责任原则

侵权行为法必须解决的主要问题是侵权责任问题。侵权责任由四个方面的因素组成：损害事实、违法行为、损害事实与违法行为之间有因果关系、过错。确定侵权责任的关键是对于主观过错的确认，侵权责任原则的发展变化经历了过失责任原则、比较责任原则和严格责任原则的演变的过程。

（一）过失责任原则

过失责任原则即"无过失即无责任"。它是资产阶级民法的重要原则，目前，世界上多数国家在侵权损害赔偿案件中都采用这一原则。

在英国，过失责任原则形成于16世纪资本的原始积累时期，盛行于19世纪资本主义上升时期。这一原则的含义是：没有尽法律所承认的应该注意的义务就是过失，由于这种过失造成对他人的损害，侵权行为人应负赔偿责任。根据普通法，过失责任必须以被告对原告的利益负有适当注意的义务为前提。按照法官在1893年《勒·利弗诉古尔德》案中的说法，"假使一个人不承担任何义务，他就可以对整个世界随心所欲，任意疏忽"了。但是，"注意"的义务是否存在，在英国法上具有很大的弹性。一方面，许多法律规则限制了负有注意责任关系的类型，如对于司机、医生、律师等都规定了具体的"注意"义务的标准；另一方面，法院又通过对"注意"责任的解释，扩大了侵权责任的范围，如在1932年的"多诺哥诉史蒂文森案"中，法院提出"邻人检验标准"，要求以"合理地注意"，避免发生可以预见的可能损害邻人的作为和不作为，从而扩大了厂商对消费者的责任。

在资本主义的原始积累时期，由于过失责任原则突出了过失在侵权行为中的作用，因而有利于激发资本家的冒险精神。他们在"无过失即无责任"的前提下，在攫取利润，积累资本的过程中，无须担心不可避免的事故和伤害，以及无法预测的后果所带来的责任赔偿。在占很大比例的受雇人的伤害案件中，受雇人因为不能证明雇主的过失而得不到赔偿，即使能够证明，雇主仍能以"受害人过失"的普通法原则作为辩护的理由，而解除侵权责任。

(二) 比较责任原则

比较责任原则是以个人过失为基础的,但在确定赔偿责任时,不仅考虑被告的过失,而且还要考虑原告的过失,以确定对受害人的赔偿。比较责任原则是19世纪确立的,在交通事故中适用的比较责任原则是过失责任原则的一种表现形式。

比较责任原则的前提是,每个人都应当对自己的安全负责。在这一原则确立之前的判例表明,如果原告的过失是造成伤害的起因,那么即使被告也有过失,原告虽然受到伤害,仍得不到赔偿。即强调事故的起因,谁造成事故的起因,就由谁负责。这种裁决使有些受害人不仅得不到赔偿,反而要负赔偿之责,不利于对受害者的补救和稳定资本主义的社会秩序。

为了避免上述现象,1935年,英国议会颁布《已婚妇女与侵权行为人法律改革条例》。其中规定:对受害人的赔偿可以与当事人的过失责任不一致。这意味着,即使侵权人的过失不是造成原告伤害的起因,也要负赔偿之责,因而遭到一些法学家的指责。于是,1945年议会又颁布了《共同过失的法律改革条例》,其中规定:不能因被害人有过失而取消赔偿,但是,赔偿必须减少到法院认为与受害人的过失公平地相适应的适度。实际上,这一规定使法官在裁判案件中具有更大的自由裁量权。

比较责任原则的确立,一方面处罚了侵权行为人,另一方面可以使受害人得到适当赔偿,因而起到了稳定社会秩序的作用。

(三) 严格责任原则

严格责任原则也称作无过失责任原则,其含义为:侵权行为人即使没有过失,也要对侵权行为负无条件的赔偿责任。

随着垄断资本主义的形成和发展、科学技术的发达和社会经济交往关系的日趋复杂,在现代,英国的工业危害、交通事故、环境污染及商品瑕疵等问题相当严重。为了合理地解决受害人的民事赔偿问题,以维护社会秩序,与"福利国家"的口号相适应,英国于19世纪末到20世纪初,在侵权行为的责任方面适用严格责任原则。

1868年,英国上议院在"赖兰兹诉兰彻尔案"的判决中提出伤害赔偿的"严格责任";随后不久,严格责任原则被适用于采矿、建筑和铁路运输等生产部门;1897年议会制定了《工人赔偿法》,进一步把这一原则的适用范围扩大到一切工业生产部门;1901年严格责任原则的适用范围扩大到农业工人。本世纪议会颁布的一些工人赔偿法和社会保险法都重申雇主或保险公司对于工伤事故的严格责任,如1948年和1969年先后颁布的《工伤事故国家保险法》,规定实行雇主责任强制保险。这些法律的实施把工伤事故中对工人的赔偿责任通过税收转嫁给社会。此外,英国1965年的《原子核装置法》,1971年的《商船污染法》,1974年的《污染控制法》,都以特别法的形式规定当事人对于环境污染要负严格责任。1978年英国研究民事责任与赔偿的皇家委员会提出建议,将严格责任原则扩大到适用于因医疗临床试验而受到严重伤害的人,并建议把侵权行为受害人的赔偿问题,作为整个"社会安全"问题的一部分加以考虑。可见,侵权行为责任原则的适用,关系到维护和稳定资产阶级的统治秩序。

第六节 契 约 法

一、契约法的形成和发展

(一)契约法的形成

英国契约法作为一个独立的法律部门,其形成晚于其他法律部门。违约损害赔偿之诉是14—15世纪普通法设立的一种新的诉讼形式,它弥补了侵害诉讼令状最初只适用于暴力性的直接的侵害行为的明显缺陷。但是,违约损害赔偿之诉最初是作为侵害诉讼的一个分支出现的,也就是说,契约法和侵权行为法出于侵害诉讼这同一渊源。14世纪时,如果有人不按照协议履行义务,使对方受到损失,那么当事人可以提出侵害诉讼。比如,某甲按协议为某乙治疗马病,由于过失,使某乙受到损失,法院可以侵害行为判令某甲赔偿损失,但是,如果某甲没有按协议给某乙的马治病,则不构成侵害行为,在这种情况下,某乙的利益仍不能得到保护。15世纪后,违约损害赔偿之诉扩展到不作为,即,如果完全不履行非正式契约,也要负损害赔偿的责任。大约在这时,契约和侵权行为分离开来。

在中世纪以前,由于英国的经济还不够发达,私人之间的经济协议较少,普通法只承认正式契约,即制成书面文件盖有印章的契约,而不保护非正式契约,即没有书面文件的协议。这使得在有关契约的诉讼中,诉讼当事人之间只能通过预定的、写进加盖印章的正式契约的办法,来创立一种在普通法法院可以强制实施的法律关系,未加盖印章的协议根本不存在诉权。在这种情况下,由于衡平法院对诉讼形式不加限制,采用罗马法的审判原则,那些在普通法院得不到救济的有关契约债务的案件便转而到衡平法院去寻求保护,这样,普通法法院的法官逐渐意识到,如果他们不接受这类诉讼,衡平法院势必取得有关诉讼的管辖权。在经济不断发展的推动下,普通法法院在同衡平法院争夺司法管辖权的过程中,逐渐发展了违约损害赔偿诉讼令状,对非正式契约开始保护。

1602年上诉法院对斯莱德诉莫里一案的裁定被认为是英国契约法作为一个独立的法律部门的开端。在该案中,原告斯莱德将土地售与被告莫里,莫里承认付款16磅。但土地交付后,莫里未兑现承诺,斯莱德因此提起违约赔偿之诉。莫里在法庭上否认其承诺,经陪审团调查,出售虽完成,却不存在任何文字上的承诺。国王法院坚持文字契约是诉讼的基础,拒绝给予救助。普通上诉法院投票表决,裁定斯莱德胜诉。这一案件的解决突破了中世纪"契约"成为"盖印文据"同义语的局限。

(二) 资产阶级革命后契约法的发展

英国资产阶级革命后,在商品流通迅猛发展的推动下,契约法也得到发展。主要表现在:确定了契约形式在契约法中的地位;明确了诺言是当事人履行义务的法律依据,1677年国会颁布《诈欺法》,要求必须以书面证据或其他适当证据,进行某些种类的交易,防止诈欺和伪证。由于17世纪时英国的商事诉讼已基本纳入普通法法院的管辖范围,因此,普通法对于商法的吸收使得罗马法的原则渗透到英国的契约法之中,这对于推动英国契约法的发展起到很大作用。但是,总的来说,当时英国契约法还不够完备。著名法学家布拉克斯顿在《英国法释义》一书中,对于不动产法的论述达380页,对契约法的论述却只有28页;并且,布拉克斯顿还只是把契约作为所有权的一个分支,而没有把它作为一个独立的法律部门。

19世纪以后,资本主义工商业的发展为契约法的发展创造了条件。1806年,法国著名法学家R.J.波蒂艾关于契约法的论著,在英国翻译出版,对于英国契约法吸收大陆法系有关契约法方面的法律原则有重要影响。加上19世纪风行欧洲的自然法理论,强调个人有不可剥夺的生存权、自由权和财产权。这一理论在司法领域被解释为,任何人,包括国家,不得干预私人财产权及私人之间订立的契约。英国契约法正是在"契约自由"、"契约神圣"的口号下最终形成的。1875年,英国法官约翰·杰西尔爵士在"印刷与登录公司诉桑普森案"中说:"如果公共秩序有什么更需要做的事,那就是有充分理解力的成年人在缔结契约上应当享有最大限度的自由,他们自由与自愿缔结的契约应当被看做是神圣的,并且应当由法院来执行。"这番话可以看做是19世纪英国契约法的特点与精髓所在。但是,所谓"契约自由"与"契约神圣",并不能使广大工人与劳苦大众免受资本家的残酷剥削和压迫,契约法所真正维护的不过是资产阶级自由剥削的权利而已。

进入20世纪后,契约法的基本原则没有发生重大变化,但是,由于垄断经济的发展和社会生活的日益复杂,以及国家直接干预经济生活的加强等原因,"契约自由"的原则受到限制,缔约双方地位的不平等更为严重。在形式上,契约已更多地由经济上强大的一方提出,他方只接受,这类契约称作"标准契约",如铁路、电力、煤气公司同顾客之间的契约就是这类契约。在契约法中继"不可能履行"的原则之后,出现了契约"目的落空"的原则,即,在契约缔结后,如果发生双方均不应负责的事故,而使契约不可能履行,该契约便告终结,双方承担的义务亦予以解除。

二、契约的定义和基本分类

契约又称合同。英美法上的契约有各种定义,但没有一个是最权威的。英国的布莱克斯通关于契约的定义流行较早,它是指"按照充分的对价去做或者不去做某种特定事情的协议"。1932年,美国律师学会在《合同法重述》中给契约下的定义是:"一个诺言或一系列的诺言,法律对违反这种诺言给予救济,或者在某种情况下认为履行这种诺言乃是一种义务。"这一定义近几十年来在英美广泛流行。

从形式上看,英国法上的契约可分为正式契约和非正式契约。正式契约主要用于不动产买卖、转让,非正式契约又称简式契约,是英国契约的主要形式。这种契约既可以是口头的,也可以是书面的。通过口头或书面明确其内容和条款的契约叫明示契约;须根据双方当事人的行为来推定其内容和条款的契约叫默示契约。由于非正式契约是英国最普遍的契约类型,所以英国法关于契约的论著所探讨的也主要是非正式契约。

三、契约成立的特殊条件——对价(约因)

契约是当事人为达到一定目的而订立的确立、变更、解除当事人双方权利义务关系的协议。虽然英美法官和法学家给契约所下定义的措辞不尽相同,但都包括以下几方面基本要件:(1) 契约必须基于双方当事人的要约和承诺;(2) 契约必须具备有效的对价;(3) 契约的内容必须合法。

16世纪时,在"违约损害之诉"的基础上,英国契约法中出现了特有的对价制度,对价也称作约因。在英美有关契约的案件中,有无对价是判断当事人双方之间有无法律上的权利与义务的主要依据。按照1875年英国高等法院在"柯里诉米萨案"中的说法,所谓对价,就是:"按照法律上的含义,一个有价值的对价就是一方得到某种权利、利益、利润或好处,或者是另一方做出某种克制、忍受某种损害与损失,或者承担某种责任。"简言之,对价是一方为换取对方的诺言所付出的代价。

在英美契约法中,对价分为待履行的对价和已履行的对价。前者指契约双方虽做出诺言,却均未履行,后者指在订立契约时即已全面履行的情况。

对价的原则主要有:

1. 过去的对价无效。按照一般原则,诺言之前的行动都是过去的对价。例如,在1842年的"罗斯柯勒诉托马斯案"中,被告向原告售出一匹马,买卖完成后他向原告保证该马没有恶癖。原告后来发现马有恶癖,并起诉求偿。法庭裁定,先前的买卖属于已经完成的事实,故被告的保证没有对价支持,所以被告不承担责任。

2. 对价无须相等。在这方面最早的判例发生在 1587 年。1842 年的"托马斯诉托马斯案"引用最为广泛。在此案中,法院对以 1 英镑的对价享有托马斯遗留的价值巨额的房产的居住权予以承认。

3. 履行原有义务不能作为新诺言的对价。1809 年"斯蒂尔克诉迈里克案"是这一原则的典型案例。由于原告已承担在 5 个月内往返英国与波罗的海之间的航行义务,因而船长中途许诺加付酬金但并未履行的行为不是违约。

4. 平内尔原则。1884 年"福克斯诉平内尔案"所确立的原则,即债权人用归还部分欠款的办法来抵消全部债务的许诺不受法律约束。其原因是,债务人并未对此项许诺提供新对价,债权人可以追索余债。

5. 不得自食其言的原则。这是衡平法上的原则,指如果一方以自己的言词或行动向另一方作为诺言,那么,当另一方确信此一诺言并采取行动后,许诺人就不得反悔。1877 年"休斯诉地下铁路公司案"是实行这一原则的最早判例,1949 年后这一原则被广泛适用。

从以上的对价原则可以看出,它们是对业已建立起的包罗万象的违约损害赔偿之诉的适用范围的限制。此外,16 世纪后,普通法法院还通过对案件的审判,确立了契约只有通过互相做出诺言才能成立的原则,这些都为英国契约法的进一步发展和最终形成奠定了基础。

第七节 刑 法

英国的刑法,起源于中世纪的普通法。19 世纪国会制定了一系列的刑事立法,但一直没有一部系统的刑法典。英国刑法长期保留着封建性、杂乱性以及法官对法律适用的任意性的特点。在现代,英国刑法主要由制定法规定,如果制定法没有明示或默示规定更改普通法,则普通法继续有效。

一、犯罪

(一) 犯罪的定义与分类

英国刑法中没有关于犯罪的确切定义。根据英国刑法著作和法律辞典的解释，犯罪是指一种作为或不作为，其本身或后果被认为是有害的，为国家所禁止的，其行为应该受到刑法的某种处罚的行为。英国著名刑法学教授尼·斯坦厄普·肯尼所著的《肯尼刑法原理》归纳了犯罪的三大特征：(1) 犯罪是由人的行为引起的而为国家主权所希望阻止的一种危害；(2) 在所选择的预防措施中包括刑罚的威吓；(3) 某种特殊类型的法律程序被用以决定被告人实际上是否引起危害，并依据法律确定这样做是否应受惩罚。

自中世纪以来，普通法将犯罪分为叛逆罪、重罪和轻罪。各种罪的概念和界限在不同历史时期有着不同的解释。到了近代，刑法仍保留了这种分类。1967年《刑事法令》正式废除了重罪和轻罪的划分，但仍保留了叛逆罪。该法令从程序的角度，把犯罪分为应起诉的犯罪、简易审决罪、可监禁罪。应起诉的犯罪是在刑事法院进行审判，可由陪审团参加审判的犯罪，包括上述重罪和大部分轻罪，例如，叛乱、骚乱、抢劫、勒索、劫持、海盗、谋杀、过失杀人、溺婴、堕胎、强奸、重婚等。简易审决罪是在治安法院进行，没有陪审团参加，仅仅适用简易程序审判的犯罪，例如，酗酒滋扰、流娼、售货克扣分量、向人打滋扰性电话、向未成年人出售酒精饮料、超速驾车、唆使儿童逃学等。可监禁罪是指法律明文规定了刑罚的犯罪，例如，危险行车造成死亡。不再坚持划分重罪与轻罪的原因是：在某些情况下，被划分为轻罪的罪行所包含的社会危害性大于重罪，因而对于轻罪的刑罚可能重于重罪的刑罚。

(二) 刑事立法

英国近代的刑事立法主要有1817年的《煽动性集会法》、1825年的《犯罪法》、1861年的《侵犯人身罪法》、1908年的《关于习惯犯罪的法律》、1911年的《间谍活动法》、1913年的《伪造文件法》和1916年的《窃盗法》。这些刑事法令弥补了普通法的不足，较之中世纪的刑法有了很大进步。

第一次世界大战后,为镇压工人运动和应付经济危机的需要,英国颁布了一系列镇压性的单行法规,如1920年的《政府机密法》,规定任何人在禁区中及其附近干扰警察或军队的活动,即构成泄漏官方机密罪;1935年的《煽动叛乱法》,规定凡企图怂恿王国军队成员背弃义务者,或出版煽动性书籍,或以帮助、教唆、劝告、建议的手段实施上述行为者,均处刑罚;1936年的《公共秩序法》,规定侮辱性言论和可能妨害社会治安的行为,均属犯罪行为。

第二次世界大战后,英国进行了一系列刑事立法,对犯罪的规定进行了改革。其中1968年的《盗窃罪法》统一了有关盗窃罪的规范,废除了重偷盗罪与轻偷盗罪的划分;1971年的《滥用药品法》将毒品分为海洛因、吗啡、鸦片三类,称为"管制药品",凡生产、种植、供应、持有、吸食者,皆构成滥用药品罪;1971年的《劫持罪法》规定使用武力或任何威胁手段劫持或控制飞行中的飞机者,构成劫持罪。

二、刑罚

19世纪前,英国的刑罚具有野蛮性、残酷性的特点。直到18世纪末,死刑仍有二三百种。执行的方法包括焚烧、轮辗等,异常残酷。经过历次改革,刑罚的残酷性逐渐减轻。1820年废除了妇女笞刑,以绞刑代替肢解刑。1837年死刑被限制于叛国、杀人、强奸、兽奸、鸡奸、破门入盗,使用暴力和纵火杀人七种犯罪。1807年废除苦役流刑,代之以监禁。1879年的《预防犯罪法》确认缓刑制度,使英国成为最早适用缓刑的国家。1908年的《未成年人犯罪法》规定,未成年人犯罪应由专门法院审理。1910年的《防止犯罪法》规定,未成年人犯罪应在少年感化院中服刑。到近代时期末期,确定的刑罚种类有:死刑、自由刑(监禁)、缓刑、笞刑、苦役和罚金6种。

第二次世界大战后,英国的刑罚制度变化很大。主要表现是:(1)废除肉刑、刑事劳役和苦役。1948年的《刑事审判法》废除了刑事劳役和苦役,仍保留笞刑。1967年的《刑事审判法》彻底废除肉刑。(2)废除死刑。1957年的《谋杀罪法》规定,除重大谋杀罪、叛逆罪和海盗罪外,其他犯罪一律不适用死刑。1965年的《谋杀罪法》规定,5年内对谋杀罪暂停适用死刑。该法期满后于1969年月12

月经国会两院一致通过永远废除死刑,代之以强制性终身监禁。现在,英国主要的刑罚有:终身监禁、监禁、罚金、无偿劳动惩罚、缓刑、有条件释放、没收财产等。

第八节 陪审制度与律师制度

一、陪审制度

如前所述,12世纪亨利二世司法改革时,英国便采用了大陆法兰克王国的日耳曼人在解决土地纠纷时挑选当地居民作见证人的制度,用以代替在此之前盛行于英国的"神明裁判法"和"决斗裁判法"。到了13、14世纪,陪审人从在讯问中的见证人的地位逐渐演变成为裁判事实的陪审官,并且进一步发展确立了大、小陪审团制度。陪审的范围也扩大到较为重大的民事和刑事案件。

陪审制度是作为维护封建王权而建立起来的,然而,资产阶级革命时期,这一制度竟为资产阶级所继承,成为资产阶级反对王权的有力武器。这其中主要的原因就是,资产阶级及其思想家为了反对封建王权及其专制统治,在资产阶级革命时期提出"民主"、"自由"的口号,为了夺取司法权,陪审制度便成为他们标榜民主的得力工具。并且在实际上,陪审制度一经建立,随着封建社会的没落,陪审团也越来越多地不再作为维护中央集权的代表,而是成为新兴资产阶级的代言人。

英国资产阶级革命后,陪审制度成为诉讼制度中的一项重要原则,陪审团出席审判是当事人的权利。大、小陪审团的职责没有什么变动,但是却赋予了新的资产阶级的内容。例如,1688年颁布的民权法就宣布:"陪审官应予正式登记姓名簿籍并陈报之。审判叛国罪犯之陪审官,应为保有不动产权之公民。"1825年和1870年的法律进一步规定,只有拥有不少于10英镑的土地或房屋,或租用不少于15个窗户房屋的人,以及拥有年收入20英镑以上的佃户,才具有当选陪审员的资格。这种财产限制将无产者排除在陪审员之外,保证了陪审员的阶级性。在审判中,法官常常授意陪审员按照他们的意志评断,使陪审制度徒具其名。对此,恩格斯曾给予严厉批评:"臻于最高发展的英国陪审法庭,在制造法律诺言和不道德行为方面达到了登峰造极的地步。"①

为了简便诉讼程序,1873年《最高法院组织法》通过后,大部分民事案件免用陪审制度。1933年的审判法取消了大陪审团,其审查起诉的职能由治安法院行使,对于民事诉讼中可以要求陪审团审理的案件的范围加以限制,仅适用于侮辱、诽谤、恶意告发、错误关押等案件。1948年,民事诉讼中的陪审制度被正式废除。至于小陪审团,其作用也大大削弱了。1939年的审判法规定,陪审团的人数由12人减至7人(叛国罪除外)。这表明,19世纪后英国的陪审制度走向衰弱。

二、律师制度

(一) 辩护制度

英国在封建君主专制时期在司法上采取"纠问式"的诉讼制度,被告人没有辩护的可能,审判以秘密的书面形式进行,刑讯逼供广泛适用。这种"纠问式"诉讼,在资产阶级革命时期受到资产阶级思想家的猛烈抨击。他们从自然权利的理论出发,要求人民在法律上自由平等,在司法上实行公开辩论的诉讼程序。1641年英国长期国会颁布法令,废除以拷打和秘密审讯为特征的星座法院和其他法院。1695年威廉三世以敕令宣布严重叛国案的被告人可以请辩护人,但禁止辩护人在法庭上发表演说。1836年威廉四世颁布法律,在形式上取消了对辩护的各种限制,规定不论任何案件的预审或审判,被告均享有辩护权。从此,英国开始普遍实行资产阶级的辩护制度。

英国辩论式诉讼的形式与大陆法系的诉讼中的"辩论原则"不同,英国的刑事诉讼没有系统的检察机关作为起诉人,任何公民都有权起诉。法庭若确认被告人认罪的答辩是出于自愿的,就不必召集陪审团,不必经过听证和辩论,直接进行判决。当被告否认有罪时,

---

① 恩格斯:《英国状况》,《马克思恩格斯全集》第一卷,人民出版社1956年版,第697页。

即开始进行法庭审理。这时起诉人与被告人作为诉讼的主体,权利平等;起诉律师传唤证人,引导其迅速提出证据,然后辩护律师对之进行交互询问,最后起诉律师对之进行再询问;被告人提出证人作证时,辩护律师有权做出陈述,说明将要证明的事实,随后传唤证人,进行询问、交互询问和再询问。法官处于"仲裁人"的角色,主持庭审,但不主动调查、审问,最后在双方辩论终结的基础上进行裁决。如果有陪审团参加,则在陪审团做出事实问题的裁决后,再由法官做出法律裁决。

(二) 律师制度

英国的民事、刑事案件都采用辩论原则,而且司法制度十分复杂,在一个多世纪前,仅高级法院就有12种以上,初级法院为数更多,各种法院的诉讼程序又不相同,加之英国实行判例法使判案的伸缩性很大,这种情况使得一般人很难由自己去进行诉讼,即便是一些法学家也常感疑惑,因此,英国的律师制度很早就应运而生。诉讼代理人是在13世纪出现的,起初是任何人均能充任的,后来逐渐形成一种专门职业。17世纪英国资产阶级革命中,资产阶级启蒙思想家提出以辩护制取代纠问式诉讼的资产阶级民主性质的诉讼原则,要求承认被告人有权亲自辩护或请律师帮助辩护。1679年的《人身保护法》明文规定了被告人的辩护权原则,使英国的律师辩护制度有了法律依据。随着社会的发展,英国的律师制度不断完善。

英国律师制度的特点表现在两方面:

第一,英国律师分为两类,一类是出庭律师;一类是诉状律师。出庭律师享有从中央到地方一切法院的辩护权,诉状律师主要承办一般性的法律业务,诸如为当事人书写诉状、提供法律咨询或充当出庭律师和当事人之间的联系人等。诉状律师不能在高等法院出庭辩护,但可以在郡法院、治安法院出庭担当辩护人。所以,出庭律师的地位要高于诉状律师。出庭律师执业满10年以上者,可被任命为高等法院的法官。

第二,律师的选任十分严格。出庭律师和诉状律师分属于不同的法律协会。出庭律师的协会是英国著名的四大律师协会(林肯律师协会、内殿律师协会、中殿律师协会和格雷律师协会)。只有在这四大律师协会之一中学习,并通过严格的考试后的人,才能取得出庭律师的资格。诉状律师必须在诉状律师协会登记,并在诉讼律师事务所见习4—5年(如有大学学历可见习2—3年),然后经过严格考试才能获得行业执照。

【思考题】
1. 英国普通法是怎样形成的?有哪些特点?
2. 英国衡平法是怎样形成的?有哪些特点?
3. 简述英国宪法的原则及其特点。
4. 试述英国侵权行为责任原则的演变。
5. 简述英国的律师制度。

第十章 美 国 法

美国法是在继承和发展英国法的基础上逐渐形成的。在公法和私法领域这种继承和发展都很明显。美国宪法是世界上第一部近代意义上的成文宪法,其创造的分权制衡原则对近代宪政理论和实践都有重要意义。在联邦制背景下,美国的立法和司法都表现为双轨制模式。在成文宪法之下的司法审查制度是美国宪政的基本特点。《统一商法典》是以成文法方式改造普通法传统的成功尝试。美国产生了世界上第一部反托拉斯立法。

第一节 美国法的形成和发展

一、美国法的形成和发展

(一)殖民地时期的美国法(17世纪初—1783年)

美洲大陆原来是印第安人世代生息的地方。自1492年哥伦布发现美洲大陆后,欧洲殖民者蜂拥而至进行探险和殖民开发。从1607年英国殖民者在弗吉尼亚建立詹姆士堡城起,英国人开始了对北美大陆的殖民地的征服和统治。在殖民地开发和拓展中,它先后击败西班牙、荷兰、葡萄牙和法国等其他欧洲列强。至1733年,英国在北美大陆已占据了东起大西洋沿岸,西至阿巴拉契亚山脉的狭长地带,在大西洋沿岸共建立了13个殖民地,它们就是美国的前身。

美国法律的历史始于殖民地时期。1608年的加尔文案所确立的"被征服土地"原则在整个17世纪对殖民地法律产生了巨大影响。根据此案,对被征服殖民地的居民只能适用英王制定的法律而不是英国普通法。在此法理依据背景下,由于移民的背景和英国政府的控制,英国的法律在各殖民地不同程度地生效。在立法上,英殖民者认为殖民地没有主权,不能要求和英国议会具有相等的立法权,而只能制定法令的细则。各殖民地议会制定的法案,须报呈英国枢密院审核,依据宗主国的法律高于属地立法的原则,如果该法案与英国的法律相冲突,则宣布其无效。在司法上,英国王座法院掌握殖民地法院的上诉管辖权。英国殖民者还通过任命总督来控制殖民地的行政权力。虽然北美殖民地也采用了普通法的某些制度,如令状、陪审、辩论制度等。但从总体上看,在整个17世纪,英国法律在北美殖民地并不占据支配地位。直至18世纪中期,各殖民地实行的法律还是比较原始、简陋的,有的殖民地甚至以《圣经》作为判案的依据。造成这一情况的主要原因是:第一,当时北美殖民地的社会经济条件与英国相距甚远,使以封建土地法为基础的英国普通法很难适用于殖民地人民的生活状况。第二,虽然英政府通过制定种种法律和法令,对北美殖民地进行压迫和掠夺,但在殖民地人民的强烈反抗下,各殖民地仍然根据各自的情况,制定了自己的法律。如1639年康涅狄格的《基本法规》、1641年马萨诸塞的《自由典则》、1668年卡罗来纳的《根本法》、1682年宾夕法尼亚的《施政大纲》等。第三,部分殖民地人民对英国法有着本能的排斥。殖民地当中的很多人最初是为了逃避宗教迫害才背井离乡的。1620年的"五月花号公约"即表明了他们对英国专制统治的不满和建立新政治体制的愿望。第四,普通法复杂烦琐的诉讼程序阻碍了它在殖民地的广泛传播,而殖民地缺乏专门的法律人才,也没有正式的法律教育。

进入18世纪后,北美殖民地开始大规模地继受或移植以普通法为核心的英国法。随着英殖民者对殖民地控制的加强,以及殖民地政治、经济、文化的发展,原先各殖民地简单的法律已不能满足需要。北美殖民地人民均主张受普通法的保护是他们"与生俱来的权利"。而此时的英国法经过近一个世纪的演变,已经相当近代化并比较接近北美的状况。北美殖民地各地普遍设立法庭,适用英国普通法。普通法文献和知识被广泛传播,特别是18世纪中叶后布莱克斯通(William Blackstone,1723—1780年)的《英国法释义》先后在英、美的出版,对美国法产生了深远的影响。通过对此书的研习,殖民地渐渐产生了一个以律师为主的职业法律阶层。至此,英国普通法在北美殖民地取得了支配的地位。

(二) 独立战争后的美国法(1783年—1861年)

1775年至1782年的北美独立战争,扫除了美国法独立发展道路上的法理障碍。但是,美国独立的法律传统的形成尚需一些时日。独立战争中和独立后的一个时期,英国法遭到美国人民的强烈抵制和反对。许多法官、律师拒绝援引英国法;有少数州如特拉华、肯塔基、新泽西和宾夕法尼亚禁止引用英国判例。《独立宣言》(1776年)、《邦联条例》(1777年)和《美利坚合众国宪法》(1787年)的制定和颁布更表明了美国法的独立化倾向。继成文宪法制定之后,美国掀起了一个改革法律、编纂法典的强大运动。1811年英国法学家边沁向美国总统麦迪逊建议制定法典。1824年,爱德华·利文斯顿(Edward Livingston,1764—1836年)在路易斯安那州的新奥尔良地区,按照1804年法国民法典的模式制定了民法典。1846年,纽约州宪法规定编纂成文的、系统的法典。1847年,美国法学家戴维·达德利·菲尔德(D. D. Field,1805—1894年)被任命为纽约州法律编纂委员会的委员,先后编出《民事诉讼法典》、《刑法典》、《政治法典》、《民法典》和《刑事诉讼法典》五部法典,被称为"菲尔德法典"。纽约州采用了其中的民诉、刑诉和刑法典,其他各州,尤其是新加入联邦的西部各州分别采用了其中的一部或多部法典。所以,直到1856年英国著名法制史学家亨利·梅因(Henry J. S. Maine,1822—1888年)还预言美国将归附罗马日耳曼法系。

然而,美国法最终还是保留在普通法系之中。其原因主要是:(1) 胜利了的美国资产阶级要求迅速创立和完备法律制度,以便发展资本主义经济,调整日益复杂的社会关系。而18世纪、19世纪的英国法伴随着工业革命的开展不断完善,古老的法律原则和概念被赋予了全新的资本主义法的内涵,为美国提供了现成的法律规范。(2) 英、美两国之间存在语言、风俗习惯和文化传统方面的渊源关系,便于英国普通法在美国的传播和适用。(3) 独立后的美国人民同英国的民族矛盾逐渐缓和。(4) 在殖民地后期形成的职业法律阶层除他们最熟悉的普通法传统外别无选择。

在美国法的形成和发展过程中,美国著名法学家的著作及其思想具有重要影响。19世上半叶是美国法学研究成果多产的时期。法学家中最有影响的人是詹姆斯·肯特(Kent 1763—1874年)和约瑟夫·斯托里(Story,1779—1845年)。1826年至1830年间,肯特模仿布莱克斯通出版了4卷本的《美国法释义》;1831年至1845年间斯托里的多卷本系列著作,包括《论宪法》、《衡平法》、《代理》、《合伙》、《冲突法》等问世。美国法专著的出现标志着美国法对英国法批判地吸收,并逐渐发展出自己的法律传统。

(三)南北战争后的美国法(1861年—19世纪末)

南北战争后,美国的资产阶级政权得到进一步巩固,人们的思想和政治观念发生了深刻变化,产业革命深入广泛的开展为经济的迅速发展开辟了道路,而美国法此前所受的域外影响已基本结束,美国法本身也发生了系统化和理论化的重大变化。其主要表现是:第一,在普通法传统的基础上,强调法律的客观性、确定性和统一性;第二,适应社会发展和技术革命的要求,完成了由封建的普通法向资产阶级法的彻底转变;第三,法学教育获得迅速发展,法律职业化最终确立。

美国法是一个以判例法为主体,又包含联邦和各州制定法的法律体系。南北战争后,美国加快了统一立法的进程。为实现普通法的法典化和各州法律的统一,于1878年成立的美国律师协会将推动统一立法作为它的主要工作目标。1892年,各州委员会代表组建了美国统一州法律全国委员会。该委员会对判例法和各州立法进行系统整理,先后制定出一百多部标准法案供各州采用。虽然这些标准法对各州不具有强制性的效力,但为各州的相关立法和司法提供了有益的参考和准则。

这一时期,美国法实现了由封建的普通法向资产阶级法的彻底转变。1865年,美国宪法第13条修正案宣布废除奴隶制度。1868年颁布的宪法第14条修正案通过对各州权力的限制,为公民权利提供了更充分的宪法保障。在财产法方面,取消了对不动产转让的特殊限制,确立了土地的自由转让制度。在合同法方面,发展出了以"意思自治"理论为核心的古典合同法体系。在侵权法方面,建立了以过失侵权之诉和过失责任原则为主体的近代侵权法律制度。在诉讼制度方面,对烦琐的诉讼程序进行了改革,逐渐废除普通法诉讼方式而代之以法典诉讼。这一时期美国还发展建立了一些如公司法等新的法律部门。在这一时期,法院和法官也最终取代了独立初期立法机关的地位,成为了影响和塑造法律发展的中心。

19世纪中叶以后,美国法律教育逐渐专门化,法律教育的中心由律师事务所转到法学院。哈佛大学法学院院长克利斯托弗·兰德尔(Christopher C. Langdell, 1826—1906年)创造了判例教学法。所有这些,都有力地推动了美国法的发展。

(四) 现代时期的美国法(19世纪末—现代)

19世纪末20世纪初,美国进入垄断资本主义时期。与经济的集中相适应,国家的行政权力进一步加强;联邦的权力相对增大;国家对社会经济的干预明显增强。美国的法律较之19世纪末以前有了较大变化。

首先,成文法大量增加,法律的系统化明显加强。美国统一各州立法委员会制定的《统一流通票据法》(1896年)、《统一买卖法》(1906年)、《统一仓库收据法》(1906年)、《统一提单法》(1909年)、《统一合伙法》(1914年)、《统一信托收据法》(1933年)以及《统一商法典》(1952年)等,有的被多数州所采纳,有的得到各州的一致采纳。1923年,美国成立法学会,其目的包括"法律的净化和简化"。著名律师和法学家们用了20年的时间完成了24卷《法律重述》,对判例法进行了综合整理,更明确地反映出普通法的规则。在联邦国会众议院的监督指导下,美国于1926年颁布《美国法律汇编》(或称《美国法典》),将历年联邦国会颁布的制定法整理编纂。从1928年起,《美国法典》每隔5年修订一次,每年有一补编,收入当年国会通过的法律。

其次,行政命令的作用和地位日益显著,委托立法出现。由于以总统为首的行政机关的权力扩大,行政命令越来越成为重要的法律形式。据统计,1933年至1934年间,罗斯福总统发布的行政命令达3703件,而同期美国国会通过的法案为4553件。此外,国会往往以委托立法的形式将某一特定事项的立法权交给总统或某一行政机构行使。

再次,新的法律部门的建立和民主性、科学性的加强。随着现代经济的发展,除了传统的法律部门以外,美国还建立了许多新的法律部门。为了平抑以托拉斯为形式的垄断组织对生产流通领域的垄断现象,1890年,美国制定了世界上第一部现代意义的反垄断法——《谢尔曼法》,它与后来的《克莱顿法》、《联邦贸易委员会法》等共同构成美国完善的反垄断法体系。1932年,联邦国会制定了第一部现代劳资关系法——《诺里斯—拉瓜迪亚法》。以后,国会又制定了以1935年《国家劳工关系法》为代表的一系列劳工立法,从而形成劳工立法体系。1935年,美国制定了它的第一个社会保障方面的法律——《社会保障法》。20世纪中期,美国政府为遏制人民民主革命,制定了一系列旨在镇压工人运动、反对共产党的法律,如1947年的《塔夫脱—哈特莱法》、1948年的《颠覆活动管制法》、1950年的《国内安全法》和1954年的《共产党管制法》。50年代以后,随着世界范围内民主运动的高涨,美国制定了一系列民权法案和宪法修正案,强调对民权的确认和保护以及对公民的平等保护。行政法从以控制为中心转向以提供福利和服务为中心,完善了公众监督机制。刑事法律方面表现出轻刑化和非刑事化倾向。在私法领域,在继续肯定对私人利益的保护的同时,强调对社会公共利益的保护。新的科学技术在法律实践中得到广泛应用。

二、美国法的渊源

(一)普通法

美国建国后接受英国普通法的传统经历了一个发展过程。在独立战争后曾出现过政治上反对英国、法律上排斥英国普通法的情况,有些州明文禁止继续适用英国法院的判例。虽然由于经济、文化等诸多因素,美国最终还是以英国普通法作为建立新法律的基础,但是正如1829年约瑟夫·斯托里大法官在"范内斯帕卡德"案的判例中所指出的:"英国普通法并不是全部都可以作为美国的普通法,我们祖先把英国普通法的一般原则带过来,并且以此作为他们生来就有的权利,但是他们只带来并采用了适合他们情况的那一部分。"①

美国各州采用普通法时都根据各自的需要作了补充和修改,因此各州的普通法自成体系。由于美国联邦宪法明确规定了联邦法院对于联邦制定法上规定的犯罪的管辖权,因此,联邦法院在刑事案件方面不能行使普通法上的管辖权。根据美国联邦最高法院在1938年"埃里铁路公司诉汤普金斯"案② 的判决,联邦法院对于普通法上的民事案件也没有管辖权。

(二) 衡平法

在英国,衡平法上的救济是作为英王的恩赐给予的。因此,在美国独立后,首先在英王的直辖殖民地和特许殖民地采用了英国的衡平法,一些在英国由教会法院管辖的案件也由衡平法院管辖。美国独立后,联邦和各州都继续采用衡平法,但对于衡平法的司法程序作了较大改革。1789年的《司法条例》规定,衡平法上的案件统一由联邦法院兼管,联邦不另设衡平法院。1848年纽约州颁布的《民事诉讼法典》废除了普通法与衡平法在诉讼形式上的区别,此后,其他各州也作了类似的规定。现在只有少数几个州保留着普通法法院和衡平法法院之分。

(三) 制定法

美国的联邦和各州都有制定法。联邦的制定法包括联邦宪法和联邦法律。联邦宪法第1条第8款明文列举了联邦国会的立法范围,包括:国防、外交、税收、货币、移民、专利、海商和破产等。美国宪法明文规定的国会立法权称作"明示权"。从形式上看,联邦国会拥有的立法上的"明示权"是有限的。但是,自1819年联邦最高法院在"麦卡洛克诉马里兰"案中确认了"默示权"的理论以来,联邦国会获得了从宪法"明示权"引申出的立法权,从而扩大了联邦的立法范围。联邦法律的效力遵守"后法取消前法"的原则,即联邦法律或在联邦权力下缔结的条约,不享有任何超过以后与它抵触的联邦立法的地

---

① 转引自林榕年主编:《外国法制史新编》,群众出版社1993年版,第312页。另外参见C.沃伦:《美国历史上的最高法院》(The Supreme Court in U.S. History)英文版。

② [Erie Railroad Co. v. Tompkins](1938),这项判决否认美国有任何普遍适用的联邦普通法存在,每一个州都有自己的普通法。

位。

各州的制定法包括各州的宪法和法律。联邦宪法第10条修正案规定:宪法未授予合众国或未禁止各州行使的权力,皆由各州保留。据此,各州享有联邦宪法所规定的联邦立法范围之外的立法权力。

第二节 宪 法

一、联邦宪法的历史渊源

(一)《独立宣言》

从18世纪下半叶开始,英国加强了对北美殖民地的政治统治和经济掠夺,先后颁布了《印花税条例》(1765年)、《唐森德条例》(1767年)、《茶叶税法》(1773年)和《强制法令》(1774年),因而激起北美殖民地人民的强烈反抗。1775年4月18日,波士顿的列克星敦和康科德人民打响了美国独立战争的第一枪。1775年5月10日,在费城召开了第二届大陆会议。1776年7月4日大陆会议通过了《独立宣言》,代表北美13个殖民地对英国宣告独立。1783年,英美签订凡尔赛和约,英国被迫承认美国独立。

《独立宣言》是由美国的资产阶级民主派代表托马斯·杰斐逊(Thomas Jefferson,1743—1826年)等人起草的。它以资产阶级启蒙思想家的"天赋人权"思想和"社会契约"论为理论基础,宣称:人人生而平等,他们都被造物主赋予了某些不可转让的权利,其中包括生命权、自由权和追求幸福的权利。为了保障这些权利,所以才在人们中间成立政府。政府的正当权力,来自被统治者的同意。如果遇有任何一种形式的政府变成损害这些目的的政府,人民就有权改变或废除它,从而建立新的政府。《独立宣言》列举了英国在立法、司法、行政、军事、贸易等方面对殖民地实施的暴政,提出殖民地宣告独立是"合法"的,是"尊重人类公道"的正义行为;并向全世界郑重宣告:"它们解除对于英王的一切隶属关系,而它们与大不列颠王国之间的一切政治联系亦应从此完全废止。"

《独立宣言》是北美人民反抗殖民压迫、争取民族独立的宣言,也为日后诞生的美国宪法奠定了政治基础。在《独立宣言》的初稿中，曾有谴责奴隶制的条文，但由于南部奴隶主的反对而被删除。这表明，《独立宣言》有一定的历史局限性，但它仍不失为一部充满革命和创造精神的政治纲领。它是17世纪至18世纪资产阶级革命最进步的文件之一，马克思称之为"第一个人权宣言"。①

(二) 1781年《邦联条例》

《独立宣言》发表后，各州纷纷宣布独立，并相继制定州宪法。与此同时，各州着手联合组成同盟。1777年月11日15，大陆会议通过《邦联和永久联合条例》(通称《邦联条例》)。该条例于1781年经各州批准后生效。

《邦联条例》共13条，其核心问题是解决各州之间的权力关系。主要内容为：

1. 宣告美国的国家结构形式是"邦联"，名称为"美利坚合众国"。

2. 规定缔结邦联的目的是"为着它们共同的防御、自由保证和相互间的公共福利……彼此之间负有互相援助的义务等"。

3. 宣布"各州保留自己的主权、自由和独立"，以及其他一切非由该条例所明文规定授予合众国国会的"权力、司法权和权利"。

4. 邦联仅设一院制国会，没有常设的行政和司法机关，在国会闭会期间设置"各州委员会"，行使国会委托的权力，但以取得9个州的同意为限。

《邦联条例》的宗旨和内容表明，它所宣布的美利坚合众国在当时只是由13个独立的、拥有主权的州所组成的松散的国家联盟。这种状况反映出美国建国之初，各州想要尽量多地保持其独立地位和尽量少地受到中央国家权力限制的倾向。

二、1787年联邦宪法

(一) 联邦宪法的制定

根据《邦联条例》所建立的邦联政府不是一个完整统一的中央政

---

① 《马克思恩格斯全集》第16卷，人民出版社1957年版，第20页。

府,没能明显地加强各州彼此之间的联系。在社会动荡、政权不稳、内有关税竞争、外有商业劲敌的情况下,美国的工商业资产阶级和大农场主感到迫切需要建立一个强有力的中央政府,以巩固独立战争的胜利成果,发展资本主义经济。

1787年月2日21,邦联国会邀请各州代表在费城召开会议,修改《邦联条例》,但与会代表超越了权限,讨论起草新宪法。会议于5月25日正式开会,后来被称作制宪会议。参加会议的共55名代表,来自12个州①,代表着不同统治集团的利益。其中奴隶主占15人,大地主占14人,其余是资产阶级的代表。这些代表基本上包括了当时美国最重要的政治活动家,其中大部分人精通法律,有8人在《独立宣言》上签字署名。会议在极端秘密的情况下进行,没有记录。会议中,中央政府同州政府之间、大州同小州之间、北方工商业资本家同南方种植园奴隶主之间,在权力分配上表现出复杂的矛盾和斗争。经各方妥协,最后于9月15日通过宪法草案。9月28日该草案提交邦联国会批准后,送交各州批准。按照宪法草案的规定,须经13个州中9个州议会的批准,宪法方能生效。各州围绕宪法的批准,又展开激烈斗争,形成联邦派和反联邦派。直至1789年3月4日,第一届联邦国会开幕,正式宣布宪法生效。这是世界上最早的一部成文宪法。1789年4月30日,根据宪法成立了以华盛顿(George Washington,1732—1799年)为总统的第一届联邦政府。

(二)联邦宪法的基本内容和原则

1787年联邦宪法由序言和7条本文组成。宪法序言简要阐明了宪法制定的宗旨。宪法第1条规定立法权;第2条规定行政权;第3条规定司法权;第4条规定授予各州的权力;第5条规定宪法修正案提出和通过的程序;第6条包括多项规定,主要是强调宪法和根据宪法制定的法律以及缔结的条约是"全国最高法律";第7条规定宪法本身的批准问题。

1787年宪法确立了以下基本原则:

1. 联邦主义原则。为了消除《邦联条例》下各州分立的纷乱现

---

① 罗德岛州未派代表参加制宪会议。

象,《宪法》规定美国的国家结构形式是联邦制。其主要内容是:

(1) 在联邦中央与各州的关系中,联邦宪法和法律是全国最高法律,联邦中央对各州处于最高地位,联邦保护各州。

《宪法》第6条第2款规定:"本宪法,依照本宪法所制定的联邦法律以及在联邦权力下所缔结或将缔结的一切条约,概应成为全国最高法律,每州的法官概应受其约束,不管任何州的宪法和法律中有任何相反的规定"。《宪法》规定限制各州的权力,禁止各州侵犯公民的自由平等权利。例如,规定各州不得缔结条约、联盟,不得颁发敌船捕拿许可状,不得铸造货币等;规定各州不得通过剥夺公民权案,不得制定追溯既往的法律等。《宪法》第1条第8款逐项列举了联邦的权力和为执行这些权力而制定"必要和适当的法律"的权力。《宪法》规定了联邦对各州应尽的义务,保证各州实行共和政体,不受外侮,应各州的请求平定各州内乱。

(2) 在联邦国会的立法权范围上,未经宪法列举的权力一概归各州保留行使。

《宪法》规定在联邦中央与各州的分权方式上,采取中央明文列举,各州概括保留的方式。凡联邦中央的权力由宪法明文规定,单独列举;未经列举的权力,均保留给州政府或人民行使之。宪法第1条第8款明确列举了授予联邦中央的17项权力,包括:以联邦的名义征税;管理对外贸易和州际商业;发行和铸造货币;统一度量衡;管理邮政、专利权和版权;建立陆、海军并供给军需;宣战、媾和;制定保障联邦行使宪法所赋予的权力的法律等。宪法第10条修正案规定:"凡宪法未授予合众国或未禁止各州行使的权力,皆由各州或人民保留。"这一条款使各州享有多种权力,如管理州的商业、劳工问题;组织警卫力量维持地方治安;制定民、刑事立法,处理民、刑事案件;管理州的文教卫生、公路交通事业等。

(3) 在各州之间的关系上,遵循相互信任、礼让、平等对待的准则。

《宪法》第4条第1款规定:"每州对于它州的法令、案卷及司法程序应有完全的信任。"第2款规定:"每州公民在各州概应享受公民所有的一切特权和特许",并做出各州相互引渡的规定。

2. "三权分立"和"制约与平衡"原则。《宪法》规定,美国国家的管理形式是总统制的共和国,国家机关按照"三权分立"和"制约与平衡"的原则建立。

《宪法》规定由国会、总统、法院分别行使国家的立法、行政和司法权。国会由参议院和众议院组成;参议院由各州选派议员2人组成,任期6年,每两年更换其中的1/3;众议院由各州按人口比例选举产生,每两年选举一次。除立法权外,国会还有宣战、弹劾等权力。总统是政府首脑,又是国家元首和武装部队的总司令,由选举产生,任期4年。总统拥有指挥和监督联邦全部行政的大权,有官吏任免权、发布行政命令权、外交权、军事权、事实上的提案权、赦免权等。联邦法院法官实行终身制,法院审理案件时不受总统和国会的干涉。1803年,联邦最高法院通过对"马布里诉麦迪逊"案的判决,确立了由最高法院解释宪法以及审查立法机关通过的法律是否违宪的先例,从此最高法院掌握了司法审查权。

美国宪法规定,国会有权在宪法授权范围内立法,但总统对国会的立法享有批准权或否决权。根据"马布里诉麦迪逊"案,联邦最高法院亦可利用司法审查权宣布国会立法违宪,从而使之失效。总统有行政权,但总统任命部长、最高法院法官和缔结条约,必须经过参议院2/3议员的同意;总统虽可否决国会通过的法案,但国会两院如各经2/3议员再次通过,即可推翻总统的否决,当然生效;总统如有违法失职行为,国会则可进行弹劾。联邦最高法院以及依国会立法所建立的各级联邦法院有司法权,司法独立,但联邦法院的法官须经总统任命,国会批准;国会还可以弹劾联邦最高法院的法官。

"三权分立","制约与平衡"是美国国家权力的基本组织原则。它是按照资产阶级启蒙思想家孟德斯鸠、洛克等人的分权学说建立起来的,原则上是既要分立,又要相互制约,保持平衡,即每个权力机关都享有必要的宪法手段和权力,来对抗其他机关的权力扩张和侵犯,防止权力集中于某一个部门。

(三) 对1787年联邦宪法的评价

1787年联邦宪法是世界上第一部近代意义上的成文宪法。这部宪法使美国从一个松散的邦联转变为一个拥有统一中央政权机关的联邦,因而有利于维护独立战争的胜利成果,有利于促进美国资本主义的发展。宪法明确宣布在美国实行共和制,对于当时世界范围内占统治地位的封建专制制度是一次巨大冲击。宪法所确立的原则和政治制度,对美国的政治和经济的发展有促进作用,并对其他国家有借鉴意义。

但是,与《独立宣言》相比,1787年美国宪法不再强调人民主权和人民的权利,直至宪法通过后,才在人民的强烈反对和要求下,以宪法修正案的方式加以补充。1787年宪法背叛了《独立宣言》中"人人生而平等"的原则,确认了黑人奴隶制,表明了它的阶级局限性。

三、宪法修正案

(一) 宪法的修改

美国宪法规定的修改宪法的惟一形式是宪法修正案。宪法第5条就修正案的提出和批准作出规定:修正案应由国会两院各以2/3多数议员通过后提出,或由国会应2/3多数州议会的要求而召开的制宪会议提出,应由3/4多数的州议会或3/4多数的州制宪会议批准。

迄今为止,国会共通过28条宪法修正案。[①] 至1955年为止,完成批准程序,生效的有26条。其中反映阶级力量对比的变化,具有重大影响的是:关于公民权利的宪法前10条修正案,又称《权利法案》;南北战争后关于废除奴隶制、承认黑人选举权的第13条、第14条、第15条宪法修正案;20世纪后关于扩大选举权、男女享受平等权利的修正案。

宪法修正案是美国宪法的重要组成部分,代表了美国宪法制度的基本发展方向。

美国宪法除通过上述制定宪法修正案的方式修改外,在长期的宪法实践中还确认和发展了其他方式。如:可以通过最高法院解释

---

① 第27条修正案(关于男女平权)于1972年3月22日提交各州批准,至1982年6月终因未获得3/4州同意而成废案。第28条修正案(关于哥伦比亚特区的选举权)于1978年8月22日经国会提出,至今未获得多数州的批准。

宪法和审查法律,使宪法条文的含义得到修正、扩充或改变;国会立法对宪法的补充,总统、政党创立的宪法性惯例也是改变宪法的重要途径。

(二)《权利法案》

1787年美国宪法草案公布后,联邦议会将其交各州批准。由于宪法本文中根本没有公民权利和自由的规定,在批准宪法的过程中引起各州人民强烈不满。一些州的议会在人民的压力下提出要在宪法中增加公民权利的内容,作为批准宪法的条件。在这种情况下,1789年召开的第一届国会的第一次会议通过了宪法第1条至第10条修正案即《权利法案》。

《权利法案》的主要内容是:国会不得制定限制公民言论出版自由,或剥夺公民和平集会和请愿的权利的法案;公民的人身、住宅、文件和财产不受无理搜查和扣押的权利不得侵犯;无论何人不得因同一犯罪行为而两次遭受生命或身体的危害,不得在任何刑事案件中被迫自证其罪;未经正当法律程序,不得剥夺任何人的生命、自由或财产。

第三节 民 商 法

美国法和英国法一样,既没有"民法"的概念,也没有单独的"民法"部门。民法与商法没有严格区分,在法学著作中习惯上把民法和商法合称为私法。在传统上,美国法将属于民商法范畴的法律分作财产法、合同法、侵权法、继承法、婚姻家庭法、公司法、破产法等。

根据美国宪法的规定,民商法领域的立法权,由联邦和州分享;有关税收、通商、归化、破产、币制和度量衡、著作权和发明权的保护以及合众国已接受或购买的州领土范围内的一切事项的立法权由联邦国会行使,其他民商事问题的立法权由各州行使。

一、《统一商法典》

(一)《统一商法典》的制定

美国长期没有统一的商法,其概念和范围也不清楚。19世纪末,美国以统一法律为目的,兴起统一州法的运动。1892 年成立的全国统一各州立法委员会拟定的单行商事法规草案经全体会议通过后,建议各州采用。在商法方面,英国于 19 世纪后制定了一系列成文法,如 1882 年的《汇票法》、1893 年的《货物销售法》等。在此影响下,美国全国统一各州立法委员会起草公布了一系列单行商法草案,如:1896 年的《统一流通票据法》、1906 年的《统一买卖法》和《统一货栈收据法》、1909 年的《统一提单法》和《统一股票转让法》、1918 年的《统一附条件买卖法》、1933 年的《统一信托收据法》等。它们的体制大都仿效英国法,内容较旧,各州并未普遍采用。

为了现代商事实践的需要,改变各州商法混乱的局面,进一步协调和统一商事法律,1940 年,统一各州立法委员会主席施纳德(W. A. Schnader)建议,将过去的商事法规加以整理,编纂一部统一的商法典。此建议得到美国的现实主义法学家卢埃林(K. N. Llewellyn, 1892—1962 年)的支持。1952 年统一各州立法委员会和美国法学会共同制定了《统一商法典》。1957 年、1958 年和 1962 年相继发表了《统一商法典》的修正文本,推荐给各州。除路易斯安那州没有全部接受外,其他各州及首都哥伦比亚特区均基本采用。各州在采用时都作了或多或少的修改。经考察法典的执行情况后,法典常设编辑委员会又于 1972 年、1978 年推出修订文本。

(二)《统一商法典》的基本内容

《统一商法典》分为 10 篇:总则;买卖;商业票据;银行存款和收款;信用证;大宗转让;仓单、提单和其他所有权凭证;投资证券;担保交易、账债和动产契据的买卖;生效日期和废除效力。法典不是对美国商事法律的全面编纂;其内容主要涉及商品买卖和与之相关的担保、票据等,不包括破产公司、合伙、海商法,并且有关买卖的规定并不适用于不动产买卖。

法典总则宣布的法典的宗旨是:使调整商业交易的法律更加简洁、明确并适应现代的要求;使商业行为能够通过习惯、惯例和当事方协议不断获得发展;使各州调整商业交易的法律归于统一。

法典确认了美国商法的五项基本原则:商法应当合理并应承认商业习惯和惯例;奉行诚实信用原则;寻求简化商业交易方面的法律

规则;当事人在合理且不损害州利益的前提下可自由修正法典的规定;补救应被解释为使信守契约的受损害方能够恢复到原来状态。

法典强调保护消费者的权益;禁止订立违反公共政策或一方控制、压制另一方的不合理契约;规定对显失公平的契约,法院可以拒绝强制执行;在涉及州际和国际交易的问题方面,法典规定当事人可以选择适当的准据法。

(三)《统一商法典》的主要特点

《统一商法典》有力地促进了美国的商品流通,是美国统一州法运动迄今所取得的最高成就。法典的主要特点是:

1. 法典适用的对象与传统的商法典不同,传统商法所适用的对象只限于商人,而美国统一商法典中对商人概念的宽泛界定使得统一商法典既可适用于商人,也可适用于一般民事买卖行为。这既反映英美法民商合一的传统,也反映出当代民法商法化的倾向。

2. 法典的内容范围比传统商法要窄。法典以买卖为中心,只涉及动产交易,既无合伙的规定,又无海商、破产的规定。这是由于统一商法典属于州法律,根据联邦宪法关于立法权限的划分,海商和破产不属于州立法权限的范围之内。

3. 法典灵活实用,突破了普通法的许多传统原则,力求符合当代商事交易的要求,是以成文法改造普通法的成功范例。法典所规定的某些商事行为的法律原则已经成为国际上公认的准则。

二、公司法

按照美国1787年宪法的规定,有关公司的立法权属于各州,但联邦法律与公司法也有关系,这主要是指反托拉斯法和联邦证券交易法。

(一)历史沿革

北美殖民地时期,只有少数以营利为目的的公司在获得英王颁发的特许状后成立,如1606年的弗吉尼亚公司和1629年的马萨诸塞湾公司。后来,公司的股东演化为选民,每年投票选举的董事组成殖民政府的立法机关及行政执行机构。独立前,美国没有一般性的公司立法,公司的成立须经英王、英国议会或当地总督、议会的批准。

美国独立后，公司的成立最初须由州议会通过特别法案授予特许状。19世纪后，公司得到迅速发展，客观上要求简化公司成立的批准程序，由一般性法律规定公司成立的条件。1811年，纽约州颁布了一般性公司法，规定只要公司发起人签订了公司章程，向政府申请登记，政府就发给执照，准许成立。其他各州纷纷仿效。

由于对公司的管辖权属于各州，所以公司创办人首先要选择公司在哪一个州注册，并向该州的州务卿提交申请和公司章程等文件。以各州公司法中最具典型意义的特拉华《公司法》(1899年)为例，公司章程规定的事项有公司名称、公司所在地址、经营业务的性质、批准发行的股份数额、公司准备开业的资本总额、创办人的姓名及住所、公司的营业时限。特拉华州的公司法允许依该州公司法成立的公司在其他州营业，为设立公司提供了更自由和便利的条件，所以许多公司涌入该州注册登记，这种状况久盛不衰，延续至今。纽约股票交易所上市出售有价证券的公司中，有近一半的公司是在特拉华州登记的。这个公司法后来经过几次修改，对其他州的公司法产生了重要影响。

20世纪以来，联邦政府加强了公司立法，其中重要的有1933年的《证券法》和1934年的《证券交易法》。1928年，美国统一州法全国委员会起草并推出《统一公司法》，得到一些州的采用。1950年，美国全国律师协会公司法委员会制定《标准公司法》，经多次修改，已为大多数州采用。

(二) 公司法的基本内容

1. 公司的基本特征。根据《标准公司法》的规定，公司的基本特征是：它是从事经营活动的资合公司；以自己的名义享受权利并承担义务；只能以公司的财产偿付其债务，而其股东并不承担公司债务；公司的股份可以自由转让，所以公司的存在不取决于特定股东的存续；代理权和业务执行权集中于董事会。

2. 公司的管理。《标准公司法》规定，股东、董事会和公司的执行机构参加公司的管理。股东是取得公司股份、作为公司成员的出资人，按拥有的股份数额享有权利、承担义务。股东大会是公司的最高权力机关。其主要权力是任命或解除董事，决定公司重大事宜，如章程的变更、资本的筹集、公司的解散及清算等。董事会至少由3名董事组成,全面负责公司的业务执行和代理。为了保障中、小股东的利益,采取比例投票制的选举方法选举董事,每一股份的表决票数与应选董事的人数相同。董事有权为了公司的利益提起诉讼。

3. 公司的解散。《标准公司法》规定,公司的解散有强制解散和自愿解散两种情况。前者是在检察官提出公司有违法行为,或无力偿还债务而由债权人向破产法院提出申请,或股东利用派生诉讼权提出诉讼的情况下,由法院裁决公司解散。后者是依据股东的自愿,结束公司业务。公司解散后,法人资格即告终止,公司的权力由接管和清算公司资产的受托人行使,公司资产按法定程序进行清算。

(三) 20世纪美国公司法的特点

1. 美国公司一般是指有限责任公司。凡股东负无限责任的属于合伙,法律不承认其为公司。

2. 封闭公司和开放公司的划分。美国公司法按公司股票掌握的对象,将公司分为封闭公司和开放公司。封闭公司的股票全部或几乎全部由建立该公司的少数人占有,股票不上市、转让或公开出售。封闭公司股东的最低法定人数为2人,总数限制在50人以下;开放公司的股东人数最低不得少于7人,没有对最高人数的限制。

3. 政府加强了对公司的控制。20世纪后,联邦政府加强了对公司的控制与管理,除制定与公司有关的法律外,还在统一各州公司立法方面有重大进展。

三、破产法

19世纪中期以前,美国曾分别于1800年和1841年颁布过两部联邦破产法,但都在实施后不久即被废止。当时,各州所实行的也都是一些有关无力清偿债务、延缓执行方面的法律,几乎没有关于企业破产的法律。

19世纪末,美国连续遭受金融危机的打击,许多大公司的债务得不到清偿,资金不能良性运转。这既直接损害债权人的利益,也使负债公司被强制性地拍卖财产或宣布停业,最终危及社会安定。1898年1月,美国国会通过《联邦破产法》,该法的目的是在全国建立起一个统一的破产制度。该法规定:任何一个欠有债务的人,都有自愿破产的权利;对主要从事农业种植的人和工薪阶层不能强制其破产;破产企业的工人和职员可优先获得破产前3个月或300美元以内的工资作为补偿。这部破产法的颁布实施,奠定了美国现代破产法的基础。

1978年,国会对《联邦破产法》进行修改,颁布了《破产改革法》。随后分别于1984年、1986年对该法两次进行修订。第一次修订的主要内容是界定破产法官与联邦地方法官的管辖权;第二次修订增设了联邦信托人和家庭农场破产法。此外,国会于1988年和1990年分别通过了有关专利及知识产权破产事项的修正案和个人债务的债务解脱修正案。

《破产改革法》规定的破产程序分为直接破产程序和协商改组程序两种。直接破产程序由债权人或债务人向法院提出申请,依法宣布债务人破产并对其财产进行清算。协商改组程序是由债权人和债务人双方签订协商改组协议,改变债务人企业的经营机构,暂缓清偿债务,在继续经营一段时间后,若债务人仍无力偿债,可转为直接破产程序。这一规定的目的是在维护债权人利益的前提下,给债务人一个通过对企业的调整或重组获得新生的机会。

第四节 反托拉斯法和社会立法

一、反托拉斯法

美国是世界上第一个制定反垄断法的国家,资产阶级经济理论认为,自由竞争是促进经济发展的最有效的方法。19世纪下半叶,垄断已成为美国经济生活中的突出现象。托拉斯组织凭借其强大的经济实力,控制市场,规定市场价格,划分经营范围和销售地位,排挤和打击竞争者,损害中小企业及广大消费者的利益,严重影响了自由经济的顺利发展,也与自由贸易、公平竞争观念形成冲突。面对这种状况,一方面,美国各州的立法不能有效地制止州际的或对外贸易上的垄断行为和不公平行为;另一方面,根据原有的普通法规范,法院对上述现象也缺乏有力的制裁措施,而遍及各州的反托拉斯运动则空前高涨。正是在这样的背景下,反托拉斯法应运而生。美国反托拉斯法主要是联邦立法,其立法依据是联邦宪法关于授予联邦管理州际商业和对外贸易权力的条款。联邦反托拉斯法主要有三部:

(一)《谢尔曼反托拉斯法》

美国第一部反托拉斯法是1890年国会制定的《谢尔曼反托拉斯法》。该法因参议员约翰·谢尔曼(1823—1900年)提出而得名,其正式名称为《保护贸易及商业免受非法限制及垄断法》。《谢尔曼反托拉斯法》是美国反托拉斯法中最基本的一部法律,全文共8条,其主要内容规定在第1条和第2条中。第1条规定:以托拉斯或任何类似形式限制州际贸易或对外贸易者均属非法,违者处以5000美元以下罚金,或1年以下监禁,或二者兼科。第2条规定:凡垄断或企图垄断,或与其他任何人联合或勾结,以垄断州际或对外贸易与商业的任何部分者,均作为刑事犯罪,一经确定,处罚与第1条相同。

《谢尔曼反托拉斯法》是美国历史上政府全面控制经济的首次尝试,因而向法院提出了严峻挑战。首先,该法涉及大量的经济分析,其精密性要求远超过其他方面的案件;其次,该法所涉及的是庞大的公司、复杂的工业结构和广泛的商业活动,其档案材料浩如烟海;再次,该法本身措词笼统,如"贸易"、"联合"、"限制"等词义不确切,给司法解释带来难度。《谢尔曼反托拉斯法》颁布后遭到大资本家的激烈反对,执行不力。1895年联邦最高法院在"美国诉奈特公司"案的判决中宣布,制造业中的托拉斯并不从事商业,不属于联邦管理州际商业的权力范围,因而不适用《谢尔曼反托拉斯法》。1911年联邦最高法院又在"美孚石油公司诉美国"案的判决中裁定,限制商业的活动是否非法,取决于这种限制活动是否"合理地进行"。至于哪些垄断行为"合理",哪些"不合理",则成为法院自由裁量的问题了。《谢尔曼反托拉斯法》还常常被法院用于反对工会组织,镇压工人罢工运动。工会不断被法院宣布为"特种托拉斯",是垄断组织;工会组织的罢工活动是"妨碍贸易的行为",是非法行为。仅1890年至1897年间,联邦最高法院就根据《谢尔曼反托拉斯法》做出过12项不利于工会的判决。

(二)《克莱顿反托拉斯法》

1914年,美国国会制定了第二部重要的反托拉斯法,作为对《谢尔曼反托拉斯法》的补充。该法是由众议员克莱顿提出的,因此被称作《克莱顿反托拉斯法》。该法规定以下行为属于非法行为:(1)"可能在实质上削弱竞争或趋向于建立垄断"的商业活动;(2)价格歧视,即同一种商品以不同价格卖给不同买主,从而排挤竞争对手的行为;(3)搭卖合同,即厂商在供应一种主要货物时坚持要买方必须同时购买搭卖品的行为;(4)在竞争性厂商之间建立连锁董事会,即几家从事州际商业的公司互任董事的行为;(5)在能够导致削弱竞争后果的情况下购买和控制其他厂商的股票。

(三)《联邦贸易委员会法》

1914年,美国国会还制定了《联邦贸易委员会法》。该法规定设立联邦贸易委员会,负责执行各项反托拉斯法律。其职责范围包括:搜集和编纂情报资料、对商业组织和商业活动发布命令以阻止不公平竞争。

以上几项法律至今仍是美国反垄断、管理州际贸易和对外贸易的主要法律。1936年国会又通过了《罗伯逊—帕特曼法》,对《克莱顿法》的若干规定加以修正;1938年制定了《惠勒—利法》,1950年又制定了《塞勒—凯弗维尔法》,分别对《联邦贸易委员会法》的第5条和第7条加以修正,1980年的《反托拉斯诉讼程序改进法》又对其第7条做出更严格的修改。

二、社会立法

美国的社会立法起步较晚,现有的社会立法多是20世纪30年代以后制定的。

(一)劳工关系法

关于劳工关系的立法主要涉及工人劳动福利方面的立法(如工人的工时、工资标准、保护童工和女工、工伤事故、职业培训等)和有关劳资关系的立法。

1. 关于工人劳动福利方面的立法

美国在19世纪前半期,联邦没有统一的劳动立法。只有少数州制定了限制童工工作时间的法律,如马萨诸塞州于1942年通过了第一部童工法,规定制造业12岁以下童工每日只准工作10小时,其他如康涅狄格、宾夕法尼亚、俄亥俄等州也先后制定了类似的限制童工和女工工作时间的法律。联邦有关工人工作时间的立法直到19世纪末20世纪初才开始制定的。1912年马萨诸塞州率先通过了关于最低工资的法案,各州纷纷效仿,到1945年为止,已有26个州制定了最低工资的法律。联邦也在1936年的《全国产业复兴法》中规定了最低工资标准。但是,这些涉及工人劳动福利方面的法律受到法院的强烈抵制,联邦最高法院总是站在资本家的立场上,为私有财产神圣不可侵犯的资产阶级法制原则作辩护,一再宣布这些法律违宪。如,1905年的"洛克纳诉纽约州案[①]"就是这方面的典型案例。

1938年,美国国会通过《公平劳动标准法》对工人的工资与工时标准做出专门规定。二战以后,随着工业生产的发展,经济周期的变动和工人运动的起伏,国会对原有的联邦劳动立法作了多次修改,并通过许多新的法律。1942年政府颁布法令,规定建立带薪休假制度和改善居住条件等。20世纪60年代后,美国施行促进就业和加强培训的政策措施。1962年通过《人力开发培训法》规定,由联邦拨款举办就业培训和在职培训;1964年通过《经济机会法》对开发人力资源作出规定;1971年的《紧急就业法》规定,由联邦拨款给地方政府,用于安置失业人员从事公益劳动。1973年国会通过《综合就业与培训法》将以上法律修改合并,成为开发人力资源的综合性法规。

2. 有关劳资关系的立法

20世纪30年代,随着经济危机的日益严重,工人运动高涨。1932年,国会通过《诺里斯—瓜迪亚法》。这是美国联邦立法史上第一部调整劳资关系的法律。该法给予工会代表工人签订集体合同的权利,禁止法院对工会使用反托拉斯法。

1935年国会通过《国家劳工关系法》,又称《华格纳法》。该法规

[①] Lochner v. New York(1905,198,U.S.45)案情:一项纽约法令规定,禁止雇佣任何人每周在面包房或糖果店工作60小时以上。美国最高法院认为这项法令是违宪的,侵犯了个人签订合同的权利,而这项权利是宪法第14条修正案保障的个人自由的一部分。参见《牛津法律大辞典》,光明日报出版社1988年版,第561页。

定,雇工有"组织、成立、参加或支持劳工组织,通过他们自己选出的代表进行集体谈判,以及为了集体谈判或其他互助或保护的目的而进行一致行动的权利",即承认工人有组织工会、进行集体谈判和举行罢工的权利。该法禁止雇主操纵或干涉劳工组织、歧视工会会员和工人、拒绝同工人选举的代表进行集体谈判。该法规定成立国家劳工关系局,作为执行该法律的政府机构,有权处理劳资纠纷,有权就雇主侵犯工会权利的行为向雇主发出禁令,由法院强制执行。《华格纳法》通过后,立即遭到资产阶级保守势力的反对。第二次世界大战以后,垄断资本集团在国会掀起了修改劳工立法的大规模活动,成为战后美国政治上出现的反共反人民逆流的一部分。

1947年国会通过《塔夫脱—哈特莱法》。这是一项以限制和镇压工人罢工为主要内容的反劳工法律,其主要内容有以下几点:

(1) 禁止同业工人举行全国性的集体谈判,工人进行集体谈判的代表范围限制在50英里以内。

(2) 同一行业中两个工厂的工人不得同时谈判罢工,禁止以同情罢工彼此支援。任何罢工必须有60天静候调查的"冷却时期",以待政府的调查和仲裁。

(3) 禁止工会进行纠察和"一切非法的联合"。

(4) 在"危害国家安全"时,总统有权指令司法部长要求法院发布在80天内禁止罢工的禁令。

(5) 禁止工会与厂主订立只许雇佣工会会员的合同,禁止工会要求同厂的工人加入同一工会组织。

(6) 工会不得以自己的基金作政治活动之用。

(7) 禁止共产党员或共产党的同情者在工会中工作,工会要具结保证在自己的组织中没有共产党员。

《塔夫脱—哈特莱法》颁布后,在最初的13个月中,国家劳工关系局就发布了29起针对工会的禁令,取消了50个进步工会的许可证。从1956年底到1957年初,有22名工会领袖以与共产党"共谋"的罪名被提起公诉。这项法律自通过后,立即受到广大劳工界和进步人士的强烈反对,被称之为"奴隶劳动法"。从1948年到1974年,国会对该法进行了近10次修订,撤销了若干过分露骨反动的条款。

如1959年撤销了工会负责人必须呈交非共宣誓书和关于同盟罢工等联合行动为非法的规定。1959年,国会又制定《工会管理报告与揭露法》,禁止共产党员以及脱离共产党不满5年的人担任工会职务。这项规定直到1965年才被最高法院在"美国诉布朗"案的判决中宣布为违宪无效。

美国关于行政部门及政府官员和雇员的法律规定,禁止国家公务人员罢工,参加罢工的国家公务人员应"立即予以解雇,剥夺其国家公务人员身份,并在3年内不得在任何国家机关中复任公职"。1982年,美国发生各地机场塔台指挥人员大罢工,当局即依据此规定,将1300名参加罢工的国家雇员解雇。

(二) 社会福利法

第一次世界大战后,美国制定了一些有关社会福利的立法。社会福利法的适用委托给联邦和各州的专门的行政机构,诉讼由普通法院受理。

1935年,国会通过了被富兰克林·罗斯福总统称道为"新政"的"最高成就"的《社会保障法》,在美国历史上第一次建立了联邦的社会保障体系。该法也是历史上第一部正式以"社会保障"命名的法典。其主要内容包括:联邦政府资助各州对贫困老人、孤苦儿童和盲人提供救济,帮助残废者得到职业,对保健机构实行补助,对退休职工提供养老金,对失业工人提供救济费等。总之,该法由老年社会保险、盲人和残废者补助、老年补助、未成年补助和失业社会保险五大项目构成了补助劳动者生活的"生活安全网络"。

第二次世界大战后,1935年的《社会保障法》经过多次修改和补充,于1957年增加了"残疾人福利计划"(此前于1939年增加了"遗嘱抚恤计划"),1966年增加了65岁以上老人"医疗保险",从而进一步扩大了社会福利的适用范围,成为美国实行"福利国家"政策的重要内容。

第五节　刑　　法

美国刑法在19世纪以前主要援用英国普通法。19世纪以后,美国联邦国会和各州的议会都制定了单行刑事法律,并对英国传统的普通法刑法原则进行了修正,从而使刑法体系日益完善。

一、刑法的渊源

(一) 联邦宪法

按照联邦宪法的规定,在刑事立法方面,联邦国会享有宪法明文列举的立法权,包括:制定关于伪造合众国证券和流通货币的惩罚规则;规定和惩罚在公海中所犯的海盗罪与重罪及违反国际公法之罪;宣告和惩罚叛国罪;通过剥夺公权的法案、追溯既往的法律或损害契约义务的法律等。除宪法列举属于联邦立法范围以外的一切刑事立法权,凡宪法不禁止州行使的,均由各州议会行使。

联邦宪法直接规定了"叛国罪"的构成要件和审判程序。宪法第3条第3款规定:"背叛合众国的叛国罪,只限于发动反对合众国的战争,或者依附合众国的敌人,给敌人援助。无论任何人,非经该案证人2人证明或经其本人在公开法庭供认,不得受叛国罪的裁判。"联邦宪法规定的叛国罪以及同叛国罪相关的犯罪的司法管辖权属于联邦法院。

联邦宪法还规定了对特殊犯罪主体的"弹劾程序"。宪法第2条第4款规定:"总统、副总统及合众国文官,受叛国罪、贿赂罪或其他重罪与轻罪的弹劾和定罪时,应受免职处分。"对于总统和副总统的弹劾,要求众议院提出弹劾议案,由参议院在联邦最高法院首席法官主持下进行事实和法律的审判,对弹劾案做出判决。

(二) 普通法

在司法实践中,联邦法院以判例形式吸收和运用普通法制度。19世纪后许多州都制定成文法,有些州通过制定法对普通法上的某些罪加以规定,使制定法成为刑法的主要形式;有些州则仍保留了较多的普通法传统。

(三) 联邦刑事立法

除了宪法列举的立法权范围以外,联邦国会还利用"默示权",通过宪法规定的商务条款、征税权、战争权、公民权利和管理邮政的权力等,制定了大量的联邦刑事法规。最早的联邦刑事立法始于1790

年的《治罪法》，该法包括叛国罪、海盗罪、伪造罪、伪证罪、贿赂罪、公海上谋杀和其他犯罪、违反国际公法的犯罪。此后，在联邦制定单行刑事法规日益增多的情况下，美国对单行刑事法规进行了整理和编纂。1877年制定的《联邦修正法律》是第一部刑法典形式的法律，该法删除了一些过时和相互矛盾的法律规范，第一次给谋杀和过失杀人罪下了定义，区分了重罪和轻罪的刑罚，并增加了妨害选举和公权罪这一新的罪名。这是南北战争后消灭了奴隶制，黑人获得解放、取得选举权在法律上的反映。1909年，国会通过了《编纂、修正、改订联邦刑事法规的法律》，其适用范围较之1877年的法律广泛，增加了妨害国际贸易和州际贸易罪与妨害邮政罪。1948年，美国将联邦刑事法规进一步整理和编纂，编成《美国法典》第18篇，即"犯罪与刑事诉讼"篇。自1948年后，该篇经过数百次修改，是美国现行有效的联邦刑法典。

20世纪50年代以来，美国开始了刑法改革运动，目的是制定一部真正的刑法典。1962年，美国法学会提出《标准刑法典》，为联邦和州刑法的修改和制定提供范本。此后，多数州以《标准刑法典》为蓝本制定了刑法典。1966年，美国国会建立"蓝本刑法改革全国委员会"，于1971年提出《联邦刑法典(草案)》，但法典的批准遇到了巨大困难，至今仍未正式颁布。

(四) 州的刑事立法

美国的刑事立法权主要在各州，这是因为宪法规定，除联邦享有的立法权外，一切立法权均由各州行使。从19世纪起，多数州的立法机关制定了刑事法规，其中许多法规是普通法的法典化。如1820年制定的路易斯安那州刑法典，1865年制定的纽约州刑法典。各州的刑事立法有两种情况：一种是将全部罪都规定在所制定的刑法典中，刑事控告完全根据刑法典进行，法官不能通过判例创造新的罪名；另一种是将部分罪规定在制定法中，对其他犯罪的控告仍然依据普通法。

二、刑法的基本特点

(一) 刑法渊源具有多样性

美国是典型的联邦国家,法律体系复杂,除联邦的法律体系外,还有50个州和哥伦比亚特区(首都华盛顿市)的法律体系。每个法律体系都有制定法和普通法组成的刑事法律制度。制定法中,除联邦和各州立法机关制定的刑事法律外,还有行政机关制定的含有刑罚规范的法律文件,如行政条例、城市法令、地方法规等。普通法除判例外,还包括权威性法学著作中所阐述的普通法原理。

(二) 犯罪分为重罪和轻罪两种,各类罪又分不同等级

美国联邦刑法典和各州刑法典一般将犯罪分为重罪和轻罪两类。重罪指判处死刑或1年以上监禁的犯罪,包括谋杀、强奸、抢劫、严重行凶、侵入住宅、偷窃、偷窃汽车。轻罪指被判处罚金或1年以下监禁的犯罪,包括少量金额的偷窃、情节不严重的行凶、非法使用车辆等。有些州的刑法典除规定重罪、轻罪外,还附加了微罪、违警罪。

美国刑法不仅根据罪行的不同严重程度分为重罪、轻罪、微罪、违警罪这样的"等",还将各类罪分为不同的"级",以使法官在判刑时便于掌握标准。如1962年的《标准刑法典》规定重罪分为3级,伊利诺州刑法典规定重罪分为4级。

(三) 刑罚有死刑、监禁、缓刑和罚金等

1. 死刑。死刑的存废长期存在争议。美国联邦在1967年废除死刑,1977年为有利于打击犯罪又恢复了死刑。各州在刑罚制度上轻重悬殊,有的州废除了死刑,有的州则保留了死刑。死刑的执行方法有电椅、煤气窒息、绞首、枪决、注射剧毒药品等。

2. 监禁刑。各州所适用的监禁刑大体可分为不确定刑期、确定刑期和强制刑期三种。不确定刑期指规定刑期的最低限和最高限,在此期间如果犯人表现好,可以减刑或假释。确定刑期指刑期是固定的,亦可因犯人表现好而减刑或假释。强制刑指法典明确规定必须判处规定刑期,法官无权改动。

3. 刑期幅度大,给予法官以广泛自由裁量的余地。如伊利诺州

《犯罪法》规定,特级重罪的刑期是 6 年至 30 年。

4. 数罪并罚,采用相加原则,因此刑期可高达数百年。

此外,受社会法学派的影响,美国刑法加强了对犯罪的预防,加重了对累犯的惩罚,广泛适用"保护观察"措施。

第六节 司法制度

一、美国联邦最高法院的司法审查权

"司法审查"是西方国家通过司法程序,审查和裁决立法和行政是否违宪的一种基本司法制度。这种制度在第二次世界大战以前主要实行于美国,其后为世界上 120 多个国家所采用。

美国联邦最高法院的司法审查权,指美国联邦最高法院有权通过审理有关案件解释宪法,审查联邦和州立法机关颁布的法律,审查联邦和州采取的行政措施,宣布违反联邦宪法的法律和行政措施为无效。它是美国司法制度中最有特色的一项权力。

（一）美国联邦最高法院司法审查权的起源

美国由最高法院负责违宪审查,并不是出自宪法的规定,而是司法实践的结果。它的政治理论基础是三权分立原则。1803 年的"马布里诉麦迪逊"案的裁决是美国联邦最高法院运用司法审查权的首次实践。在世界范围内,该案例开创了违宪审查的先河。

"马布里诉麦迪逊"案发生在 1801 年,当时美国的党派竞争激烈。在 1800 年底举行的总统大选中,联邦党人约翰·亚当斯未获连任,民主共和党的候选人托马斯·杰斐逊当选为总统。联邦党人为了改变厄运,使其能控制司法机构,以牵制立法和行政,在总统权力交接之前,利用亚当斯手中的总统权力,对司法机构进行了重大调整。亚当斯改任国务卿约翰·马歇尔为联邦最高法院的首席法官,并迅速任命了一批联邦党人担任联邦法官。由于行事匆忙,有些新任命的联邦法官在得到国会批准但尚未得到正式委任状的情况下,亚当斯的职务就被杰斐逊取代了。马布里就是未接到委任状的新任命的哥伦比亚特区的法官之一。杰斐逊上台后,指使新任国务卿麦迪逊拒

不颁发对马布里等人的委任状,以削弱联邦党人对司法权的控制。马布里向联邦最高法院提出申诉,要求根据1789年的《司法条例》第13条的规定发布执行命令,强制麦迪逊交出委任状。马歇尔在宣布最高法院的裁决时提出:联邦宪法在规定最高法院的管辖权方面,并未把向行政官员颁布命令状包括在内。因此,问题的关键在于最高法院究竟应当遵从联邦宪法,还是遵从1789年的《司法条例》?马歇尔指出:"极为明显而不容置疑的一个结论是:宪法取缔一切与之相抵触的法案"。而判定何者符合宪法,当然属于司法部门的权限和职责。他宣布:由于1789年国会制定的《司法条例》第13条的规定超出了联邦宪法关于最高法院司法管辖权的规定,因而是违宪无效的。

"马布里诉麦迪逊"案所确立的司法审查的宪法原则是:宪法是最高法律,一切其他法律不得与宪法相抵触;联邦最高法院在审理案件时,有权裁定所涉及的法律或法律的某项规定是否违反宪法;经法院裁定违宪的法律或法律规定不再具有法律效力。根据这一案件所确立的上述原则,美国联邦最高法院有权通过审理有关案件,解释宪法并宣布违反联邦宪法的法律或行政措施违宪。某项法律一经宣布违宪,下级法院便不能再援用。联邦最高法院在行使司法审查权时遵循的一项重要原则是:"政治问题予以回避",司法审查权的行使限于司法问题而不涉及政治问题。联邦最高法院自取自封"司法审查"权,使它在美国历史上,以至于今,都具有举足轻重的地位。到20世纪70年代,被最高法院宣布违宪无效的联邦法律有102件,州法律有数百件。

(二)美国联邦最高法院司法审查权的作用

司法审查权在美国政治制度发展史上发挥着重要作用,它使刚性的联邦宪法经最高法院的解释而富有适应性,提高了宪法在社会生活中的影响和作用。其主要表现是:

1. 联邦最高法院的司法审查权使司法部门有权制约立法和行政部门,是实现"分权制衡"宪法原则的有力手段。

2. 联邦最高法院利用司法审查权,通过对一系列重大案件的判决,调整了联邦中央与州的分权关系,扩大了联邦权力,限制了州权,确立了联邦中央在宪法明确规定的权限内至高无上的国家主权原则,维护了宪法的最高权威。

3. 联邦最高法院在不同历史时期,根据国际、国内形势的演变,阶级力量对比的变化以及经济发展的状况,灵活地解释宪法,以维护统治阶级的政治、经济利益。经常被联邦最高法院用来作为司法审查依据的宪法条款主要有:"法律的正当程序"条款,"贸易"条款、"平等保护"条款等,最高法院在不同时期根据需要赋予它们以新的解释。

二、法院组织

美国设有两套法院组织:一套是联邦法院组织;一套是州法院组织。

(一)联邦法院组织系统

联邦宪法第3条规定,合众国的司法权属于最高法院及随时设立的低级法院。1789年,美国第一届国会颁布的《司法条例》经过多次修改,基本部分至今有效。它规定美国联邦法院系统包括:联邦最高法院、联邦上诉法院、联邦地区法院和联邦专门法院。

1. 联邦最高法院。联邦最高法院成立于1790年,最初由首席法官1人和法官5人组成,后来法官人数几经变动,至1869年国会以法令规定由首席法官1人和法官8人组成,至今未变。最高法院法官由总统提名并经参议院同意后任命,可终身任职,除因"行为不当"受到国会弹劾外,不得免职。最高法院审理涉外案件和以州为当事人的初审案件,以及不服州法院裁决又涉及到联邦法律问题的上诉案件。此外,最高法院还审理对联邦上诉法院或州最高法院判决不服,经过特别申请,最高法院法官投票表决获准,以最高法院调卷令的形式移送的案件。最高法院首席法官主持开庭,担负行政职责,他对法院的审判活动有重大影响。从1882年起,最高法院的判决被编成《美国判例汇编》,对全国一切法院均有约束力。

2. 联邦上诉法院。联邦上诉法院亦称巡回上诉法院,成立于1869年。全美50个州分为10个巡回区,哥伦比亚特区作为一个巡回区,每一巡回区设立1个上诉法院,共11个上诉法院。法院设法官3人至15人,开庭审理案件的法官一般为3人,要案、难案由全体法官参加审理。上诉法院只有上诉管辖权,负责受理不服本巡回区地区法院判决和联邦某些管理机构裁决的上诉案件。一般来说,上诉法院的判决为终审判决。

3. 联邦地区法院。联邦地区法院是联邦法院系统的基层法院,在各州设立1至4个不等,全美共有90多个。每个法院的法官从1名至27名不等,全国共有400多名地区法院法官。地区法院对于联邦司法管辖权限内的案件具有初审管辖权。重大案件要有3名法官审理,一般只由1名法官独自开庭审理。地区法院是联邦法院系统中惟一实行陪审制的法院。

4. 联邦专门法院。除上述联邦普通法院外,美国联邦法院还另有专门法院。主要有联邦权利申诉法院、关税和专利上诉法院、税务法院、军事上诉法院。某些联邦行政上的独立管理机构也具有部分司法权,可以就它职权范围内的争议做出裁决,如联邦贸易委员会、全国劳工关系局等。

(二) 州法院组织系统

美国的州法院组织系统极不统一,各州的各级法院的名称、组成、管辖权均不一致。

州的最高一级法院一般称作州最高法院,只审理上诉案件,并且有权通过审理具体案件宣布州的立法是否违反州宪法。州的最高法院配置法官5人至9人,其中包括首席法官1人。法官多由选举产生,有的州则由州长任命、州参议院批准。各州对法官的任期规定不一,多数州为6年至10年。

州的正式的初审法院是地区法院,或称郡法院、巡回法院或高级法院。它负责一般民、刑事案件的初审,也处理治安法院的上诉案件。法官定期巡回,开庭时由1名法官主持,陪审团参加案件的审理。州地区法院对于认定事实的判决,即为终审;但不服关于法律问题的判决,则可上诉。

州的基层法院一般是治安法院,设于农村或市镇。法官多由民选产生,任期2年。治安法院只能处理一般民、刑事案件的预审,以决定是否送交上级法院审理。在市区,这种法院由各种市法院、警察法院、公证法院、青少年法院等代替。

(三）联邦和州法院的司法管辖权

联邦和州法院在管辖权上没有从属关系,两套法院相互平行、独立,但两者之间又有联系。

1. 联邦法院的管辖范围

根据宪法第3条第2款的规定,联邦司法管辖的范围依案件的性质可分为两类:其一是发生在联邦宪法、法律以及美国与其他国家缔结的条约上的涉及普通法和衡平法的案件;其二是关于海上法律及海上管辖权的案件。联邦司法管辖权的范围,依当事人的身份可分为七类:其一是一切有关大使、公使及领事的案件;其二是合众国为当事人一方的诉讼;其三是州与州之间的诉讼;其四是州与另一州公民之间的诉讼;其五是一州公民与另一州公民之间的诉讼;其六是同一州公民之间为不同州所让与土地而争执的诉讼;其七是一州或其公民与外国政府、公民或其属民之间的诉讼。

由于对一州受理他州公民或外国公民或属民控诉的案件的管辖权的宪法规定存在争议,1798年美国国会通过第11条宪法修正案,规定他州公民、外国公民或外国属民对美国某一州起诉的任何普通法或衡平法的案件,不得由联邦法院受理。据此,一州公民控诉另一州的案件,只能首先在州法院起诉,联邦最高法院对此类案件只有上诉管辖权。以宪法修正案的形式约束联邦司法权,在美国宪法史上仅此一例。

一般来说,发生在联邦法律下的刑事案件,以联邦为当事人的争讼、州与州之间的争讼、州与外国间的争讼,在联邦法律下发生的价值超过1万美元的诉讼,由联邦法院管辖。其他案件,国会允许各州法院有共同管辖权,可由当事人自由选择向何种法院起诉。

2. 州法院的管辖范围

美国宪法第10条修正案规定:"举凡宪法未授予合众国政府行使,而又不禁止各州行使的各种权力,均保留给各州政府或人民行使之。"这一"保留条款"是划分联邦与州的权力,包括司法权的基本原则之一。凡宪法未规定属于联邦法院管辖又未禁止各州管辖的案件,皆由州法院管辖。所以,州的司法权较为广泛。由州法院审理的案件约占全国案件的9/10。

州司法权所包括的案件大多不涉及联邦问题,主要有:关于普通法上的案件,涉及州宪法、州法律、法令的案件,发生于地方政府颁行的特许状和命令上的案件,一州与本州公民之间的争执案件。联邦政府还准许州法院享有对归化、签发护照及破产事宜的管理权。

【思考题】
1. 什么是美国的"权利法案"?
2. 美国制定了哪些反托拉斯法?主要内容是什么?
3. 1787年美国宪法是如何体现分权制衡原则的?
4. 什么是司法审查权?它是如何形成的?
5. 综述美国法与英国法的异同。

第十一章 法 国 法

法国封建法是西欧封建法的典型,大革命以后建立的近代资产阶级法律制度是大陆法系形成和发展过程中的一个里程碑。其六法体系以及该体系内的各部著名法典在世界各地有着广泛的影响。法国有发达的行政法,且行政法具有判例法的性质。

第一节 法国法的形成和演变

一、法国封建法律制度

法兰西王国的封建法始于 9 世纪中叶。公元 843 年,法兰克王国查理曼皇帝的后裔罗泰尔、路易和查理为争持王室领地和王位,签订了"凡尔登条约",条约规定法兰克王国分裂为三个部分,此后不久西部法兰克王国演变为法兰西王国。自 9 世纪至 18 世纪资产阶级大革命,法国先后经历了封建割据、等级代表制君主制和君主专政三个历史时期,每个时期的法律制度在同时期的欧洲各国都具有相当的典型性。

法国封建法律制度的一个重要特征是国家法制很不统一,这一特征贯穿于法国封建社会的始终。在法国南部原高卢罗马人聚居的地方,一直保留着一些罗马帝国时期的商业城市。随着 11、12 世纪西欧中世纪城市兴起,这里成为法国乃至西欧的商业贸易中心。商人们需要适应商品经济的法律规范,罗马法为他们提供了现成的法律武器,因而罗马法成为南部主要适用的法律。而在法国东部、北部日耳曼人口稠密的地区,日耳曼法则是适用的主要法律。最初,日耳曼法是不成文、分散和不系统的,13 世纪以后,经过私人或官方的整理、编纂，形成了日耳曼习惯法汇编，如《诺曼底习惯集》、《波瓦西习惯集》、《奥尔良习惯汇编》、《巴黎习惯汇编》和《布列塔尼习惯汇编》等，这些习惯法汇编是法国封建社会晚期适用日耳曼法的主要依据。

除罗马法、日耳曼法外，法国封建法的主要表现形式还有基督教会法、王室法院判例、皇帝敕令、王室法律法令等。

基督教会法主要调整教会与世俗政权之间的关系，世俗居民中有关婚姻、家庭、继承等方面的法律关系，同时管辖教会事务、审判神职人员等，由于长时期的民族杂居以及历代国王起用罗马法学家担任王室法院法官、编纂法典，而这些法学家又多是基督教僧侣，所以，法国封建社会后期，罗马法、日耳曼法和基督教会法在很大程度上已经相互融合，彼此之间都汲取了对方的很多因素。

王室法院正式形成于14世纪菲利浦四世在位时期，13世纪中叶路易九世时已有其萌芽形态，当时路易九世为了抑制大封建领主的司法权，常常不定期地召集法学家到宫廷来参与审判案件。1260年路易九世颁布敕令，规定对地方领主法院审判的案件可以上诉到王室。王室法院正式建立后，其判决对地方法院有约束力，这样，王室法院的判例在一定意义上说就相当于国家的"普通法"。

大革命前法国法的渊源还包括国王敕令和王室立法。法国于16世纪初建立了君主专制政体，国王集立法、司法与行政大权于一身，"朕即国家"，君主的话即为法律，在这种体制下，国王敕令在法律体系中占有重要地位。为了加强中央集权，王室立法的数量和涉及的部门法也越来越多。大革命前已颁布了民事诉讼法令(1667年)，刑事诉讼法令(1670年)、海商法典(1681年)等。尽管王室法院的判例、王室法律法令出自王室中央，但仍未能从根本上改变法制不统一的局面。

法国封建法的另外一些特点是致力于维护封建等级制，维护土地分封制，不动产的长子继承制，刑事法律制度野蛮专横等。

法国封建法律制度在大革命后得到全面改造，并被资产阶级近代法所取代。但是它的一些制度和传统对以后的法国法律制度仍有相当的影响。

二、大革命时期资产阶级法律制度的初建

始于大革命的近代法国法律制度是法国法律史中最重要的组成部分,也是世界法律史上最具影响的部分之一。大革命时期的法律制度则是它的一个主要渊源。

1789年法国大革命是一场彻底的资产阶级革命。这场革命在农民、手工业者及其他城市贫民的推动下最终发展到顶峰,完成了其自身的历史使命。在革命的各个阶段,资产阶级利用其把持的制宪议会等权力机关先后制定和颁布了一系列重要法律文件。根据其主要内容可以分为以下几个方面:

(一) 宪政方面

资产阶级革命胜利伊始,就有多部宪法性文件出台,反映了资产阶级创建资产阶级宪政体制的迫切要求。主要有国民议会于1789年6月17日颁布的宣布惟有国民议会能够代表全国、能够在治理国家问题上行使全权的法令;1789年6月23日颁布"议员不可侵犯案",保证议员人身安全以对抗国王的武力威胁;1789年人权宣言;1791年宪法;1793年宪法和1793年人权宣言。

其中以1789年人权宣言最为重要,影响深远。

1789年8月,在制宪会议代表穆尼埃的积极倡议下,制宪会议通过并颁布了人权宣言,全称为《人的和公民的权利宣言》,会议还决定,法国的宪法应当根据宣言的精神来制定。宣言是由曾撰写《第三等级是什么》一书的作者西哀耶士起草的,他虽然出身贵族,但深受资产阶级自然法思想的影响,在起草宣言的过程中,他把伏尔泰、孟德斯鸠等人的政治法律思想贯穿进去,使宣言充满了资产阶级革命精神。

宣言由序言和正文17条组成。序言集中论述了宣言的核心问题,也就是资产阶级人权问题的重要性。它指出:"组成国民议会的法兰西人民的代表们,考虑到对人权的无知、忘却或蔑视,是公众不幸和政府腐败的惟一原因。现在决定在一项庄严的宣言中阐明自然的、不可让与的、神圣的人权……"正文17条规定了资产阶级权利的主要内容,提出了关于资产阶级权利保障的设想。

宣言罗列的资产阶级权利涉及很多方面,其中最核心的权利是私有财产权。宣言第 2 条指出,人的自然的不可动摇的权利即"自由、财产、安全和反抗压迫",第 17 条进一步明确规定:"财产是神圣不可侵犯的权利","除非当合法认定的公共需要所显然必需时,且在公平而预先赔偿的条件下,任何人的财产权不得受到剥夺"。除财产权外,资产阶级权利还包括参与制定法律的权利,平等地按能力担任一切官职、公共职位和职务的权利,自由传达思想和意见的权利,诸如言论、著述和出版自由等,以及公民平等地受法律保护和惩罚、平等纳税和决定税收的权利等。宣言的这些内容体现了资产阶级的自由、平等、主权在民等法制原则。

为了维护和保障各项资产阶级权利,宣言旗帜鲜明地倡导了罪刑法定、无罪推定、三权分立等一系列资产阶级刑法、刑诉及宪法的基本原则。其中第 7 条指出:"除非在法律所规定的情况下并按照法律所指示的程序,不得控告、逮捕或拘留任何人。"第 9 条规定:"任何人在其未被宣告为犯罪以前应被推定为无罪,即使认为必须予以逮捕,但为扣留其人身所不需要的各种残酷行为都应受到法律的制裁"。第 8、12、15 条等规定:除非有明确的制定法作依据,任何人不得受到惩罚;国家需要建立新型武装力量;政府实行分权等。

人权宣言是带有国家根本法性质的法律文件,它所倡导的法律原则被视为法国法的重要渊源。自 1791 年法国颁布第一部宪法以来,它还一直是构成宪法的不可缺少的部分,由此足见其在法国法律制度中的重要作用和地位。宣言发表后,在世界范围内也产生了强烈反响。在北美,美国效仿它制定了 1791 年权利法案,弥补了 1787 年宪法的不足。在欧洲大陆,处在封建专制制度下的各国人民受到极大鼓舞,宣言的意义是不可估量的。

(二) 民商立法

这一时期的民商法令,主要以废除封建时期的各种民事和经济法规为主。

1789 年 8 月和 1793 年 7 月先后颁布了关于废除封建制的立法,宣布无偿废除有关封建采邑的权利义务和人身徭役;无偿废除各种封建地租、赋税和各种封建特权,等等。1793 年 6 月关于土地制度的两个法令,规定把收归国有的教会领地和逃亡贵族的土地分成小块出售给无地和少地的农民,地价可在10年或20年内还清,且不计利息;规定分配国有土地,凡历史上遗留下来的村社使用的土地由当地全体居民协商分配。除霸占公有土地的领主外,所有居民不分性别、出身,都可以分得一块份地,该份地在10年内不得因债务而出卖和扣押。上述法令使无地或少地的农民分得了一小块份地,基本上满足了农民的土地要求,比较彻底地废除了加在农民身上的封建义务,把他们从封建经济体制的束缚下解放出来,这些为资本主义生产关系的建立创造了极为有利的条件。

大革命后,在颁布其他民事法令的同时,还颁布了一系列婚姻家庭法,用以限制亲权,实行婚姻世俗化,把婚姻家庭从封建家长制和宗教束缚下解放出来。1792年8月28日法律规定:成年人不再从属于亲权,亲权只适用于未成年人。1792年9月20日法令宣称:"通过离婚而解除婚姻的可能性是源于自由;牢不可破的义务意味着自由的丧失。"该法令还宣布取消封建的"尊敬请求"制度,允许年满21岁的青年在结婚问题上有完全的自主权。公民结婚应由市政机关的代表办理法律手续而无须由宗教僧侣来办理。

大革命初期,资产阶级对市场经济采取鼓励自由竞争的政策,立法机关先后颁布法律取消国内层层关卡、取消行会制度、免税特权和封建政府的商业垄断权,实行粮食贸易自由、工商业自由和个人选择职业的自由。雅各宾专政建立后,由于商人对粮食及其他生活必需品囤积居奇,法国国内粮食匮乏、日用品恐慌、物价高涨,经济形势极为严峻。为了挽救危机,国家放弃了对私人经济的反干涉政策,转而采纳限价政策,自1793年5月始陆续颁布了《粮食法令》、《严禁囤积垄断法令》、《全面限价律》等,对粮食、群众生活日用必需品的价格、销售方式、销售数额、商品质量等作了严格规定。以上法律、法令的颁布,对打击投机商,稳定市场秩序和社会秩序发生了重大影响,是大革命时期法国法律体系中的重要组成部分。

(三) 刑事立法

人权宣言是大革命时期,乃至以后各历史时期法国刑事立法及其他各类部门法立法的指导性文件。宣言颁布后,立法部门于1790

年相继制定了几部单行刑事法令,贯彻了宣言提出的刑法基本原则,如法律面前人人平等、罪刑法定、罪刑相适、罪及个人不得株连等。随着大革命的深入进行,雅各宾政权针对国内外封建复辟势力的猖狂反扑,颁行了一系列刑事法律,如1793年3月"惩办叛乱者"的法令和同年9月的"嫌疑犯令"等,对封建势力和其他反动势力采取了大革命以来最严厉的刑事镇压措施。雅各宾政权颁布的刑事法律沉重地打击了封建残余势力,有力地捍卫和发展了大革命的成果。当然,由于贯彻执行法律过程中出现失控,加之法律本身的偏激,也误伤了不少无辜。

大革命时期刑事立法的另一重大成果是1791年刑法典草案的拟就。这部法典以制定法的方式确定了有关犯罪和刑罚的法律规则,在立法技术上创造性地把刑法典分为总则和分则两个部分,为其后制定的刑法典提供了有益的经验。该法典还把封建时代150余种适用死刑的犯罪减为32种,废除了封建时代的大部分残害肢体刑,在一定程度上减轻了刑罚的残酷性,推动了刑事法律制度的进步。

综上,法国大革命时期的立法活动十分频繁,所制定的法律涉及各主要的部门法领域,它们把近代启蒙思想家所倡导的自然法思想、人文主义思想创造性地具体化、法律化,为其后法国资产阶级法律体系的最终确立积累了丰富经验,奠定了坚实的基础。

三、19世纪初拿破仑的全面立法

1794年雅各宾专政结束,大革命的疾风暴雨已经过去,但是这场革命的影响却是十分深远的,革命变革了封建所有制,建立了资产阶级私有制;推翻了封建特权,建立了资产阶级政治统治;摧毁了森严的等级制度,实现了资产阶级的权利平等。这些成果需要进一步用法律手段加以确认,以便把社会生活纳入资产阶级法制所允许的轨道。1799年,法国资产阶级政权遇到国内封建复辟势力和国际上英、俄、奥等国反法联盟的内外夹击,形势异常险峻。大资产阶级选择了因屡建战功而在军队中享有威望的军官拿破仑作为他们的代表人物。同年11月,拿破仑发动政变,以武力解散议会两院,夺取了政权。拿破仑上台后,立即着手制定宪法,通过宪法建立他的个人军事独裁政权。接着,他利用在国内平息封建势力叛乱、国际上粉碎第二次反法联盟武装进攻的机会,领导了大规模的资产阶级立法活动。自1804年始先后制定了一整套体例完整的成文法典,它们是《法国民法典》(1804年)、《民事诉讼法典》(1806年)、《商业法典》(1807年)、《刑事诉讼法典》(1808年)、《法国刑法典》(1810年),这样,一个以宪法为根本法,以民法典为核心,在各主要部门法领域都制定有相应法典的近代资产阶级法律体系成功地建立起来了,习惯上把这一体系称为六法体系。法国六法颁布后,西欧大陆各国以及世界其他国家和地区纷纷效法,他们不仅把"六法"当做本国制定相应法典的样板,更把"六法"这样的法律结构作为构造近代国家法律体系的模式,所以说,法国六法的意义和影响远远超出了法国国界,超出了法典自身。

四、"六法"颁布后法国的发展变化

"六法"颁布后,世界先后发生了产业革命、信息革命,经历了两次世界大战的洗礼,这对西方各国的法律制度产生了极其深刻的影响,它们相继完成了由近代到现代的历史性转变,法国的法律制度也不例外。

(一) 法律渊源

法国素有成文法的传统。在法国,法官判案仅以成文法为依据,判决只对本案有既判力,判例没有普遍约束力。由于法国一直保持着这个传统,所以当代法国法的主要渊源仍然是成文的制定法。现代法国的制定法与近代相比主要有这样一些不同:第一,虽然绝大部分制定法是议会产生的法律,但自从1958年戴高乐宪法正式肯定了委托立法以来,政府颁布的法令也构成制定法的一个组成部分,1958年宪法第38条规定:"政府为执行其施政纲领,可以要求议会授权自己在一定期限内以法令的方式采取通常属于立法范围内的措施。"第二,制定法的立法领域远远超出了近代时期六个部门法的范围。二次世界大战以后,随着社会关系不断复杂化、多样化,立法机关突破近代时期集中于"六法"领域进行立法的传统,在很多新的部门法领域制定了大量法律,例如有关税务、银行、社会保险等方面的法律等。

这样,现代法国制定法的门类越来越多,完全为近代时期所不可比拟。第三,法典依然是制定法的主体和象征,但是,19世纪末以后,由于资本集中带来了政治经济形势的变化,单行的立法文件日益增多,在制定法中所占的比重越来越大。法国的单行法律、法令有些在以后制定新法典时已被吸收,如1971、1972、1973年3年间颁布的4个重要的民事诉讼条例,后来被吸收进1976年新民事诉讼法典。有些则未被新法典吸收,仍保留着独立的立法文件地位,像19世纪下半叶以后颁布的重要刑事单行法就属于这种情况。大量单行法的出现弥补了法典的不足。为了适应形势的需要、社会的变化,法典本身也在不断修改、补充和完善,有些则被新法典所取代,如刑法典、刑事和民事诉讼法典等。

制定法只是现代法国法的主要渊源,但并不是惟一的渊源,除制定法外,司法判例、法的一般原则、欧共体法等一些国际公约以及国际贸易惯例等也都被认可为法的重要渊源。

司法判例作为法的渊源只限于某些部门法领域,它们是行政法、专利法等。在行政法领域,行政法院的判例向来是最主要的渊源,法国行政法被视为判例法与此有直接关系。法国专利法属于成文法,但它允许在制定法的规定笼统、不具体的情况下由判例加以补充。法国多数部门法至今在理论上仍不承认判例的法律效力,但是也不能不看到19世纪末期以后判例的实际作用已有很大提高。法官在没有制定法可依据,或现代的制定法已经过时的时候,常常灵活解释法律的含义,用司法实践来调整和改变法律原则,正如1904年法国最高法院院长在纪念民法典诞生100周年时所指出的:"法官具有最广泛的解释权;他大可不必固执地试图确定一百年前起草者的愿意,他倒不如自问一下,如果这一规定在今天,在面对一个世纪以来法国在思想、习俗、制度、经济和社会条件方面所发生的一切变革时由他们来起草的话,他们的意图又是什么?他必定会向自己说,正义和理性要求该条文应广泛地合乎人情地适应现代生活的现实和要求。"[①]其次,法院的司法判决也往往被其他同类案件所借鉴和参考。

---

① 转引自沈宗灵著:《比较法研究》,北京大学出版社1998年版,第174页。

法的一般原则主要是指人权宣言中所确立的一些资产阶级法制原则,法官往往根据自己对抽象的法律原则和精神的理解去指导司法实践。

法国是欧洲共同体的成员国,欧共体法也被法国采纳。20世纪以后,随着法国资本主义经济的迅速发展,为了使本国立法与国际公约相一致,法国依据国际公约修改了本国的一些法律——主要是相关的经济法,如票据法等。在国际贸易方面也逐渐和国际惯例取得统一。

(二) 各主要部门法的变化

"六法"颁布至今法国又颁布了多部宪法。经过19世纪激烈的政治经济形势动荡,法国终于在1875年第三共和国宪法的修正案中明确"共和制度永远不许变更"。在民商法领域,对民法典进行了较大规模的修改,1945年还曾组织起草新民法典的委员会,起草了新民法典的部分草案,但这项工作后来被放弃。修改法典的同时还制定了大量民事、商事的单行法,并于19世纪末以后形成了经济法、社会福利法等新的部门法。在刑法领域,自19世纪下半叶以后推行了新的刑法制度,1994年新的刑法典生效。在程序法方面,1957年和1975年分别制定了新刑事诉讼法典和新民事诉讼法典。

法国法作为大陆法系的典型代表,其一系列新的变革无疑会对大陆法系,乃至整个西方世界的法律制度产生重大影响。

第二节 宪 法

法国是世界上制定宪法较早、颁布成文宪法最多的国家。自1789年大革命以来,至今共颁布过14部宪法,它们是1791年宪法、1793年宪法、1795年宪法、1799年宪法(于1802年修正)、1804年《共和国12年元老院整体决议案》、1815年《帝国宪法附加法》、1814年《钦定宪章》、1830年《七月王朝宪章》、1848年《第二共和国宪法》、1852年《路易·波拿巴宪法》、1870年《拿破仑第三宪法》、1875年《第三共和国宪法》、1946年《第四共和国宪法》、1958年《第五共和国》。这些宪法形式多样,各具特色,其中有君主立宪制、帝制、独裁制宪法,也有民主共和制宪法,议会有一院、两院、三院、及至四院制,公民的权利和义务也有多种不同规定,但它们大都承认《人权宣言》所确立的资产阶级法制基本原则和资本主义制度,很多还以《人权宣言》为宪法的序言。这里着重介绍其中的5部,即第一部资产阶级宪法——1791年宪法、大革命以来最激进的一部宪法——1793年宪法、法国历史上适用时间最长的宪法——1875年宪法、二战后的第一部宪法——1946年宪法,以及法国现行宪法——1958年宪法。

一、1791年宪法

该宪法由制宪会议酝酿草拟,于1791年9月3日正式通过。它由序文和正文两部分组成,序文即1789年人权宣言,正文包括前言和"宪法所保障的基本条款"、"王国的区划及公民的资格"、"国家权力"、"武装力量"、"赋税"、"法国与外国的关系"、"宪法的修改"、"其他规定"等8篇内容,前言与序文相呼应,旗帜鲜明地宣布废除封建贵族爵位和特权,废除等级制度、卖官和官职世袭制度,废除封建行会制度。其余8篇确定了君主立宪制政体、三权分立的政权组织形式以及以资本主义私有制为基础的各项经济制度。

根据宪法,行政权属于世袭的国王,"国王是国家全部行政权的最高首脑。"他拥有广泛的权力:任命各部大臣、高级文武官员和驻外大使;代表国家宣战媾和、缔结条约;对除宪法和有关财政法案以外的议会立法搁置、否决等等。但是,国王不再是封建时代的专制君主,他是"法兰西人的国王",必须宣誓效忠于宪法。他作为"国家公务人员",每年收入王室经费2500万里弗。国王的行为须经大臣附署才能生效,对外宣战、缔结条约也应事先经议会同意。宪法关于行政权的规定体现了大资产阶级的软弱性和妥协性,他们总是企图和封建势力结成联盟来统治国家。

立法权属于一院制的国民立法议会。它由745名议员组成,任期两年。立法议会有权提议并制定法律、决定公共支出、创立赋税、决定官职的设立或废止等,同时可以"向全国最高法庭诉追部长和行政权方面主要官员的责任","向全国最高法庭提起公诉并追究被控为侵犯或阴谋危害国家安全或宪法的人"。议会每年5月第一个星期一集会,可自行决定会议地点和会期长短,国王不得干涉,也不能解散议会。

议会选举沿用1789年旧制,把公民分为积极公民和消极公民。凡没有财产的人、被雇佣的人、被提起公诉的人、破产和无力清偿债务的人都列为消极公民,消极公民没有选举权。积极公民的条件是年满25岁,有法国国籍,有法律所指定的一定时期的住所,能够缴纳相当于当地三个工作日收入的直接税,不是私人佣工。只有积极公民有选举权。议员由间接选举产生,每一百名积极公民中选出一名"选举人",再由选举人选举议员。"选举人"须有能力缴纳相当于10个工作日收入的直接税。当选议员则应有不动产,并能缴纳50法郎的直接税。宪法确立的这种以纳税为标准的选举制度完全把劳动人民排斥到了国家政治生活之外,它使拥有财富的贵族代替了传统的门阀贵族,把国家权力由封建统治者转移到了富有的大资产阶级手中。据统计,在当时法国2600万人口中,被列为消极公民从而剥夺了选举权的人就达300万,能够当选为选举人的只有5万人。

司法权属于由资产阶级代表按时选出的审判官。全国设大理院一所,负责审理关于要求撤销各级法庭所作终审判决的案件、关于管辖的争议,以及控告法庭失职的诉讼等。

1791年宪法是一部资产阶级革命性极不彻底的宪法。它保留了封建上层建筑的残余,特别是公然剥夺了广大劳动人民的政治权利,充分体现出资产阶级蔑视人民、惧怕群众的阶级本性,体现了资产阶级对广大劳动人民的阶级偏见,根据这种偏见,只有有产者才是"巨大社会企业的真正股东",而劳动人民只能处于消极的被管理的地位,不能"积极参加公共权力的组成"。对此连资产阶级激进派也认为不可容忍,他们认为:制宪会议就是从这些穷人手中夺走了他们所赢得的自由果实。不许穷人参加他们本国人的会议的法令,不只是不公开的、荒谬的,而且是丧尽天良的忘恩负义的行为。这个法令玷辱了法国人民的革命史册,使自由时代的第一年蒙受耻辱。按照这个宪法的规定,如果卢梭等还活着的话,他们也没有当选议会代表的权力。

宪法制定后由国王路易十六批准颁布实施。制宪会议根据宪法组织了立法议会的选举。当选为议员的都是资产阶级代表,其中大工商业主、大金融家占优势,法国从此建立了大资产阶级专政的政权。

二、1793年宪法

这部宪法由序言和正文124条组成,序言是由雅各宾派领袖罗伯斯庇尔起草的新人权宣言。罗伯斯庇尔是卢梭学说的热烈拥护者,他把卢梭激进的资产阶级民主主义思想充分体现在宣言中,使其带有更为浓厚的资产阶级民主色彩。

宣言突出了资产阶级平等原则,它指出:人们"自然的不可动摇的权利""是平等、自由、安全与财产。"第30条进一步指出:"公共职务在本质上是暂时性的;它不得被视为殊遇或褒奖,而应被视为义务。"第31条宣称:"人民的代表及公务员犯法决不应不受惩罚,任何人都无权主张自己比其他公民更为不可侵犯。"

在卢梭思想的直接指导下,宣言主张人民有反抗暴政的起义权,第35条指出:"当政府违反人民的权利时,对于人民及一部分人民而论,起义就是最神圣的权利和最不可缺少的义务。"宣言所以提出人民起义权的口号,目的在于进一步号召人民把推翻封建政权的斗争进行到底。事实证明,当资产阶级夺得政权,巩固了自己的统治之后,很快就抛弃了自己曾经作出的许诺。

由于雅各宾派主要代表小资产阶级、手工业者和农民的利益,同时还受到城市贫民和一部分农村贫民的拥护,因此,新人权宣言在一定程度上反映了城乡下层劳动者的一些政治经济要求,如宣布公民有受义务教育的权利,有劳动权、生活权等,它还规定公民不得自卖或被卖,取消仆人的身份。

1793年人权宣言虽然给予公民的民主和平等权利更为广泛,但它继续重申任何人私有财产的最小部分在未经本人同意前都不得受到侵犯,坚持了1789年人权宣言的根本立场。

1793年宪法的正文部分集中体现了雅各宾派的政治主张,它废除了1791年宪法所确立的君主立宪政体,宣布法兰西是一个统一的不可分的共和国。在法兰西共和国中,一院制的立法议会是国家最高权力机关。它实行资产阶级革命时期最民主的选举制度,即直接普选制。凡是年满21岁的法国成年男子,不受财产限制,都有选举权。立法议会下设立法执行会议,作为常设执行机关,行使行政权。执行会议不能独立行使权力,只有在执行立法议会的法律、法令时才能有所行动。这说明宪法规定的行政权附属于立法权。

1793年宪法由国民公会通过后,立即提交全民进行表决。表决的结果180万票赞成,17000票反对。但由于当时欧洲封建势力大肆进行武装干涉,法国国内反革命叛乱十分猖獗,宪法没有能够实施。1794年雅各宾专政宣告结束,这部宪法随即废止。尽管如此,它作为一部激进的资产阶级宪法,仍然对法国的政治法律制度产生了深远的影响。

三、1875年宪法

这部宪法不是法典式的法律文件,而是由3个单行法组成的宪法,它们是:1875年2月24日《参议院组织法》、2月25日《政权组织法》和7月16日《政权关系法》。

根据这3个宪法性文件,法国实行资产阶级共和体制。国家元首由选举产生的总统担任,君主及其后裔都不得任此职。总统任期7年,可以连选连任。

国家政权机关主要有总统、议会和内阁。总统的权力很广泛,不仅行使国家元首的权力、行政权力,而且行使立法权。他主持国家典礼,对外代表国家订立和批准条约,接见外国大使、公使,对内统率海陆空军、任命文武官吏,并与参、众两院议员共同创制法律。议会通过的法律由总统公布,总统如有异议,参众两院必须重新讨论,不得加以拒绝。总统有权提前或临时召集议会,有权要求修改宪法。

议会由参议院和众议院两院组成,两院"共有建议及创制法律之权"。也就是说,参、众两院共同行使立法权,但是有关财政问题的立法权实际由众议院控制,"关于财政案"应先送达众议院并经其表决。除立法权外,弹劾总统之权属于众议院。审判总统之权,属于参议院。"内阁成员在职时,如有犯罪情况,得经众议院弹劾,由参议院审判之。"参议院和众议院的议员都是统治阶级代表人物。众议员"依选举法所规定的条件,用普选的方式选出"。能够当选为众议员的人是年满25岁,在本选区居住6个月以上,在选举册上已登记者。妇女、劳动人民都被排斥在政治生活之外。王室后裔也不能当选为众议员。参议员的选举方式更加保守。参议院由300名议员组成,其中75人(占总数1/4)由国民会议选举产生,终身任职。遇有死亡,由参议院补选。其余225人(占总数3/4)按比例分配,由各省的参议员复选人团选举产生,任期9年,每3年改选1/3。

内阁是行政机关,总统颁发行政命令须有1名内阁成员副署方能生效,行政权实际操纵于内阁。此外,内阁成员还有权出席参众两院会议,协同讨论有关行政方面的立法提案。内阁总理由总统任命。但其工作向议会负责而不向总统负责.这说明政府实行责任内阁制。1875年宪法在内容上很不完备。它没有关于公民的基本权利、司法机关以及地方政府等方面的规定,这是它与法国其他各部宪法的不同之处。这部宪法颁行后,于1884年作了重要修正和补充,其中《政权组织法》第5条补充规定,总统经参议院同意可下令解散众议院。第8条进一步明确宪法其他条款均可修改,惟有共和制度永远不准变更。《参议院组织法》废除了参议员终身制的规定,原已在任的终身制议员死后不再按终身制程序增补,而是按普通参议员的选举方法补选。1918年,终身制议员全部死亡,参议员终身制随即消亡。

第三共和国宪法共适用65年之久,在法国历史上产生了深远影响。它在国民普遍厌恶君主政体,统治阶级不敢公开坚持帝制的情况下,顺应历史潮流确立了资产阶级共和制度,并在法国首次推行了责任内阁制,这对于调整统治阶级的内部矛盾,缓和社会冲突,维持资产阶级统治有一定意义。

四、1946年宪法

它是在世界反法西斯战争取得全面胜利,人心普遍向着和平、民主和社会主义的历史背景下产生的,1946年10月开始生效。

宪法由序文和正文两部分组成。序文在重申1789年人权宣言基本精神的基础上进一步发展了资产阶级权利思想。它首先宣布"郑重确认1789年之人权宣言所赋予人类及公民之权利自由,以及共和国法律所承认之基本原则"。继而在此基础上规定:公民有男女平等的权利;因争取自由之行动而受迫害者,在共和国领域内有受庇护的权利;劳动权;受教育权;失去劳动能力的老弱病残者接受国家照顾和救济的权利;工人组织工会、通过代表参加决定工作条件和企业管理的权利,以及"在法律规定范围内"罢工的权利等等。对殖民地地区,"序文"做出一定让步。它规定当地人民有权发展本民族文化、增加民族福利、维护民族安全。

正文是关于共和国国家制度的规定,主要涉及国家主权、议会、经济会议、外交条约、总统、内阁、法兰西联邦、最高司法会议、地方区域、宪法的修改方式等方面的内容。

议会由共和院(上院)和国民议会(下院)两院组成,它是国家权力的中心。宪法规定议会是国家最高、也是惟一的立法机关,"立法权不得转让"。在从事立法活动时,它自行决定会期、议事日程等,总统与内阁不得干预。议会有权监督内阁工作,内阁总理的产生要征得议员绝对多数的同意。国家元首也由议会两院联席会议选举产生。

在议会两院中,国民议会居于特殊地位。在立法方面,"只有国民议会有权制定法律",它单独享有议决法律提案之权。共和院对立法只能提供咨询性意见,或对国民议会通过的法案予以短期搁置。在对内阁实行监督方面,内阁只向国民议会负责而不向参议院(共和院)负责。

参议院和国民议会的选举方式不同,后者由直接选举产生,前者由间接选举产生,即各个地方行政区选出"选举人团",然后由"选举人团"选出参议员。一般来说,参议院是由统治阶级中更为保守的势力组成。

总统是国家元首,身兼国务会议主席、最高国防会议主席、最高司法会议主席等数职。但他的实际权力较第三共和国总统小,只是当内阁发生危机,遴选总理人选时才有重要的权力和作用。

内阁是最高行政机关。总理任命除法官之外的文武官员,负责监督国家法律的执行,并确保军队的指挥及国防工作的联系。总统颁布命令须经内阁总理及有关国务委员一人副署方能生效。内阁总理及阁员由总统任命,但政府工作不对总统负责。总理就任时须向国民议会报告本届内阁的政策、纲领,就任后内阁的工作受议会监督,而且内阁成员对国民议会负连带责任。这说明第四共和国宪法继承了1875年第三共和国的责任内阁制。

为了进一步加强经济立法,宪法规定增设经济会议,在国民议会进行有关经济问题的立法时给予咨询,并对内阁的有关经济政策提供建议。

关于国家结构形式,宪法继续坚持殖民主义立场,规定法国实行联邦制,"法兰西联邦由法国本土及海外各省与属地……组成之。"在联邦中,法国仍处于宗主国地位。"联邦的全部防卫"由法国政府负责,殖民地的行政长官由法国政府委派进驻。殖民地人民完全被剥夺了武装防卫和管理本国事务的权利。慑于二战后国际国内民族民主运动的强大压力,宪法中也有一些"民主"、"平等"的承诺,并表示"法国……不采取以专横为基础之殖民政策"。不过这些许诺并没有完全兑现。

1946年宪法于1958年被法兰西第五共和国宪法,即法国现行宪法所取代。此前,1954年法国曾颁布宪法修正案,在一定程度上扩大了参议院的立法权。

五、1958年宪法

这部宪法是在法国国内外各种矛盾日益尖锐的情况下产生的。20世纪50年代前后,法国垄断资本,特别是新兴工业垄断财团的实力有了很大发展,国内政治、经济危机日益加深,各种社会矛盾更加突出。统治阶级迫切要求对内加强集中,对外扩大经济利益,摆脱美国控制,竭力主张建立一个稳定而强有力的政权。但是,第四共和国宪法规定的会议体制不能满足这种需要,垄断资产阶级积极酝酿制定一部新宪法,1958年5月,法国驻阿尔及利亚殖民军将领发动军事叛乱,国内资产阶级右翼遥相呼应,全国形势极其险恶。统治阶级乘此机会委托一贯主张扩大总统权和行政权、削弱议会权力的戴高乐组织政府,授权他用6个月时间处理阿尔及利亚问题及制定新宪法。在戴高乐主持下,新宪法于1958年9月由公民投票表决通过,此即第五共和国宪法。

该宪法适应新形势需要,对第四共和国时期国家机关之间的相互关系作了较大调整,主要表现在,大大增强了总统的权力,削弱了议会的权限,使第五共和国的政治体制接近于资产阶级总统制。此外,为了缓和社会矛盾,把1946年宪法中的经济会议改为经济与社会委员会,以加强社会立法。宪法的另一个重要特点是明确了违宪审查制。它规定设立宪法委员会来行使违宪审查职能。具体来说,委员会有权监督选举,审查法律和法令是否合宪,总统在行使"非常权力"前,应正式征询其意见,向全国公布,它还有权仲裁政府和议会关于"一般原则"和"条例性质"的法律界限的争论。宪法委员会由9名委员组成,分别由总统、国民议会议长、参议院议长各任命3名成员。委员任期9年,不得连任,每3年更换1/3。历届前任总统为宪法委员会终身委员,委员会主席由总统任命。[①]

1958年宪法经过四次修改(1960年、1962年、1963年、1974年)一直沿用至今。[②]

第三节 行 政 法

一、法国行政法的历史沿革

法国的法律有严格的公法、私法之分,其行政法为调整国家机关之间、国家机关与公民之间法律关系的法律规范,属公法范畴。

法国是西方资本主义国家中行政法产生最早、也是最发达的国家。自1789年大革命以来,特别是拿破仑一世统治时期全面奠定法国现代行政制度以来,法国行政法的沿革历史已有200多年。

在封建时代,国家虽然也行使行政职能,但由于国家的立法、司法、行政等各种职能没有像近代资产阶级国家那样在概念和制度上有严格的划分,因此没有,也不可能有单独的行政法。君主专制制度建立以后,随着中央集权的加强,国家行政职能也得到前所未有的发

[①] 曾尔恕主编:《外国法制史》,北京大学出版社2003年版,第291、292页。
[②] 同上。

挥。不过在国王集行政、立法、司法等大权于一身,"朕即国家",国王的话就是法律的历史条件下,国家行政职能的加强只能是君主专制制度的产物,并且反过来又强化了君主的专权,把行政活动纳入法治的轨道是不可能的。

法国封建社会没有现代意义上的行政法,并不意味着可以割断现代行政法和封建时期法律制度之间的历史联系。作为法国行政法核心内容的行政法院制度即萌芽于封建时代。16世纪以后,随着君主专制制度的建立,国王对司法的干涉更为直接。平时他把司法权授予法庭,每当遇到与国家政务有关的案件或涉及王权的案件,便把它们移交王室咨议机关审理。这种"移审"制度到路易十四统治时得到进一步发展。当时路易十四派往各省的督察长官为了削弱和控制地方贵族的势力,把所有涉及行政活动的案件都揽归自己审理,不许各省高等法院参与,这就使一部分行政案件在事实上摆脱了普通法院的管辖。封建制度下的"移审"制对以后建立剥夺普通法院行政审判权的行政法院制度产生了很大影响。法国封建时期建立的一些专门行政法庭,如审计法庭、森林法庭等对行政法院的建立也起到了示范作用。

现代意义上的法国行政法是在资产阶级大革命爆发后才正式诞生的。大革命推翻了封建专制制度,建立了资产阶级分权制,国家的行政、立法、司法等职能开始实行分立。法国根据本国的历史传统对分权制做出了不同于英、美的理解。

大革命前夕,法国各省高等法院均控制在所谓"穿袍贵族"手中。他们是法国贵族化的资产阶级,大都出身于金融资本家,通过用金钱购买高等法院法官的终身职务而控制了司法大权。他们的政治立场与世袭封建贵族一样,热心于维护贵族特权,公开反对任何改革。当时高等法院享有"注册权",国王的法令、敕令或谕旨,乃至外交文件都须经它们注册才能生效。如果高等法院,尤其是巴黎高等法院不予"注册",国王必须修改或取消自己的法令,否则就须"御临法院"。路易十四时期,高等法院从未行使过否定国王法令的权力,自路易十五统治后期始,巴黎高等法院经常利用"注册权"抗拒王命,与中央行政分庭抗礼。路易十六继位后,高等法院更加无视王权,当时国王为解决财政危机,挽救垂死的封建制度,先后任命几名财政总监,企图实行财政改革,取消特权阶级的免税权,并向他们征收一部分捐税,但都遭到了高等法院与宫廷显贵的极力反对。高等法院顽固地站在维护贵族特权的立场上,拒绝为国王的财政改革法令注册,成为改革失败的一个重要原因。大革命开始后,司法机关仍为封建势力所把持,他们依然因袭旧制,利用传统权力,阻碍资产阶级革命措施的贯彻执行。鉴于历史上司法干涉行政,致使中央行政不能施展的教训,面对保守的司法机关,资产阶级屡次通过立法强调行政权、立法权对司法的独立,宣布普通法院不得干涉立法和行政权的行使。其中1790年8月16日至23日的法律规定:"司法权今后将永远与行政权分离。普通法官不得以任何方式干扰行政机关行使职权,亦不得因其职务上的原因,将行政官员传唤到庭,违者以渎职罪论。""各个法院不能够直接地或间接地从事立法权,亦不能够阻止或者延迟国王所认可的立法机关的法令的执行。"1791年宪法和1796年的一项法令相继指出:"法庭不得干涉立法权的行使或停止法律的执行,不得侵犯行政事务。不得对行政官因职务上的原因而将其传唤到庭。""严格禁止法院审理任何行政活动。"以上充分说明,资产阶级革命以后在法国实行分权的结果是削弱普通司法权,建立了相对来讲更为强大的行政权和立法权。这一制度在拿破仑一世统治时又得到了进一步发展。1799年拿破仑取得政权后,取消了大革命初期的地方自治制度,在各级行政组织中一律推行了地方行政长官负责制。行政人员由政府任命而不通过民选,政府权力又最终集中于拿破仑一人手中,从而在法国建立了高度中央集权的行政制度。法国资产阶级强大的行政权的建立为行政法的产生和发展开辟了比其他资本主义国家更为广阔的前景。

分权学说与法国特有的国情相结合产生了强有力的行政制度,这只是为行政法的发达提供了客观基础,资产阶级法治原则的提出推动了行政法的产生和完善。1789年人权宣言明确提出:"凡未经法律禁止的行为不得受到妨碍,任何人不得被迫从事法律所未规定的行为。"1791年宪法规定国王是国家元首和最高行政首脑,但他必须遵守资产阶级的宪法和法律,而不能以个人意志践踏法律。这样,在大革命后的法国,行政活动和其他国家机关的活动一样,被纳入了法治的轨道,它们必须遵守资产阶级法律,如果违反便要受到一定制裁。从此,有关规范国家行政活动的法律——法国行政法得以产生。

法国行政法产生于近代,这时法国实行行政方面的集权和经济上的自由放任,国家对私人经济生活奉行不干涉主义,因此行政活动较为单纯。19世纪下半叶以来,随着科学技术的进步、生产力的提高以及垄断资本的产生,国家行政活动的组织和手段日趋复杂,出现了大量新的行政部门用以管理社会,为社会提供服务,采取种种措施干涉和管理私人经济生活,以维护统治阶级的整体利益。这些直接导致了行政法的完善和发展。

独立的行政法院制度是法国行政法较其他资本主义国家更为发达的重要因素。如前所述,大革命开始后,统治阶级坚持强调行政权的相对强大和独立,他们把这种主张也扩大到司法领域,不允许普通法院审理行政纠纷,而是参考封建时代的移审制,由另外的司法机关来处理。由此产生了法国特有的行政法院制度。这项制度于19世纪下半叶已基本完备。此后行政法院进一步发挥作用,先后确立了很多行政法的基本原则,如国家承担行政赔偿责任等,大大丰富了行政法的内容。事实上,法国行政法中的很多重要原则都出自行政法院。

二、法国行政法的渊源

法国行政法不像其他部门法那样,有完整的法典。这是因为行政法的规范对象——行政活动的范围极广,每类行政事项都很复杂,单就一项行政事务编纂一部系统的法典已经很难,更不可能制定包罗全部行政活动的法典。行政法的这一特点使它的渊源较为多样化。

(一)宪法

法国历史上的各部宪法都有关于国家行政组织构成和活动原则的内容,这些宪法都是行政法的渊源。法国现行宪法即1958年宪法第2章第5条至19条关于共和国总统的规定,第3章第20条至23条关于政府的规定,第34、37、38、41条等关于划分议会和政府权限范围的规定等,都是现行行政法的渊源。

（二）议会制定的关于行政组织和活动的法律、政府部门的行政条例、地方政府制定的行政规章

这些法律、条例、规章都是成文的形式，但它们的效力有高低之分，其中行政法规和规章比较容易被宣布为违宪。

（三）行政法院的判例

法国是个成文法国家，但在行政法领域里，行政法院的判例是仅次于宪法和法律，高于行政条例的重要渊源。行政法上的很多重要原则，在法律没有规定的情况下都是由判例产生的。在法律规定的情况下，判例又往往起到解释和适用法律的作用。有时，行政法的规定只限于某项特殊的行政活动，不能适用于其他事项，在这种情况下行政法上总的原则就通过判例产生。

（四）法的一般原则

行政机关和行政法院在既无成文法又无判例依据时，通常就根据法的一般原则来解决有关行政问题或行政案件。"法的一般原则"内容十分丰富。像1789年人权宣言所确立的资产阶级法制原则、1946年宪法序言对1789年人权宣言的补充内容、所谓公平正义的法理原则等都属于这个范畴。1958年宪法中所提到的"共和国法律所承认的基本原则"也被视为法的一般原则。

在法国行政法的渊源中，由于判例是最重要的一个部分，所以一般把法国行政法视为判例法。

三、法国行政法的主要特点

法国行政法包括了行政活动的组织、手段、方式以及行政活动的监督和责任等多方面的内容，几乎每个部分都有它不同于其他国家或不同于法国其他部门法的特点，其中最主要的是：

（一）具有独立的行政法院系统，而且行政法的重要原则几乎全部来自行政法院的判例。

资本主义国家审理国家机关之间、国家机关和公民个人之间行政纠纷的机构不尽相同，有的通过普通法院，有的通过行政机关和行政诉讼机关。法国是由既不隶属于普通法院，也不隶属于行政机关的行政法院来审理行政案件的，由此在法国形成了普通法院和行政

法院并存的司法双轨制。

　　法国的行政法院制度萌芽于封建时代的"移审制",酝酿成立于大革命时期,正式诞生于拿破仑一世统治时,1872年以后定型为现代的体制并确立了现代行政法院制度最基本的法律原则。1799年在拿破仑执政后的第一部宪法中规定:"在执政的指挥下,设一参政院负责撰拟法律草案和行政规章,以及解决行政上所发生的疑难事件。"从此法国产生了专门审理行政诉讼的机构。不过这时的参政院行使的是"国家元首保留的审判权",即参政院对行政案件拟定判决词,判决的最后决定权依法属于国家元首拿破仑,他有权任意更改判决。1872年5月24日,法国颁布了"参政院法",规定了参政院的建制、职权、审判制度等。根据这项法律,参政院不再行使国家元首保留的审判权,而是以法国人民的名义独立行使审判权,从法律上取得了最高行政法院的地位。与此同时,正式确立权限争议法庭,负责解决普通法院与行政法院的管辖争议。至此,法国行政法院的组织机构基本定型。1873年2月8日权限争议法院审理的"勃朗科案"是法国行政法院制度发展的里程碑。该案判决词指出:"因国家在公务中雇佣的人员对私人造成损害的事实而加在国家身上的责任,不应受在民事法典中为调整私人与私人之间关系而确立的原则所支配,这种责任既不是通常的责任,也不是绝对的责任,这种责任有其固有的特殊规则,依公务的需要和调整国家权力与私权利的必要而变化。"这项判决确立了行政法上普通法院与行政法院依"公务标准"划分权限的原则以及行政案件不适用民法典的原则,从而彻底抛弃了旧的权限划分际准。1889年12月3日最高行政法院审理了"卡多案",该案判决指出,当事人不服行政机关的决定,可以直接向行政法院起诉,无需首先经过行政部门首脑的裁决,这就使行政法院取得了完全独立于行政机关的地位,完成了行政法院为惟一行政诉讼机构的制度。卡多案件的判决,是行政法院创建的最后一个阶段。

　　通过以上行政法院制度的演变可以看出,法国在经历了一个长期发展的过程后,建立健全了一套独立的行政法院组织及与之相适应的审判制度。在其发展过程中,判例起到了十分重要的作用,行政法的重要原则都存在于判例之中。

(二) 行政法是独立的法律体系。

即支配行政活动的法律规则不同于支配私人活动的法律规则；行政诉讼纠纷不受普通法院管辖而受行政法院管辖。当然，这并不表示行政法院绝对不适用民事法律规范，只是这种适用不是行政法官的一种义务，他并不是必须要适用私法。

(三) 法国行政法没有编纂完整的法典。

近年来法国也编辑了一些行政法典，如矿业法典、森林法典等，但这都是关于某一部门行政的法典，不是适用于全部行政事项的行政法通则。

(四) 国家公务人员在执行公务过程中由行政主体的公务过错引起公民权利受到损害，由国家承担损害赔偿责任。

第四节 民 商 法

一、民法

(一) 1804 年《法国民法典》

1804 年《法国民法典》又称拿破仑民法典，它是资本主义国家最早、也是影响最广泛的一部民法典，直到今天，虽经修改、增删，但仍在法国施行。

1. 民法典的制定

法国制定民法典，一是为了进一步统一法制，二是为了巩固大革命的成果。资产阶级需要一部大规模完整的民法典，系统而周密地从社会生活的各个方面维护资产阶级私有财产权，促进资本主义商品生产和交换的进行。自 1789 年国民议会通过法律，要求制定一部全国性的统一的民法典以来，法国先后于 1793 年、1796 年和 1799 年由著名法学家康巴塞雷斯主持起草了三部民法典草案，但都因政局动荡、立法思想不统一而被否决。1799 年拿破仑就任第一执政，他雷厉风行地进行了政治经济改革，以铁的手腕稳定了资产阶级的统治秩序，为大规模立法工作创造了有利的社会环境。制定民法典的条件已经成熟。1800 年，拿破仑任命包塔利斯、特朗舍、比戈·普勒阿默那、马勒维尔等著名法学家组成法典起草委员会。4个月后,民法典起草完毕。1801年,根据拿破仑的命令,法典草案送交各法院征询法官的意见,并由参政院逐条讨论修改,在参政院讨论时,拿破仑亲自参加会议并积极发表自己的见解。他倾听法学家们的讨论,当讨论纠缠不清时,他便出面清理头绪,并以醒目的方式,把结论归纳出来。1803年讨论修改后的民法典草案正式提交立法院通过。1804年3月21日经拿破仑签署,民法典颁布实施。通观以上全部过程不难看出,资产阶级发展资本主义经济的政治经济需求是民法典之所以产生的客观依据,相对稳定的社会环境是制定法典的重要条件,拿破仑等统治阶级代表人物的活动和思想则对民法典有着不容忽视的影响。

2. 民法典的篇章结构及经典性条款

民法典由总则和三编组成,共36章、2281条。总则是关于法律的公布、效力和适用范围的规定。第一编编名为"人",是关于民事法律关系主体及其婚姻家庭关系的规定,包括民事权利的享有及丧失、身份证书、住所、结婚、离婚、父母子女、收养与非正式监护、亲权、未成年、监护及亲权的解除、成年禁治产及裁判上的辅助人计11章。第二、三编是有关民事法律关系客体、民事法律关系内容的规定。第二编编名为"财产及对所有权的各种限制",包括财产分类、所有权、用益权、使用权及居住权、役权或地役权等4章。第三编编名为"取得财产的各种方法",包括继承、生前赠与及遗嘱、契约或合意之债的一般规定、非因合意而发生的债、夫妻财产契约及夫妻间的相互权利、买卖、互易、租赁、合伙、借贷、寄托及讼争物的寄托、赌博性的契约、委任、保证、和解、民事拘留、质押、优先权及抵押权、对于债务人不动产的强制执行及债权人间受分配的顺位、时效共20章。法典各章有的是对罗马法基本原则的继承,有的借鉴了日耳曼习惯法,还有的则是借鉴了教会法、大革命前王室颁布的某些法令以及大革命时期的民事立法。

《法国民法典》作为在近代民事立法史上具有开创性意义,并且对近代西方国家民事立法有着广泛影响的立法,其中包含了很多经典性的条款,主要有:第8条:"所有法国人都享有民事权利";第488

条:"满 21 岁为成年;到达此年龄后,除结婚章规定的例外外,有能力为民事生活上的一切行为";第 544 条:"所有权是对于物有绝对无限制地使用、收益及处分的权利,但法律所禁止的使用不在此限";第 545 条:"任何人不得被强制出让其所有权;但因公用,且受公正并事前的补偿时,不在此限";第 546 条:"物之所有权,不问其为动产或不动产,得扩张至该物由于天然或人工而产生或附加之物";第 552 条:"土地所有权并包含该地上空和地下的所有权";第 1101 条:"契约为一种合意,依此合意,一人或数人对于其他一人或数人负担给付、作为或不作为的债务";第 1134 条:"依法成立的契约,在缔结契约的当事人间有相当于法律的效力";第 1382 条、1383 条:"任何行为使他人受损害时,因自己的过失而致行为发生之人对该他人负赔偿的责任","任何人不仅对其行为所致的损害,而且对其过失或懈怠所致的损害,负赔偿的责任"。

3. 民法典的主要特点

(1) 以资产阶级个人主义、自由主义、营利主义为立法指导思想,着重强调了资产阶级自由平等、无限私有、契约自由和过失责任等近代民法的基本原则。

17、18 世纪至 19 世纪初,西方世界普遍泛滥着个人最大限度自由、国家和社会最小限度的干涉,为了营利的目的而追逐最高额的利润是合乎理性的这样一些思潮。在这种思想的指导下,各近代资本主义国家的民事法律制度无一例外地遵循了公民民事权利平等、私人财产所有权不受限制、缔结契约的当事人意思自治、契约效力神圣以及无过失便无责任等近代民法的基本原则。法国是最早制定民法典的国家,它的民法典,即 1804 年民法典第一次用简明扼要的法律语言,用经典式的法律条文系统而准确地表达了以上所述民法基本原则,这在人类立法史上是一个创举。当然,个人权利、个人自由都是相对而非绝对的,这在民法典里都有所体现。但从民法典的内容里我们还是看到,它所刻意强调的乃是个人主义的民法原则,而不是对这种原则的限制。

(2) 是一部早期的资产阶级民法典。

除以上所讲,它鲜明地体现了早期资产阶级民法的基本原则外,法典里没有关于法人制度的规定。民事权利主体"人"主要指的是自然人而不是法人。这充分反映出当时的社会还处于早期资本主义发展阶段,资产阶级的经济活动主要是商人个人的活动,法人组织还极为罕见。关于法典的编制顺序,由于法典产生于大革命刚取得成功之时,这时资产阶级迫切需要的是保护其通过革命而取得的私有财产权,同时这一时期资产阶级的债权债务关系还不够发达,所以法典突出了物权法的地位,而把债权法置于了物权法之后。

(3) 注重维护小生产者的利益。

法国制定民法典时,小农经济在国家经济中还占有很大比重,农民和手工业者为数众多,因此,维护这些小生产者的利益,特别是维护农民通过大革命获得的一小块土地就成了法国民法典的重要使命。另外,主持制定法典的拿破仑,虽然本质上代表了法国大资产阶级,但他也是小生产者特别是农民的皇帝,这也决定了民法典势必要十分关注农民的利益。正因为如此,注重维护小生产者的利益就成为民法典的一个重要特征。例如,法典第二编有许多对小农和手工业者所有权具有重大意义的条文,像所有权、役权、用益权等。马克思曾对法典的这一特征做出十分精辟的论述:"第一次革命把半农奴式的农民变成了自由土地所有者之后,拿破仑巩固和调整了某些条件,保证农民能够自由无阻地利用他们刚得到的法国土地并满足其强烈的私有欲。"[①]

(4) 保留了很多封建法残余。

这集中体现在婚姻家庭制度方面。法典强调夫权、亲权,在亲权中父权居于首要地位。法典还剥夺了非婚生子女的继承权。

(5) 继承了罗马法的传统。

《法国民法典》的名称直译意为"法国市民法典",仅此便可看出它与罗马法之间继承与被继承的关系。民法典对罗马法的继承是多方面的。它的体例仿照了《罗马法大全》中法学阶梯的模式,它的很多制度、原则,乃至法律概念、术语都来自罗马法,特别是关于所有权

---

① 《路易·波拿巴的雾月十八日》,见《马克思恩格斯选集》第 1 卷,人民出版社 1972 年版,第 695 页。

和债权的内容更是直接渊源于罗马法。罗马法关于以个人权利为本位,高度重视公民个人私权的立法精神,关于对所有权本质属性的认识以及所有权、用益权、役权等物权法的规范,关于债的基本概念和原理,关于债的原因的理论等等,所有这些无不对民法典有着深刻的影响。需要指出的是,民法典对罗马法的继承并不是简单的照抄照搬,而是把罗马法的制度和原理资本主义化、法国化,这就为近代西方其他国家继承罗马法树立了样板。

(6) 法律用语简明扼要,通俗易懂,立法注重实际运用。

民法典贯彻了拿破仑的意图,没有刻意追求体例的严密性,而是从使用方便的角度出发,其编排体例密切结合实际,法律用语言简意赅,很少有抽象概念和弹性条款。

4．民法典的意义和影响

1804 年法国民法典内容丰富,风格突出,对近代西方国家具有经典的意义。它颁行后,在世界各地产生了广泛影响,在欧洲,比利时、意大利、西班牙、希腊、丹麦、罗马尼亚、葡萄牙等国,或者采用了这部法典,或者在制定本国民法典时不同程度地参考了它的立法成果。在拉丁美洲、智利、阿根廷、巴西等国编纂民法典时也受到了法国民法典的影响。在亚洲,它对日本和中国的民法典,对一些前法属殖民地,如中东、印度支那地区的民法都有直接或间接的影响。即使在素有普通法传统的北美,由于历史的原因,加拿大的魁北克省和美国的路易斯安那州,其民法制度也承袭了《法国民法典》的传统。正因为如此,以《法国民法典》为基础,形成了世界一大法律体系——大陆法系。恩格斯评价这部法典是"典型的资产阶级社会的法典"[1]"直到现在还是包括英国在内的所有其他国家在财产法方面实行改革时所依据的范本。"[2]

(二) 现代时期法国民法的变化

民法典颁布后,自 19 世纪下半叶,特别是 20 世纪中叶以来,法

---

[1] 《路德维希·费尔巴哈和德国古典哲学的终结》,见《马克思恩格斯选集》第 4 卷,人民出版社 1972 年版,第 248 页。

[2] 同上。

国民法发生了重大变化,一方面在保留民法典原结构体例不变的前提下,对法典进行了增补和修订,另一方面颁布了大量单行法,用来弥补法典的不足。这一时期新的民事立法主要有:

1. 关于法人制度的法律

(1) 1884年工会合法化法令。它宣布废除1791年关于禁止工人组织工会的夏普利埃法,允许"从事同一职业、同类职业的人……均可自由组织工会或产业联合会","资方产业工会和工人产业工会都有权提出诉讼"。

(2) 1901年结社自由法。它规定"自然人的结社可以自由组织","一切按正常手续申报过的结社……有权进行诉讼,有权购置财物。"

(3) 1978年法律对合伙制度作了全面修订,除隐名合伙外,合伙自登记之日始取得法人资格。

2. 关于夫妻关系、亲子关系以及非婚生子女地位的法律

(1) 1927年8月10日法律。废除了民法典第12、19条关于妻从夫之国籍的规定。

(2) 1938年2月18日法律。废除了民法典关于妻应顺从夫的规定。①

(3) 1942年9月22日法律。它规定"已婚妇女享有完全的行为能力,只有婚约和法律能限制这种权利能力的实现"。

(4) 1970年6月4日法律。它改变了1804年民法典中关于夫妻在家庭中权利不平等的规定,宣布"夫妻在道德上和物质上共同管理家庭,负责子女的教育,并安排子女的未来"。

(5) 1972年1月3日法律。它规定"原则上,非婚生子女在其与父母的关系上享有与婚生子女同等的权利与义务","一般而言,非婚生子女在继承其父母与其他直系尊血亲及其兄弟姊妹和其他旁系血亲的遗产时,具有与婚生子女同等的权利。"

3. 关于所有权关系的法律

(1) 20世纪30年代、40年代以及80年代初的国有化法律。它

---

① 曾尔恕主编:《外国法制史》,北京大学出版社2003年版,第306页。

们先后对铁路部门、军备工业、飞机制造业等一些国民经济的关键部门以及法兰西银行实行了国有化。特别是80年代初的国有化法律把12家大工业公司、两家金融公司和36家实业银行收归了国有。

(2) 1885年7月28日法律和1906年6月15日法律。规定可以不给任何赔偿而在他人私产上空架设电报、电话线等，只有发生损害时才给予赔偿。①

(3) 1924年、1935年关于为航行利益的地役权的法律。它们规定航空公司享有"为航行利益的地役权"，其飞机有权在任何地段的上空飞行，禁止在机场一定距离内的土地所有权人在其土地上建设或保存有碍飞机航行的设备和林木，政府有权拆除妨碍航行的一切障碍物。

(4) 1956年在以往有关经营矿产的法律基础上汇集而成的《矿山法典》。它规定必须根据国家颁发的定期特许证才能开采矿藏，地面所有人对矿藏已没有任何权利。②

4．关于契约关系的法律

(1) 1918年3月9日和1919年10月23日法律。他们规定了房屋租赁的强制出租制度，严禁非法抬高租金。

(2) 1940年8月16日和9月12日法律。它决定成立分配工业品中央局和工商组织委员会，它们有权责成企业出卖或不出卖自己的产品，有权责成生产企业建立商品储备，违者受行政制裁或刑事制裁。

(3) 1968年对民法典第1125条的补充条款。它规定："非经法院批准，任何在养老院或精神病院担任职务的人，不得买住院人的财产，也不得租他们住院前所居住的住房。"

5．关于侵权责任方面的法律

如1898年工业事故法，该法第1条指出："在建筑业、工厂……以及在一切生产或使用爆炸物的企业和在使用不以人力、畜力为动力的机器的企业中，工人或职员因工作本身或在工作时发生事故，以

---

① 曾尔恕主编：《外国法制史》，北京大学出版社2003年版，第304页。
② 林榕年主编：《外国法制史》，中国人民公安大学出版社1992年版，第280页。

229

致停工4天以上者,有权从企业主那里领取事故赔偿金。"当然,根据该法受害者能够得到的赔偿金额是很低的。

对于上述立法,学界主流意见认为,它们的产生说明了19世纪以来在法国的民法领域中:第一,传统的个人主义、自由放任等法律观念已逐步转向个人权利社会化,财产权应为公共福利服务,以及国家和社会应加强对私人经济生活的干预和控制等新观念。第二,近代民法的基本原则受到了现代社会的全面冲击。第三,传统的公、私法之间的严格界限已经打破,出现了公、私法互相渗透的倾向。现代法国民法之所以发生这样重大的变化,其原因是多方面的,最主要的是:垄断资本出现,现代科学技术和生产力发展水平迅速提高,工人运动、妇女运动等人民民主运动的强大压力,资本主义各种社会问题的复杂化等等。

二、1807年《商业法典》以及现代时期法国商法的变化

1807年法国《商业法典》的渊源是大革命前封建王室颁发的《商事条例》和《海商条例》,它于1807年通过,1808年1月1日起施行。

法典由四编组成,共648条:第一编为商业事务,包括商人的法律地位、商业账簿、公司、交易所、抵押、商业委任及汇票、本票、票据等方面的内容。第二编为海商法,包括商船的法律地位、船长的责任、船员的雇佣及海上保险等方面的内容。第三编为破产法。第四编为商事法院及诉讼程序等方面的规定。

1807年《商业法典》的制定不仅使法国有了第一部资产阶级的商法典,而且为很多民法法系的国家提供了民商法分立的立法模式。

《商业法典》颁布后,随着经济迅速发展,法国又颁行了一系列商事法,使商法制度发生了很大变化,例如商人责任进一步加强,公司类型逐渐完备,商事活动中契约自由的传统原则受到限制等等。

三、经济法与社会福利法

经济法与社会福利法是西方国家现代法律体系中新出现的几个重要的部门法,法国于19世纪末,特别是20世纪中叶后也先后制定了相应的法律法令,用以引导、规范、保障和约束各种新的社会关系。

它们主要有：

1. 计划法

法国是最早推行国家宏观经济计划的西方国家之一。1946年初，国家正式颁布了实施中期计划的法令，1947年开始实行第一个计划，现已执行完第十个中期计划。推行经济计划的目的在于，运用计划调节形式和手段，维护市场经济正常的竞争秩序，确保宏观经济的协调发展，补充和完善市场竞争机制。

根据有关经济计划的法律、法令，计划的具体形式和调节范围可以灵活多样。例如，在实施中期计划的过程中，如果发生预料不到的经济形势的变化，可以采取临时性的短期计划。为了解决国家经济结构整体平衡的问题，还可以制定长期远景规划，实行短期、中期、中长期或长期计划相配合，计划调节的范围也可以不断变化。例如，第一至第三个中期计划期间，计划调节范围主要涉及能源、原材料、交通运输等工农业基础产业部门。从第四个计划开始，调节范围扩大到了收入分配、就业、物价、住房和社会保障等社会问题的领域，而且把国土整治等也纳入国家计划。从第八个计划起，计划内容又进一步扩大到了科研、培训、文化教育和生态平衡等领域。随着计划调节范围的变化，中期计划的名称也由最初的"现代化和装备计划"改为后来的"经济和社会发展计划"，直至近期的"经济、社会和文化发展计划"。

编制计划的机构主要有：作为决策机构的中央计划委员会，负责起草计划的计划总署，包括政府官员、雇主协会代表、工会代表、各行业职业机构和协会的代表以及专家在内的由数千名成员组成的现代化委员会、议会、经济和社会委员会。这其中现代化委员会是政府与社会各界进行对话、协商的机构，在计划总署领导下工作。

2. 银行法

法国的银行法在第二次世界大战以后进行了重大改革，使国家的金融业得到了迅速发展。法国现行银行法主要包括1945年和1966—1967年的立法。

根据有关银行的法律、法令，法国主要设立法兰西银行、注册银行、其他公有或半公有银行以及金融公司四种银行。其中法兰西银行是国家的中央银行,也是官方的金融管理机构和金融法律的执行机构。它的职权主要有发行货币;作为政府各部门和国库的开户银行;作为所有其他银行的开户银行;负责与国际货币基金组织、世界银行等国际金融机构进行联系,与外国相应机构签订互换货币协定;在本国参与制定有关外国结算的协定并协助执行等;负责制定法国的国际收支计划,以自己的名义发表关于经济形势的调查报告等。注册银行因必须向国家信贷委员会注册而得名,包括所有营利性的国有和私有的商业银行,如实业银行,中、长期信贷银行等。注册银行是法国银行的主要组成部分。其他公有或半公有银行中有的属于股份有限公司性质。如法国对外贸易银行;有的属于互助合作性质,如法国农业信贷银行;有的属于商业性质;有的属于国有性质。金融公司是一种经营资本买卖的企业,它虽然不能吸收存款,但也必须在国家信贷委员会注册,并接受银行管理委员会的管理。

国家信贷委员会和银行管理委员会、银行协会是法国的银行与货币管理机构。国家信贷委员会根据1945年法令建立,掌握注册银行和金融公司的注册、开业和歇业的批准权,负责拟定银行业务法规,负责执行国家信贷政策,其咨询意见对国家信贷政策的制订起决定性作用。银行管理委员会成立于1941年,它负责确定银行流动资金和准备金的数额,查阅包括法兰西银行在内的每家银行的账册。它同时行使行政诉讼的职能,负责裁决不服国家信贷委员会决定的行政案件。不服银行管理委员会的裁决还可以向国家行政法院起诉。银行协会是银行界的行业团体,根据银行法,它是一个法定的组织,即所有注册银行都必须参加该协会。它是银行与国家管理机构之间的桥梁,同时有权对银行的违法活动提出起诉,也负责维护银行的合法权益。

3. 社会保险法

法国的社会保险制度始于19世纪末叶,1945年国民议会通过了社会安全法,这是第一部社会保险法。该法规定救济和补充是法国公民应享有的权利。它还宣称要为全体公民提供福利,使失去工作能力或遭受各种不幸的公民均能受到国家和社会的照顾。

根据1945年社会安全法,法国设社会保险基金,该基金的支出项目主要有医疗保健、家庭津贴和老年保险。医疗保健是社会保险最重要的一项内容。医疗保健的范围包括正常医疗费报销、分娩保险、伤残保险、死亡保险和鳏寡保险等。在职人员因病停止工作,病假期的补助也在医疗保健范围之内。正常医疗费的报销分为全部报销和部分报销两种,部分报销率为40%到80%不等。无论何种报销都必须履行严格的手续,即申请者必须向有关部门同时寄送贴有药品印花的医疗单、药方副本和医疗证明书、发票等,还要提供雇主出具的申请人病前的劳动时间。家庭津贴补助项目较多,包括产前补助、产后补助、纯家庭补助、入学补助、孤儿补助、单亲补助和住房补助等,但每种补助都须具备一定条件。例如,享受住房补助的家庭,如果是两人家庭,其居住面积不得低于$25\ m^2$,这意味着那些极端贫困、住房条件极差的家庭反而得不到住房补贴,流离失所者更是如此。老年保险的对象为年满60岁并已停止一切职业活动的投保者。养老金的数额依据受惠者为社会服务的期限和本人退休前的工资来决定。除医疗、家庭、老年保险以外,失业保险也包括在社会保险范围内,只是保险面较窄,因为法国现行立法把失业保险与社会互助作为两类问题来处理。

社会保险法是法国数十年经济发展和劳动人民斗争的结果,也是法国用以标榜福利社会的标记。它的施行体现了社会的进步以及对人权的进一步重视,但是,沉重的社会保险负担也给历届法国政府在财政上造成了巨大的压力。

第五节 刑 法

一、1810年《刑法典》

1810年《刑法典》是在大革命时期的刑事立法,特别是在1791年刑法典草案的基础上制定的,但它比刑法典草案更保守。

刑法典共484条,分为总则、分则两大部分。总则规定了犯罪的分类、处刑的原则、从轻从重处罚的原则、刑事责任年龄、刑事责任能力等。分则规定了各种犯罪应处的刑罚。

犯罪分为重罪、轻罪和违警罪。违警罪是"以违警刑所处罚的犯罪",轻罪是"以惩治刑所处罚的犯罪",重罪是"以身体刑或名誉刑所处罚的犯罪"。危及资产阶级私有财产、统治秩序以及统治者安全的犯罪,绝大多数属于重罪。对这些犯罪处刑极严厉,广泛适用死刑。例如,在关于危害财产的犯罪中,夜间盗窃、合伙盗窃、持武器盗窃、砸门撬锁盗窃等都处以死刑。故意放火烧毁房屋、仓库、船舶、火车、厂房等也一律适用死刑。在公共道路上行窃处以无期重惩役。对危害国家安全罪、危害宪法罪和危害公共安宁罪处刑也极其严酷,凡属危害国家安全罪几乎都要处以死刑。对所谓"大逆罪",即以暴力或阴谋危害皇帝或皇族生命或身体,以及颠覆政府、抗拒皇权、篡夺王位的行为,也适用死刑或没收全部财产。

对国家官吏和政府工作人员在执行公务时的犯罪,法典规定了相应的刑事惩罚措施;第114条规定,国家官吏、政府代理人员或其他工作人员以某种专横或暴戾的行为危害个人自由,处剥夺公权。第117条规定,凡行政官吏、司法官吏、行政机关的代理人或其他工作人员在执行职务中收受贿赂,处以枷项刑,并科处罚金,数量相当于收受贿赂数额的2倍,最低不得少于200法郎。

法典针对流离失所的下层穷苦群众规定了所谓"流氓罪"和"乞丐罪"。凡没有一定住所、失去生产资料、失去职业的人都被视为犯有"流氓罪",在公共场所乞讨的人则被视为犯有乞丐罪。对两者一律实行拘役,期满还要加以管制或监视。

刑罚的种类较多,且继承了封建时代刑罚残酷的特点。刑罚包括死刑、惩役、流放、刺字、有期徒刑、无期徒刑、罚金等等。死刑的执行方式是斩首。如因杀害尊亲属而被判处死刑,罪犯要身穿单衣、赤足、头披黑纱押赴刑场。当其暴露于刑台时,执行员当众宣读判决,而后斩断罪犯右手,再执行死刑。惩役是强迫犯人从事艰苦的劳役,包括无期重惩役、有期重惩役和轻惩役等。无期重惩役的犯人要戴镣铐从事劳役。流放是把犯人无定期地放逐到遥远荒僻的孤岛上或法国本土以外的殖民地,这是一种摧残精神的刑罚。刺字即毁坏犯人外观,属于侮辱性刑罚。

1810年刑法典是资产阶级国家最早的一部有代表性的刑事法

典。它承袭了罗马法编制法典的传统,巩固发展了大革命时期的刑事立法,特别是刑法典草案的成果,在法国刑法史上起着承前启后的作用。它以资产阶级刑法原则系统地否定了封建专制主义的刑法制度,为近200年来法国刑法的发展奠定了基础。它的立法技术较好,结构清晰,条文简明,其立法经验也是丰富的。

刑法典把打击锋芒直接指向被压迫、被剥削的劳动人民,毫无根据地把下层劳动群众视为有罪的人,对他们实行有罪推定,这不仅反映了刑法典的阶级本质,而且说明它从人权宣言的立场上又倒退了一步。法典的立法意图之一在于用严厉的制裁手段保护民法典、商业法典的实施,因此,它对有关资产阶级人身、财产方面和有关资产阶级统治秩序的犯罪适用刑罚尤为严酷,这就使得这部法典以其残酷的刑罚而著称于世。

二、从刑法典颁布后至1994年新《刑法典》颁布前的法国刑法

1810年《刑法典》为其产生的时代所决定,具有刑罚残酷的特点,这与人类社会的文明显然是不相容的。因此,该法典颁布不久,在1832年就进行了一次大规模的修改。这次修改以1830年革命后的人道主义思潮为背景,其规模涉及90个条款,包括把死刑减至9种,废除烙印及死刑执行前先残害肢体的酷刑等。1832年后,法国的刑法依然处在不断变化之中,其总的改革趋势是在新的刑法理论指导下,刑罚的残酷性和野蛮性逐渐减轻,刑法制度越来越完备,越来越有利于预防犯罪和改造罪犯。例如,1863年对刑法典再次进行大规模修改,1865年颁布了累犯防止法,规定了假释制度,允许对判处6个月以下徒刑执行已满3个月者、6个月以上徒刑执行已满1/2者、累犯刑罚已执行2/3者有条件地实行假释。假释期间倘实施犯罪则取消假释。1891年法律又规定了缓刑制度。

第二次世界大战后,法国刑法又有新的发展,为了适应刑法个别化的要求,便于犯人重返社会,适应正常的社会生活,1972年颁布法律规定了监外执行、半自由刑和外出制度。所谓监外执行,指犯人可以在监狱外被雇佣并在行政人员监督下工作。半自由刑指犯人可以在监外从事职业活动,其工作条件可与自由人相同,只是每天必须返

回监狱。1975年颁布法律又进一步完善了假释制度。1981年的《废除死刑法》废除了死刑。此外,受社会防卫思潮的影响,法国于20世纪70年代以来还陆续颁布法律,对犯罪受害人的合法权益给予保障,例如,要求犯罪嫌疑人提供担保以赔偿因犯罪造成的损失等。[1]

三、1994年新《刑法典》

1810年《刑法典》问世后,法国曾几次起草新的刑法典草案,1992年终于完成了制定和颁布新刑法典的工作,这部法典于1994年3月1日生效。

新《刑法典》共计6卷,第1卷为总则,其余各卷相当于刑法的分则部分,分别取名为"侵犯人身之重罪、轻罪"、"侵犯财产之重罪与轻罪"、"危害民族、国家及公共安宁罪"、"其他重罪与轻罪"和"违警罪"。新《刑法典》的体系与旧《刑法典》相近,只是分则部分在排列顺序上有些调整,即分则的第一部分(法典第2卷)不是关于侵犯公共权益犯罪的规定,而是关于侵犯人身权犯罪的规定,其次是关于保护财产权的规定,再次才是有关惩治危害民族、国家、公共安宁的犯罪的规定。

新《刑法典》在适用刑法的基本原则、刑法的基本制度以及刑法概念、术语等方面和旧刑法典之间保持了继承与被继承的关系。新《刑法典》同样坚持了"罪刑法定"原则、"法不溯及既往"原则和"刑法应严格解释"等原则,保持了犯罪分为重罪、轻罪和违警罪的分类方法,也承袭了传统的法律概念。

如前所述,在1810年刑法典颁布至新刑法典生效的近200年时间里,法国刑事法律制度已经发生了巨大变化。通过修改法典、颁布单行法以及通过司法实践,很多新的制度、罪名、概念、思想和主张得到了认可和实施。过去改革的成果在新刑法典中都有所体现,像"反人类之重罪"、"恐怖活动罪"的概念,有关未经本人同意在人身上进行试验的规定等都属于这种情况。

新刑法典并不拘泥于过去已经取得的立法成果,为适应时代发

---

[1] 曾尔恕主编:《外国法制史》,北京大学出版社2003年版,第314页。

展的需要,它呈现出了一系列新的特点,比较突出的有:第一,新法典强调了对人身权的保护,而在危害人身的犯罪中又把反人类之重罪放在首位加以规定。第二,确认了法人对相应的犯罪应负刑事责任的制度,法人犯罪的刑罚种类有罚金、解散、禁止从事某种职业或社会性活动,关闭用于实施犯罪行为的企业机构,实行司法监督,禁止参与公共工程,禁止公开募集资金,禁止签发支配或使用信用卡付款,没收旨在用于实施犯罪之物或犯罪所生之物,张贴或公布关于法人犯罪的判决等。[①] 第三,提高了轻罪最高监禁刑的刑期。

第六节 司法制度

一、法院组织

法国实行司法双轨制,其法院组织分为普通法院和行政法院两个系列,两者互不隶属,各自依法行使自己的司法权。这一传统来自大革命时期,特别是拿破仑一世统治时期。两个系列法院的内部结构原则上也奠基于19世纪的拿破仑一世时期。

(一) 普通法院

普通法院由审理一般刑事、民事案件的普通司法法院和审理除行政案件外的某些专门案件的专门法院组成。

普通司法法院的一个重要特点是一所法院在审理民事案件和刑事案件时,分别使用两个名称。这一系列的基层法院是初审法院,其前身是拿破仑时代的治安法庭。它负责审理关于动产的一审民事案件,当它审理刑事违警罪一审案件时便称为违警罪法院。初审法院之外的民事一审法院是大审法院,负责审理关于不动产的一审案件等,它审理一审刑事轻罪案件时称轻罪法院。初审法院和大审法院之上为上诉法院。内设民事审判庭和轻罪上诉庭等,分别受理不服一审法院判决的民事、刑事上诉案件。法国实行两审终审制,上诉法院的判决即为终审判决。普通司法法院中另一所刑事一审法院为重

---

① 何勤华主编:《外国法制史》,法律出版社1997年版,第340页。

罪法庭,审理刑事重罪案件,重罪法庭是法国惟一适用陪审制的普通司法法院。

法国的专门法院主要有商事法院、少年法院、社会保险事务法院、劳资法院等。

普通法院系统中的最高司法机关是最高法院,不服普通司法法院或专门法院的一审判决,均可直接上诉至最高法院。

(二) 行政法院

行政法院作为独立于普通法院之外的一种法院组织,最早出现于1799年拿破仑一世在位时,后逐渐完善,今天的法国行政法院系统包括国家行政法院、行政上诉法院和基层行政法院。

行政法院系列中一个非常重要的司法组织称权限争议法庭,负责审理普通法院和行政法院之间在案件管辖权方面的积极争议或消极争议。所谓积极争议指双方都认为自己享有该案件的管辖权,消极争议即双方都宣布自己无管辖权。当普通法院和行政法院出现上述管辖权争议时,权限争议法庭不仅有权裁决案件应由何方审理,而且有权就案件本身做出实体判决。

二、诉讼制度

法国的诉讼制度主要通过系统完整的诉讼法典来规范,另外辅之以不同时期颁布的单行法律,以便修改、补充和完善法典。1973年法国批准了《欧洲人权公约》,该公约对法国的司法审判活动有高于国内法的效力,欧洲人权法院的司法判例对法国法院也有指导意义,从而使法国的诉讼制度更加完备。

(一) 1806年《民事诉讼法典》和1808年《刑事诉讼法典》

该两部法典和1804年民法典一样,在人类法制史,特别是大陆法系形成的历史上具有里程碑的意义。

《民事诉讼法典》制定于1806年2月24日,1807年1月1日生效。它主要仿照了1667年法国封建的民事诉讼法令,同时吸收了大革命时期的革命成果。它由2编组成,共1042条,第1编规定了法院的诉讼审级和起诉、传唤、证人、鉴定人、回避、辩护、调解以及行政诉讼费等程序和制度。第2编是关于继承开始的程序、仲裁程序、共同规则等方面的规定。这部法典确立了民事诉讼和行政诉讼中的当事人主义原则以及民事诉讼采用口头辩论的原则。根据当事人主义原则,除涉及公共秩序的案件外,案件一般由当事人提起。诉讼中当事人掌握诉讼的进行,他们有权放弃诉讼和同意对方当事人的主张。法官基本保持中立,他们行使职权受到限制,例如,不得传唤未经当事人指定的证人,不得索取当事人隐藏的书面材料等。根据口头辩论原则,除最高法院外,其他法院在民事诉讼中不实行书面审。

1808年《刑事诉讼法典》制定于该年11月7日,同月27日公布实施,它由总则和2编组成,共643条。总则是关于起诉和侦查的规定,第1编是搜查程序,第2编是审判程序。它的一些内容来自1670年路易14时代的刑事诉讼法,更继承了大革命时期所确认的无罪推定、法官自由心证等刑事诉讼原则,规定了重罪实行陪审的制度以及检审合一制,以及检察官行使起诉权,预审法官行使预审权,法官独立行使审判权的追诉、预审与审判职能分离等制度。法典还融罗马法、日耳曼法、基督教会法的传统于一炉,规定在法庭审判前的诉讼程序中采用书面审理,不进行公开辩论。在法庭审理阶段再采用当事人公开辩论的控诉式审判制度。

(二) 1959年新《刑事诉讼法典》和1976年《民事诉讼法典》

拿破仑时期编纂的《刑事诉讼法典》和《民事诉讼法典》历经修改,分别于1959年、1976年被新的《刑事诉讼法典》和《民事诉讼法典》所取代。两部法典颁布后仍在随着时间的推移而不断变化。目前,法国的民事诉讼法典由两部分组成,第一部分内容涉及各种法院所共同适用的规则,第二部分是关于各级法院诉讼程序的规定。这部法典保留了原法典所确立的当事人主义的原则,但同时也加强了法院的作用,法官的权力更加明确。例如,法典规定,诉讼的提起依据当事人意愿,第54条规定起诉的方式有:向法院书记室提出诉状或声明,当事人自愿到庭,当事人提出传唤状以及向法院书记室提交共同诉状等。诉讼的继续也依当事人自愿,同时法官也有一定作用。法典第127条、128条指出:"在诉讼进行的整个过程中,当事人得自行和解,或者由法官提议和解。""在法官认为有利的地点与时刻,均得试行和解。"另外,法典的立法风格比较接近于注重学理的德国风格。

现行刑诉法典包括卷首和5卷,共803条。卷首:公诉和民事诉讼。第1卷:提起公诉和进行预审。第2卷:审判管辖。第3卷:非常上诉的途径。第4卷:特别诉讼程序。第5卷:执行程序。该法典在审判方式上倾向于进一步消除纠问式的审判方式的残余,更注意提高审判效率和质量,同时注意加强诉讼中的人权保障,如尽量减少审判前的羁押;预审程序由书面秘密审理改为当面讯问并进行对质,讯问和对质时应有辩护人在场以及简化某些刑事犯罪案件的诉讼程序等。

【思考题】
1. 1789年人权宣言的主要内容及其意义。
2. 1804年法国民法典的主要特点及其世界影响。
3. 法国行政法的主要特点。

第十二章 德 国 法

德国法以概念精确、法理精深、立法技术高超、法律体系完备而著称,因其具有鲜明的民族和时代特色,推动了大陆法系的现代发展,成为继法国法之后大陆法系的又一分支。以德国民法典为代表的一系列规模宏大、规范详尽的成文法典,对世界上许多国家的立法都产生了深远的影响。

第一节 德国法的形成和演变

一、德国封建法律的形成和演变

德国原是法兰克王国的一部分,公元 919 年,东部法兰克的萨克森公爵被推举为国王,由此开始了德国的历史。公元 962 年,德干奥托一世接受了罗马教皇的加冕,建立"德意志民族神圣罗马帝国",一度国势强盛。此后,由于诸侯纷争、邦国林立、教权与皇权的矛盾加剧等诸多因素,德国一直处于四分五裂的状态。1806 年,拿破仑摧毁了这个徒具虚名的帝国。1815 年成立的德意志邦联,由 34 个封建君主国和萨克森等 4 个自由城市组成,但依旧是一个极为松散的政治联盟,其中以普鲁士和奥地利两个邦最为强盛。由于德国在整个封建制时期政治上始终处于分裂割据状态,严重影响了德国封建社会经济与文化的发展,其封建法律也以法律的分散混乱和法律渊源的多样化为主要特征,而且发展相对缓慢。

德国法的历史向前可以追溯至古日耳曼人的部落习惯。10 世纪德意志民族国家创建,由法兰克时代的日耳曼法演变而来的地方习惯法是德意志王国最早、也是最主要的法律渊源。这种地方习惯法早期一直没有文字记载,直到13世纪,才逐渐出现了习惯法汇编,其中最为著名的有《萨克森法典》和《土瓦本法典》。《萨克森法典》主要论述了地方法院所适用的固有习惯法及封建采邑法,并吸收了教会法的某些规范,内容比较粗糙简陋,适用于德意志北部及中部一带。《土瓦本法典》则汇集了德意志南部,特别是土瓦本地区的习惯法以及查理大帝的敕令。这两部习惯法汇编在德国境内广泛流传,成为各地法院判案的依据,在一定程度上为近代德国法典化奠定了基础。此外,以王室法令、帝国议会立法为主体的帝国法令,各邦国、各封建领地内适用的地方领主法、专门适用于自治城市的城市法,以及罗马法和教会法等,构成了德意志王国纷繁复杂的法律渊源。

从15世纪末开始,德国法的发展呈现出一些新的特点,一方面,德国开始了对罗马法的全面继受,尽管13世纪罗马法事实上已经在德国各地法院得以适用,但是直到1495年,帝国法院才正式确认罗马法为德国民法的有效渊源,罗马法在德国境内得到越来越广泛的适用,德国采用罗马法已经不限于个别条文而是全部内容了,从此,罗马法对德国法律发展的影响愈加深远;另一方面,德国各地普遍出现了法典化趋势的趋势,"神圣罗马帝国"及其各邦国先后编纂了成文法典,实现了主要法律部门的法典化。其中最著名的有:1532年"神圣罗马帝国"皇帝查里五世制定的《加洛林纳刑法典》,巴伐利亚1751年刑法典、1753年诉讼法典以及1756年《巴伐利亚民法典》,普鲁士1781年《弗利德里希法令大全》、1794年《普鲁士民法典》、1850年《普鲁士王国宪法》和1851年刑法典,奥地利1811年《奥地利民法典》,等等。这些成文法典一方面反映了资本主义经济关系产生和发展的社会现实,包含了一些反映资产阶级利益要求的法律原则和规范,但是另一方面继续顽固地保留封建性质的传统规范,对以后德国近代法律体系的形成产生了深远影响。

二、德国近代法律体系的创建

19世纪上半叶,德国资本主义经济发展迅速,消除封建割据,实现国家统一是新兴的资产阶级的迫切要求。但是,1848年爆发的德国资产阶级革命浅尝辄止,既没有解决国家统一的问题,也没有摧毁封建制度。由于德国资产阶级的软弱和妥协，以及封建容克贵族的资产阶级化，德国最终采取了不同于法国大革命的自上而下的资本主义的改革模式，为德国统一和向资本主义过渡准备了条件。通过改革，面积最大、人口最多的普鲁士经济实力和军事力量显著增强，成为德国统一的领导者。1861年普鲁士亲王威廉一世即位，任命俾斯麦为普鲁士首相，俾斯麦宣称将以"铁血政策"实现德国的统一。自1864年起的三次战争，普鲁士先后打败了丹麦、奥地利和法国，扫清了德国统一道路上的各种障碍。1871年1月18日，德国历史上第一个统一的资产阶级国家——德意志帝国宣告建立。

德国的统一为德国近代法律制度的创建奠定了政治基础，统一后的德意志帝国在各个部门法领域内进行了大规模的全面立法。自1871年开始，先后有宪法、民法典、商法典、刑法典、民事诉讼法、刑事诉讼法和法院组织法等各项法律陆续出台，至第一次世界大战爆发，德国基本上确立了比较完整和颇具民族个性的近代资产阶级法律体系，构成了大陆法系的又一个典型国家。

德国近代法律制度创建伊始，就带有鲜明的国情和时代特点。首先，德国近代法律保留了大量的封建残余。如前所述，德国由封建社会向资本主义社会的过渡是通过以容克封建贵族为领导的温和的自我改良完成的，封建主义并未得到完全彻底的铲除，君主专制仍然被视为国家政治生活中的重要准则。即使是资产阶级化程度较高的普鲁士容克贵族也不愿意轻易放弃自己的封建特权和利益，这决定了德国近代法律建设必然保留大量的封建残余。其次，德国近代法律制度有着浓厚的军国主义色彩。德国是靠普鲁士容克贵族以武力征服的方式统一起来的，有着军国主义传统的普鲁士在统一后的国家中居于霸主地位。这一特殊的国情在德国近代资产阶级法律制度中得到充分反映，它公开确认普鲁士对国家的支配地位，维护普鲁士邦的特权，继承普鲁士的法律传统，特别是军事法律传统，处处体现容克贵族和大资产阶级的意志，保护军阀势力的利益和需要。其三，德国法律体系创建之时，资本主义已在世界范围内由自由走向垄断，德国法在研究和吸收法国资产阶级立法经验的基础上，对发展起来的资本主义经济关系和社会关系给予了充分反映。从内容上看，既保留了自由资本主义时期法律文化的基本特征,又有垄断资本主义阶段的时代特征。如个人对私有财产享有无限制的原则虽然保留,但已有所限制;其创立的法人制度则适应了垄断阶段迅速发展起来的各类公司的需要。如果说法国法是近代资产阶级立法的样本,那么德国法则是资本主义国家由近代向现代过渡时期立法的典型代表。最后,德国立法技术发达,学理精深。德国统一后的资产阶级法律制度在立法传统上更接近罗马法,形成了善于抽象概括,注重体系严谨的立法风格。德国在中世纪曾以"神圣罗马帝国"自居,法学家们一直更为注重对罗马法中的《学说汇纂》进行整理和研究,因此,德国法,特别是它的私法以及整个法律思维方式都受到了古罗马法的强烈影响,其民法典文字考究、学理精深,素有"现代罗马法"之称。

三、德国法律制度的发展与蜕变

(一) 魏玛共和国时期法律的进一步发展

1918年,德意志帝国在由自己挑起的第一次世界大战中节节败退,陷入重重危机。同年,柏林爆发了大规模的人民革命运动,推翻了德皇威廉二世的帝国政府。1919年在德国中部的城市魏玛召开了国民会议,制定宪法并组建政府,魏玛共和国宣告成立。

尽管魏玛共和国只存在了短短的十多年,但却是德国历史上第一个民主共和国,具有某种里程碑意义的象征,这一时期的法制建设在德国法制史上也具有重要地位。概括而言,魏玛时期的法律发展主要集中在宪法、社会化立法两个方面。通过宪法规定的具体制度,首次在德国实践了共和制和资产阶级民主政治,充分保障公民的各项民主权利,并首创公民参与企业管理的制度。在社会化立法方面,适应垄断资本主义发展的需要,加强了国家干预社会经济、限制私有财产权、规范经济秩序以及保障劳工权益等方面的规定。德国的社会立法和劳工立法不仅出现较早,特色鲜明,而且相对比较发达。总之,在魏玛共和国时期,德国的法律制度得以进一步发展和完善。

(二) 德国法西斯时期法律的蜕变

从1929开始的席卷全球的经济危机,同样给德国经济以致命的打击。首当其冲的受害者是社会中下层大众,大量中等阶级和失业工人普遍感到生活窘困,缺乏保障,社会矛盾十分尖锐。受到垄断资产阶级纵容和扶持的、以希特勒为首的纳粹党乘机蛊惑人心,以极端的种族主义理论欺骗群众,不断扩大自己的影响力。1933年1月,共和国总统兴登堡任命希特勒为总理组织政府,从此,魏玛共和国的历史宣告结束,德国进入了法西斯统治时期。

希特勒掌握国家政权以后,以暴力为后盾,全面抛弃魏玛共和国时期所实行的资产阶级法律原则,建立起一整套法西斯式的法律制度。法西斯政府颁布了一系列确立法西斯专政的根本法,在民法、刑法、经济法以及诉讼法等部门法领域,全面推行法西斯主义和种族主义,实行法西斯专政。法西斯法是一种特殊形式的资产阶级法律制度,其基本特征是:残酷镇压工人阶级和各种进步力量,取消公民最低限度的民主权利,推行个人独裁和法西斯一党专制,在整个社会全面推行种族主义,公开宣扬恐怖统治和疯狂的侵略政策、战争政策。总之,法西斯法律制度的产生和确立意味着德国法的扭曲与倒退。

四、德国现代法律制度的重建

1945年,第二次世界大战以德国法西斯政权的全面失败和彻底崩溃而告终。根据《波茨坦协定》,以美英法为一方,苏联为一方,分别对德国西部和东部实行军事占领和管制。1949年,德国西部和东部分裂为德意志联邦共和国和德意志民主共和国两个独立的国家。德意志联邦共和国成立后,废除了法西斯时期的法律制度,重新构建起适应德国社会发展现实的新型的资产阶级法律制度。1949年颁布的基本法,以国家根本大法的形式彻底消除法西斯专政死灰复燃的可能性,保障公民广泛的民主权利和自由,确立了三权分立的政治体制,重建德国的民主政治制度;在民法和刑法领域,继续沿用19世纪末20世纪初颁布实施的刑法典、民法典、民事诉讼法和刑事诉讼法,并适应现代经济生活和政治生活的需要,对它们进行了频繁的大量修改,同时制定了大量的单行法规以弥补法典的不足;承袭魏玛时期的立法传统,德国形成了数量繁多、体系完整、内容丰富的经济法体系,以及有关社会福利与救济的功能完善的社会立法系统。

1990年10月3日,德国结束了近半个世纪的分裂,再度实现了国家和民族的统一。德意志民主共和国并入德意志联邦共和国,德意志联邦共和国的各项法律全面适用于统一后的德国,原民主德国的法律除个别需要保留的作为地方法规继续存在以外,几乎所有法律全部被废除。为适应统一后出现的新情况和新问题,德国也对统一前的各项法律制度作了必要的修订,如1994年对基本法和刑事诉讼法的修订等。

第二节 宪 法

一、德国统一前的立宪活动

早在德国统一以前,由于资本主义的迅速发展,加之受到法国资产阶级革命及其频繁的立宪活动的影响,德国邦联和各邦先后着手制定了宪法。尽管部分宪法最终未能实施,但是,这些立宪活动的尝试为日后德国统一宪法的制定奠定了基础。

(一) 1848年法兰克福宪法

1848年德国革命爆发后,德意志邦联国民议会在法兰克福召开了制宪会议,以微弱多数通过了法兰克福宪法。但是,由于受到各邦议会的抵制,这部宪法最终流产,未获施行。

宪法以较大篇幅规定了公民的各项民主权利与自由;主张建立统一的德意志帝国,各邦享有一定的主权,但外交权与军事权由德意志帝国中央行使;实行君主立宪制,皇帝从各邦国王中选出,与内阁协同管理国家,拥有较大权力;帝国议会由上下两院组成,上院议员由各邦议会和政府任命产生,下院议员则通过普选产生;设立帝国最高法院作为国家最高司法机关,有权就法律问题裁决各邦之间、政府与议会之间的争端。该宪法是在借鉴美国宪法及西欧各国宪法的基础上产生的,为此后德国多部宪法的制定提供了参考。

(二) 1850年普鲁士王国宪法

1850年在德国革命形势的压力之下,普鲁士国王颁布了钦定宪法。该宪法共9章119条,规定实行君主立宪制,"国王人身神圣不可侵犯",拥有广泛权力,包括宣战和媾和的权力、决定国会的召开和解散的权力、法律提案权和对国会两院通过的法律的否决权,内阁大臣对国王负责而不是对国会负责;国会实行两院制,上院由国王任命的终身或世袭的议员组成,下院通过选举产生,但是根据选举法的规定,事实上只有有产者才有资格当选,因此,容克贵族和大资产阶级在人数上占有绝对优势;规定实行司法独立和法官终身制,但是高级法官由国王任命,一切判决均以国王的名义宣告和执行;确认了普鲁士19世纪初形成的普遍的义务兵役制。该宪法虽然在一定程度上反映了资产阶级宪法的一些特点,但其实质是以维护普鲁士国王的绝对权威为核心,同时加强了军国主义的势力。

(三) 1867年北德意志联邦宪法

普鲁士通过自身的改革,在德意志民族统一的进程中日益强大。1866年普鲁士在普奥战争中胜利,成功地将奥地利排挤出德意志邦联,巩固了其在德意志北部和中部的霸主地位。同年,以普鲁士为主导的"北德意志联邦"成立,次年《北德意志联邦宪法》诞生。

宪法规定,实行君主立宪政体,联邦内部各邦形式上保持独立,联邦立法机关由国家议院和联邦议院组成,前者由普选产生,后者由各邦的代表组成,普鲁士在其中处于霸主地位。普鲁士国王同时担任联邦元首,军队的最高统帅,普鲁士宰相兼任联邦首相,仅对皇帝负责,不受议会控制,从而确立了普鲁士为首的容克贵族和大资产阶级的政治体制联盟。该宪法承袭了1850年普鲁士宪法的基本原则和内容,并为1871年德意志帝国宪法的制定提供了蓝本。

二、1871年德意志帝国宪法

1871年,俾斯麦宣告统一的"德意志帝国"成立,普鲁士国王威廉一世为德意志帝国皇帝,俾斯麦被任命为德国首相,史称"第二帝国"。帝国成立后,对1867年《北德意志联邦宪法》稍加修改,提交给新选举产生的德意志帝国议会,1871年4月16日,新宪法通过。

1871年宪法全文共14章78条。其主要特点如下:

1. 宪法规定的国家结构形式是联邦制。但与其他联邦制国家相比,帝国中央明显享有更多的高度集中的权力。有关军事、外交、关税、银行、货币、邮电、铁路、迁徙、出版以及刑事和民事的立法权均掌握在帝国中央手中,各邦仅保留教育、卫生、宗教以及地方行政等方面的权力。帝国中央的法律高于各邦法律,各邦法律如与之相抵触必须服从之。该宪法实际上取消了各邦的独立地位,各邦的权力大为削弱,已在事实上成为帝国中央的地方自治单位。

2. 宪法确定了君主立宪制的国家政体,但实际上权力集中在皇帝和首相手中,议会不过是粉饰门面的机构。宪法规定世袭的皇帝既是国家元首,又是最高行政首脑。他可以召集议会,提出法律议案、公布法律、根据联邦议会的决议提前解散帝国国会,有权统帅帝国军队、对外代表国家、任命驻外使节等,其权力之广泛不亚于封建皇帝。首相是从属于皇帝的最高行政官吏,根据皇帝的旨意并以皇帝的名义领导帝国行政工作。他由皇帝任命,其工作权对皇帝负责而不向议会两院负责。首相不但操纵国家行政权,而且皇帝在公布帝国法律时还需由他副署。议会由联邦议会和帝国国会两院组成。联邦议会的议员由各邦从高级官吏中任命,代表各邦元首。因其不是由选举产生,所以他仅对各邦元首负责而无须向选民负责,完全是一个从属于行政权的机构。帝国国会名义上是人民代议机构,实际上权力很小,没有一个对其负责的政府,是从属于皇帝、首相,还包括从属于联邦议会的咨议性机构。

3. 宪法确立了普鲁士邦在整个帝国中的领导地位。作为国家政治权力的中轴,普鲁士的皇帝和宰相同时又是德意志帝国的皇帝和首相,而且联邦议会的主席也由普鲁士宰相俾斯麦兼任。联邦议会共有58个议席,普鲁士邦占有17席,其他每邦只有1至6个席位。表决时每个席位为1票,只要满14票就能反对任何宪法修正案,所以,普鲁士邦实际支配着国家根本法的命运。在帝国国会,普鲁士的议员人数占议员总数的60%,因而也可以左右立法活动。

4. 国家实行普遍义务兵役制,推行普鲁士的军国主义。凡普鲁士的军事警察之立法、法典、法庭条例、兵役制度等一律于宪法颁布之日起在全德国推广。年满20岁到28岁的公民编入常备军,28岁至29岁的公民编为后备军,以保证和平时期国家常备军人数不少于全国总人口的1%。

1871年宪法是一部以议会装饰门面,混杂着封建残余,具有浓厚军国主义色彩的资产阶级宪法。宪法的这一特点对德国的政治生活产生了深远影响,德国之所以成为两次世界大战的策源地绝不是偶然的。当然,1871年宪法作为德国第一部得到真正实施的、统一的资产阶级宪法,对促进和巩固国家统一,发展生产力也有一定的积极意义。

三、1919年魏玛宪法

魏玛宪法是德国第一部资产阶级共和制宪法,也是资本主义进入垄断时期产生的第一部现代资产阶级宪法。1918年,历时4年的第一次世界大战以同盟国的失败而告终,战争加深了德国的政治、经济危机。在国内革命力量的冲击之下,德意志帝国土崩瓦解,德意志历史上第一个共和国——魏玛共和国时代开始。1919年,德国国民议会召开制宪会议,经过六易其稿,正式通过了《德意志联邦宪法》,又称"魏玛宪法"。

这部宪法共2篇181条,基本内容如下:

1. 宪法确立了联邦制的国家结构形式,赋予联邦中央以极大权限,削弱了普鲁士对各邦的霸主地位。宪法将立法权分为联邦专有和联邦与各邦共有两部分,有关外交、殖民、国籍、关税和货币等重要立法为联邦专有;刑法、民法、出版、卫生、商业等立法权为联邦与各邦共有,但是联邦享有优先权,可见,就整体而言,联邦中央拥有广泛权限。同时,宪法对帝国宪法中由普鲁士皇帝、宰相兼任联邦元首和首相的规定予以废除,对不平等的议席分配方法也进行了修改,规定各邦均按人口平均数字分配议席。尽管这种新的议席分配方式仍有利于普鲁士邦,但它已不能左右国家的根本立法。

2. 宪法规定国家管理形式为总统制共和国,赋予总统广泛权力。总统是国家元首,由直接选举产生。总统拥有极大的权力,可以代表国家,统帅军队,提前召开和解散国会。特别是宪法第48条规定,总统有权以武力强制各邦遵守德意志联邦宪法和法律,可以停止宪法规定的基本人权,以武力恢复所谓公共秩序与安宁。宪法关于总统权力的规定承袭了德意志皇帝独裁的传统,为统治阶级镇压革命、消灭民主制度提供了宪法依据。法西斯势力上台后立即利用魏玛宪法的这部分规定把德国投入到了黑暗的法西斯专政之下。

3. 宪法以5章57条的篇幅对公民的民主权利作了极为详尽的规定。它几乎罗列了历来资产阶级宪法和权利宣言关于公民基本权利的内容，如公民有工作权、休息权，国家保护劳动力，对失业者实行救济。国家保护家庭、婚姻、子女（包括非婚生子女）和青年。公民在法律面前一律平等，男女平等。公民有迁徙、移住国外、言论、人身、住宅、秘密通讯、发表意见、和平集会、选举、请愿、结社、宗教信仰、学术研究等自由。此外，宪法还规定公民"所有权受宪法保护"，公民享有"经济自由"、"工商业自由"和"契约自由"。对如此广泛的公民基本权利的规定和保障，在资产阶级宪法史上是前所未有的，此后为许多国家的宪法所效仿。

4. 将"经济生活"列为专章，并规定了许多社会化的原则和措施。作为一部现代资产阶级法典，魏玛宪法对如何运用国家权力调节资本主义经济生活，以便更好地维护统治阶级的整体利益给予了高度重视。宪法在对私人财产所有权和公民从事各项经济活动的自由予以肯定和保护的同时，不再强调私有财产神圣不可侵犯，而是强调社会化原则，如所有权之行使同时应当增进公共福利；国家可以依法征收继承财产；土地的分配和利用受联邦监督，因需要土地所有权得征收之；联邦得依法律将私人企业"收归国有"，但应给予赔偿等。魏玛宪法还肯定了实行所谓工人参与企业管理的"劳工会议制度"和"经济会议制度"。它规定由劳动者、受雇者和企业主"共同管理企业"，劳资双方派代表组成劳工会议，负责"制定工资劳动条件和生产力上全部经济发展之规律"。同时在全德和各经济区建立有劳资双方、重要职业团体等组成的经济会议，审议和提出"关系重大之社会经济和法律草案"，并派一名代表出席联邦国会。宪法规定"劳工会议和经济会议，在该管辖范围内，有监督及管理之权"。"劳工会议制度"和"经济会议制度"是现代资本主义国家为标榜经济民主而创设的。

魏玛宪法反映了资产阶级宪法的现代发展，它不仅对德国在第二次世界大战后宪政原则的确立和发展有着深远影响，而且为其他各国现代宪政原则的确立和宪法的制定提供了模式和范例。

四、法西斯根本法

1933年初,纳粹党头目希特勒就任德国政府总理。他上台后,总统兴登堡利用魏玛宪法赋予总统的极大权力宣布取消公民所有的民主权利。与此同时,希特勒颁布了一系列带有国家根本法性质的法西斯法律,魏玛宪法建立的资产阶级民主制度被彻底摧毁。

希特勒颁布的法西斯根本法主要有:

1. 1933年3月22日《消除人民和国家痛苦法》即"授权法"。该法"授权"希特勒操纵下的政府制定法律,其法律可以和宪法相抵触。它还规定政府总理希特勒有权起草法律、公布法律、令法律立即生效。这项法律把国家立法权、行政权集中于希特勒一人手中,从而确立了他对国家的个人独裁。

2. 1933年4月7日《文官任用法》。这是一项典型的种族主义和排斥异己分子的立法。它以非日耳曼人、"不称职"、"缺乏必要教育和训练"为借口,排斥一切非纳粹公民,特别是进步人士担任国家公职或半公职人员。所谓公职或半公职人员的范围非常广泛,既包括国家文职官员、司法官吏、军队、警察等部门的任职人员,甚至也包括公共企业中的政府雇员和工人,国家投资百分之五十以上的半官方企业的雇员,有官吏权利和义务的社会事业单位职员以及学校的教员等等。这项法律还规定,1918年革命前为雇员或劳动者,革命后由于政党关系担任官吏者,概行免职。显然《文官任用法》的矛头是针对纳粹党以外的一切社会力量的,其目的在于以纳粹党一党来最大限度地控制和清洗国家机关。

3. 1933年12月1日《关于政党及国家之保障的法律》。该法规定国家社会主义工人党的法西斯主义是德国国家的指导思想,党和国家相结合,国家社会主义工人党党魁即为各级行政首脑。这就把国家完全控制到了法西斯政党党徒手中。

4. 1934年7月14日《禁止组织新党的法律》。它宣布国家社会主义工人党是惟一合法的政党,凡维持其他政党或组织新政党的人都以谋叛论罪。这项法律颁布后,本来已经名存实亡的国会,其议员又全部换成了清一色的国家社会主义工人党党徒。其他一切政党,甚至曾一度和纳粹党联合过的政党都受到了残酷迫害和打击。

5. 1934年8月《关于帝国最高领袖的法律》。这是希特勒乘兴登堡去世,总统职位空缺之机颁布的旨在巩固个人独裁统治的法律。它规定取消总统一职,把总统和政府总理两个职位合二为一,称为"元首"。希特勒自任元首,任期终身,并可以指定接班人。

6. 有关废除联邦制的法律,主要有《联邦摄政法》、《德国改造法》及其施行令等。《联邦摄政法》颁布于1933年,它规定各邦设"摄政"总揽本邦行政、立法大权。摄政由总统根据政府总理,也就是希特勒的要求任命,必须由纳粹党魁担任,并须对希特勒效忠。《德国改造法》及其施行令宣布废除人民代表制,各邦的权力和邦政府须隶属于联邦政府,各邦官吏统一交由联邦中央调配。这两项法律把各邦政府变成了联邦政府的下属机构,联邦制的德国成为由纳粹党一党控制的中央集权国家。

德国法西斯统治时期所颁布的根本法对历史的反动作用是极为明显的,它是人类法律制度史中最黑暗的法律制度之一。

五、二战后德国西部地区适用的根本法

第二次世界大战结束后,西部德国先后适用了苏、美、英、法四国《联合声明》,《波茨坦协定》,美、英、法三国《占领法规》和《基本法》等规范国家政治、经济基本制度的根本法。

(一)军事占领和管制时期的根本法

苏、美、英、法四国《联合声明》签订于1945年6月5日。它决定对德国实行军事占领和管制,德国被划分为四个占领区,即东区(苏占区)、西北区(英占区)、西南区(美占区)、和西区(法占区)。各占领区的最高权力分别由本区占领军总司令遵照本国政府的训示行使。该声明还规定由四国总司令组成"盟国管制委员会",共同对涉及德国整体的事宜进行处置。委员会做出决定必须经过四国一致同意。对原德国首都柏林,也由四国军事占领,当地行政事务由四国占领当局组成的柏林盟国管制机构共同管理。

《波茨坦协定》于1945年8月由苏、美、英三国政府首脑签署。该协定不仅是一个重要的国际条约,而且在1949年《基本法》产生前

对德国有根本法的作用。它强调战后德国应实行"非军事化"和"非法西斯化"。德国在政治上、经济上都应被视为一个统一的整体,各占领区在经济、财政、进出口贸易等方面应有共同政策。德国暂不设立中央政府,但应"尽快恢复地方自治。"根据波茨坦协定,德国西部占领区先后在各州建立了自治性的管理机构。各州自1946年至1948年间还陆续制定了州宪法,设立了州议会和州政府。这些为以后《基本法》确定西部德国采取联邦制的结构形式奠定了基础。

(二)联邦德国基本法

《波茨坦协定》颁布后,美、英、法三国为了把德国建成他们理想中的资本主义国家,于1947年底召开伦敦会议,公然违反协定,决定率先在德国西部占领区筹建西德国家。此后管制委员会停止工作,四国《联合声明》自行失效。1948年9月,在美、英、法三国占领当局的支持下,西部占领区资产阶级政党代表组成了以基督教民主联盟头目阿登纳为首的65人"协商议会",负责起草制定西部德国的国家根本法。1949年5月8日根本法予以通过,5月23日美、英、法三国军事长官正式批准使之生效。这样,在西部德国地区产生了一部体例完整并具有单一国内法性质的宪法性文件——《德意志联邦共和国基本法》(以下简称《基本法》)。该法后经多次修订,一直使用至今。

《基本法》包括序言和正文。序言称,制定该法的目的在于"为过渡时期的政治生活提供一种新秩序"。序言并号召全体德国人民"通过自由的自决形式,实现德国的统一和自由"。正文11章、146条,基本上继承了魏玛宪法规定的国家制度,重新确立了联邦制的国家结构形式和三权分立的政权组织原则,并在此基础上对魏玛宪法作了一些改进,与此同时,明确宣告废止法西斯式的国家根本法。与魏玛宪法相比,《基本法》主要在以下方面有所发展和变化:

1. 鉴于野蛮、黑暗的法西斯统治所带来的惨痛教训,《基本法》以较大篇幅对公民的基本权利与保障和平问题作了规定。《基本法》第1条宣布:"人的尊严不可侵犯。尊重和保护人的尊严是一切国家权力机构的义务。德意志人民为此确认不可侵犯的和不可转让的人权是人类社会、世界和平和正义的基础。下列基本权利作为直接有效的法律,约束立法、行政和司法。"即便将来修改基本法时也不得涉及以上原则。《基本法》确认每个人都享有生存权、肉体完整权以及不受妨碍地发展自己人格的权利,"任何人不得因性别、世系、种族、语言、籍贯、出身、信仰、宗教或政治观点而受到歧视或优待","任何人不得违背良心被迫拿起武器服兵役","所有德国人有结社、集会的权利","兵役法和劳役法应考虑到兵役或劳役期间基本权利的范围,服役者有权用口头、书面、绘画等方式自由表达和传播其意见。"一旦公民的基本权利遭到国家机关侵犯时,可以通过司法程序获得救济。这些条款显然是对法西斯残害无辜、民族沙文主义、军国主义的一种批判。

2.《基本法》限制了联邦总统的权力,加强了联邦总理的地位。《基本法》规定总统是国家元首,有权颁布议会通过的法律、任命联邦众议院选任的政府总理以及由总理提名的部长、任命外交使节等,但他失去了魏玛宪法所赋予总统的特权,如停止宪法规定的基本人权、用武力强制各邦的权力等。总的来说,总统所享有的职权多半是形式性的和象征性的。联邦总理为联邦政府首脑,行使行政权。根据《基本法》,联邦总理的地位大大加强。总理确定一般政治方针并对其负责,在总理的既定方针范围内,联邦政府各部部长可以独立负责地领导各自管辖的部门,联邦总理根据联邦政府通过的并经总统批准的工作条例领导各部的工作。联邦政府除行使行政权外,还对立法活动等行使最后审核权。联邦议会通过的法律、决议,总统颁布的公告、法令等,须由联邦总理和有关部长副署方为有效。联邦政府总理由众议院选举产生,总统任命,各部部长由总理任免。政府中只有总理向众议院直接负责,但是,根据《基本法》的所谓建设性不信任案条款,即只有先选好继任总理才能对现任总理提出不信任案,对总理的不信任投票制事实上很难行使,众议院对总理的制约权是有限的,因此,联邦德国的政府相对来讲较为稳定。

3.《基本法》首次对政党的权利义务做出宪法规定。《基本法》第21条第1款规定:"政党参与形成人民的政治意志。可以自由建立政党。政党的内部组织必须符合民主原则。"第2款规定:"凡是由于政党的目的或党员的行为,企图损害或废除自由民主的基本秩序,或企图危害德意志联邦共和国的存在的政党,都是违反宪法的。"政党在现代资本主义国家中的地位和作用越来越突出,但是,以根本法的形式对政党制度本身的法律地位作出规定,联邦德国《基本法》当属首创,这为政党活动的法制化奠定了基础。1967年联邦德国颁布了《关于政党的法律》,是目前世界上惟一的政党法。

4.《基本法》确认了限制国家主权、承认国际法的法律效力优于国内法的原则。《基本法》第24条规定,联邦德国可以通过立法将一些主权移交给国际机构,联邦德国承诺同意对其主权进行某种限制,以维护欧洲和世界各国间和平与持久的秩序。《基本法》第25条规定,国际公法的一般规则是联邦法律的组成部分,它们的地位优于法律,并直接创制联邦境内居民的权利和义务。由于《基本法》的制定是在德国战败以及盟军控制之下进行的,这些规定正是这一特定历史条件的直接产物。

5.《基本法》设立联邦宪法法院,并规定了违宪审查制度,加强宪法的实施。授予联邦宪法法院以解释、保证、监督宪法实施之权,它有权裁决联邦与州之间、州与州之间或联邦各机构之间的纠纷,审查联邦和州的法律是否符合《基本法》,审理公民提起的违宪诉讼,审查政党活动是否违宪并需予解散,等等。

联邦德国《基本法》在重新确立联邦德国的国家制度,稳定社会秩序,铲除法西斯统治的消极影响,推进联邦德国的民主政治发展方面发挥了重要作用。尽管《基本法》带有明显的"临时过渡"性,但半个多世纪以来,它在联邦德国事实上起到了宪法的作用。

此外,在1949年制定《基本法》的同时,德国西部地区存在另一个具有最高法律效力的法律文件,即美、英、法三国于1949年4月公布的"占领法规"。根据该"占领法规",三国占领当局掌握和控制西部德国的最高权力,对西部德国全部工业、财政、对外贸易和对外关系有监督权,在认为必要时还可按照本国政府的训令,接管西部德国政府的全部或一部。由于"占领法规"的存在,使联邦德国《基本法》在颁布之初没有能像一个主权国家的根本法那样发挥它应有的作用,它只是"占领法规"的附属物。

(三) 联邦德国《基本法》的新发展

随着国际形势的变化以及西部德国经济的恢复和发展,美、英、法三国和联邦德国之间的关系也逐渐发生了变化。1955年西部德国占领军改称盟军,占领军高级官员改任外交大使。同年5月,"占领法规"正式宣布废除,从此,联邦德国完全成为一个独立的主权国家,德国西部地区所适用的根本法也只有《基本法》。20世纪60年代前后,联邦德国的国际地位,尤其是它在解决欧洲事务中的作用日益提高,《基本法》在西部德国国内政治生活中的作用与日俱增。

自1949年《基本法》实施以来,随着德国政治经济的发展,乃至欧洲和世界政治格局的不断变化,对《基本法》进行必要的修改已经显得越发迫切。除了《基本法》明确规定联邦制和保障人权不得修改外,《基本法》规定的修改程序相对并不严格和复杂。到目前为止《基本法》已经被修改了三十多次,例如,1954年在联邦立法权中增加了国防事务的内容;1956年增加了联邦有权实行义务兵役制并组建武装部队的规定;1968年增加了有关国家处于战争时期或防御状态建立联合委员会的规定,特别值得注意的是同时还增加了公民抵抗权的规定,即"所有德国人都有权在不可能采取其他办法的情况下,对企图废除宪法秩序的人和人或人们进行抵抗。"1976年还就有关州的区域划界进行调整并成立新州,对联邦议院的任期、集会、选举等问题也作了新的规定。

1990年8月31日,德意志民主共和国和德意志联邦共和国宣告统一,前者根据《基本法》加入后者,德意志民主共和国不复存在,自此《基本法》的适用范围扩大到德国现在所有的州,即巴伐利亚、勃兰登堡等16个州。

第三节 民 商 法

一、德国统一前的民事法律概况

中世纪的德国始终未能形成政治上的统一,与严重的封建割据状况相适应,民事法律也呈现出纷繁杂乱的特点。各地适用的民事法律极不统一,除了由日耳曼演变而来的地方习惯法外,主要有普通法、各封建邦国制定的地方法,法国民法典也在部分地区适用。普通法是在罗马法复兴的过程中,以罗马法为主体,融合教会法和神圣罗马帝国法令的因素形成的。尽管1495年帝国法院宣称罗马法为有效渊源,以罗马法为核心的普通法因而被视为通行于全德的法律,但是,相对于各地普遍适用的地方习惯法来说,事实上普通法的内容和适用范围是有限的,它仅涉及一些次要的商业和民事法律关系。德国封建时期,法国民法的传播和适用也是十分有意义的法律现象,它导致了德国法对法国法的吸收,使法、德这两个西欧大陆主要国家的法律制度在内容和形式上更为接近,从而促进了大陆法系的形成。

就德国封建民法的内容而言,其基础和核心是维护封建土地所有制,并进一步维护与之相关的等级分封关系、财产关系和家庭关系;契约关系中,注重保护善意占有第三人的合法权利,保证民事流转关系的正常秩序;长期保留家庭财产共有制,14世纪开始确立了长子继承制,以防止土地分散,采用罗马法以后则开始盛行遗嘱继承制度,教会常常作为遗嘱的执行人,聚敛财产。

18世纪末19世纪初,经过罗马法复兴,随着理性主义思想的传播以及德国资本主义经济的发展,德国各邦相继进行了民法的法典化活动,其中较为重要的是1756年《巴伐利亚民法典》、1794年《普鲁士邦法》和1811年《奥地利民法典》。《巴伐利亚民法典》以《查士丁尼法学阶梯》为蓝本,融合了罗马私法和封建民法的部分规范,分为人法、物法、继承法、债务法四编,是近代欧洲的第一部民法典。《普鲁士邦法》分为2篇43章共19000余条,上篇和下篇的前6章是关于私法的规定,下篇的后半部分是关于宪法、行政法和刑法的规定,内容相当庞杂而琐碎,一方面继续确认和维护封建君主制、封建的土地制度和身份关系,另一方面也在一定程度上反映了德国正在形成和发展中的资本主义财产关系和契约关系,该法典一直施行至德国民法典生效时为止。《奥地利民法典》分为3篇,分别为人法、物法和人法物法的共同规定,共1502条,相对而言,该法典吸收了较多的资产阶级民法精神和原则,在奥地利一直适用至今。各邦制定的民法典尽管在性质上均为封建性的民法典,但都在不同程度上反映了资产阶级民法的一些原则和制度,对德国统一后资产阶级民法的产生和发展起了极为重要作用。

此外,为了消除商法不统一给各邦商事交往带来的不便,1815年成立的德意志邦联在商法领域制定了1848年的《德国流通票据法》,1861年的《德国一般商法典》,为多数邦所采用,是德国统一民商法律的初步尝试。

二、近代德国民商法律体系的确立

各邦民商法的法典化,并未能消除整个德国民商法律的分散杂乱,这种状况严重阻碍了德国资本主义经济的进一步发展。德国统一后,先后制定并实施了1900年的《德国民法典》和《德国商法典》,德国近代民商法律体系初步确立。

(一)1900年《德国民法典》

1.《德国民法典》的制定

1900年的民法典是德国第一部资产阶级民法典,也是19世纪末资本主义向帝国主义过渡时期资产阶级国家编纂的、规模最大、对现代资产阶级民事立法影响最为广泛的一部民法典。它的产生经历了漫长曲折的过程。

早在19世纪初,部分法学家就预见到法律的统一将促进国家的统一和经济的发展,因而提出编纂一部统一的民法典的建议。但由于当时德国邦国林立,缺少统一法律的政治基础,因而没有付诸实现。各中等邦国害怕统一民法典的产生会加强普鲁士的领导权,削弱本邦可能保存的自治权利,所以他们极力阻挠德国民法典的制定。各邦封建主也希望尽量保存维护封建土地所有权、维护等级特权的旧民法制度。因此,制定统一的资产阶级民法典的工作直到德国建立统一的资产阶级国家后才正式展开。

1871年德国统一,在同年颁布的帝国宪法中,规定制定国家统一民法典的权力属于帝国中央,这使得正式起草民法典成为可能。1874年,帝国联邦议会成立了以帕普为首的11人法典编纂委员会。1887年,该委员会提交了第一个民法典草案和草案说明。草案提出后在社会各界引起强烈反响,尤其是工商业资产阶级认为草案是以普鲁士民法为基础,带有浓厚的封建色彩,需要做大规模的改动。为此,1890年,联邦议会又组成以普兰克为首的22人法典编纂委员会,开始起草第2个民法典草案。5年后草案形成,提交联邦议会审查修改。修改后的草案作为第3个草案送帝国国会讨论通过,最后,在资产阶级和容克贵族以及统治阶级内部各派力量相互妥协的基础上,民法典终于在1896年通过,1896年8月19日帝国皇帝批准公布,1900年1月1日开始施行。德国民法典,所以迟迟不能编纂成功,有着深刻的社会、经济和历史原因。法典制定时,正值资本主义在世界范围内由自由竞争走向垄断的历史转折时期。这时各种社会经济关系日趋复杂,新的民事法律问题层出不穷,可是在民事立法上却前无借鉴。要解决这些新发生的问题,就需要反复思考,认真研究。在政治上,德意志帝国成立后,各邦之间长期存在的利害冲突并没有彻底解决。除普鲁士以外,各邦统治者为维护地方利益对编纂法典仍然持消极态度,加之容克地主阶级为维护封建所有制关系极力主张在法典中大量保存封建民法内容,这就使立法者在立法过程中必须不断地花费时间和精力去考虑如何调整统治阶级内部各种势力之间的矛盾和冲突。

各派法学家的持续争论也是影响民法典立法进度的重要原因。主张制定民法典的一派认为:"法律有改造社会的功效",立法是理性的产物,人们凭借理性即可制定法典。以萨维尼为代表的历史学派则不主张过早地制定成文法典,他们认为法律不是理性的产物,而是世代相传的"民族精神"的体现,经过编纂的法典难免"失真"。而且,过早地编纂法典将会使法律的"自由解释和继续改良成为不可能",因此在法的渊源上,认为习惯法肯定优于成文法。几个法学流派的争论持续了将近一个世纪,直到制定法典时仍旧没有休止。另外,法学家们对法典的措辞、概念、术语等还提出了严格的要求。他们都希望对法典"精雕细刻",这也拖延了法典的形成过程。

综观德国民法典的制定经过,可以看出,这部法典是由它的制定者——官吏、议员、法学家、律师、工商界代表、容克贵族代表等经过深思熟虑后精心设计出来的。正因为如此,它能够在吸收法国等其他资本主义国家民事立法成果的基础上,进一步反映德国所特有的国情以及帝国主义时代民事法律关系的新特点,从而在立法上取得重大成功。

2.《德国民法典》的结构与内容

德国民法典共 2385 条,分总则、债的关系、物权、亲属和继承 5 编。

第 1 编为总则,包括人、物、法律行为、期间、时效、权利的行使和提供担保等 7 章。总则编的规定涉及一些为民法典各部分、甚至是为全部私法所适用的一般概念、原则和制度,且其中相当一部分为德国所创设,如法人和法律行为等,因此该编被公认为具有极高的学术价值及立法参考价值。

第 2 编为债的关系,确定了债的通则,以及引起债务关系发生的主要依据:各种类型的契约、无因管理、不当得利、侵权行为等。契约是本编的重要内容,民法典详细地规定了契约的缔结、担保、解除等,并规定了买卖、赠与、租赁、借贷、雇佣、承揽和保证等 10 余种具体的契约种类。

第 3 编为物权法,包括动产和不动产所有权、所有权的取得与丧失、共有、地上权、役权、抵押和质权。相对于第 2 编债的关系中较突出的任意性特点,本编物权法的规定在原则上是强制性的,民法典确立的有关所有权和其他物权的法律关系不得随意变更,意在保障资产阶级的财产权,维护社会秩序的稳定。

第 4 编为亲属法,包括结婚、离婚、夫妻财产、亲属关系、收养、监护、保佐等内容。亲属法中保留了大量封建残余,在夫妻关系方面维护丈夫的支配地位,婚姻关系成立后,丈夫"有权决定有关共同婚姻生活的一切事务",妻子的个人财产由丈夫管理。在亲子关系方面实行封建家长制。非婚生子女受到不平等待遇,他们在法律上被认为与生父没有任何关系,16 岁之前只能要求生父付给一笔抚养费。

第 5 编为继承法,包括继承、继承人的范围和顺序、遗嘱、继承权的丧失和放弃、继承特留份等。继承法规定了遗嘱继承与法定继承两种方式,扩大了遗嘱处分财产的范围,显著地体现了遗嘱自由原则。

3.《德国民法典》的特点和意义

相对于《法国民法典》,《德国民法典》不仅反映了进入垄断资本主义时期民法的新发展,同时也延续了德意志民族的法律传统,体现了德国高度发达的法律科学研究水平。《德国民法典》在内容和立法技术上都具有鲜明的时代特点和民族个性。

就内容而言,民法典适应垄断资本主义时期的需要,在民法的具体制度和基本原则方面有许多创新和发展。德国民法典的这一特质说明它比法国民法典更加适应现代社会生活的需要,相关规定更为完善。

民法典确认了法人作为新的民事权利主体的地位,规定法人分为社团法人和财团法人,法人成立须经法院登记。法典关于法人的性质、组织形式、活动方式及目的的条款多达369条,为公司制度的广泛实行奠定了基础。法典还用7章612条的篇幅把正在发达起来的资本主义债权关系充分加以肯定,对债券、股票及各种票据等都有相应规定,民法典有关债的规定相当突出。

民法典确认了契约自由原则、过失责任的原则和无限私有制原则,同时又对这些原则的适用设定了必要的限制,说明民法典已由早期资产阶级民法上的"个人主义"、"自由主义"、"赢利主义"开始向"社会化"的方向转变。关于契约,德国民法典沿袭了传统的双方当事人意思表示一致,契约即告成立的基本理论。意思表示分内在的方面和外在的方面,民法典一方面规定"解释意思表示,必须探求真意所在",另一方面考虑到商品经济高度发展的现代社会要求更迅速地完成商品流通、设定和变更民事法律关系,又要求把意思表示的外在方面作为确定其内容的一个关键要素。民法典认为当事人有权自由决定契约的种类和内容,同时又规定契约的缔结不得违反法典本身所明确阐释的禁止性规定,也不得违背诸如善良风俗、诚实信用、公平交易等等含义广泛的一般原则。

民法典有关侵权行为法的经典条款第826条规定:"以违反善良风俗的方式故意加害于他人",应承担赔偿责任。第823条指出:"因故意或过失不法侵害他人生命、身体、健康、自由、所有权或其他权利者,对他人负因此所生损害的义务",这说明民法典确认了过失责任原则。该条还进一步规定,行为人虽无过错但有违反法律之可能时,也须承担赔偿责任,从而进一步扩大了侵权行为的责任范围,使大工业化生产带来的众多工伤事故和其他意外事故的受害者,因此而获得赔偿。

民法典中有关所有权的内容贯穿了德国民法典所确认的无限私有制原则,法典第903条指出:"物的所有人,在不违反法律或第三人权利的范围内,得自由处分其物,并排除他人对于物之一切干涉。"第99条规定:"物的果实为物的出产物及依物的使用方法所取得的其他收获物。"第905条:"土地所有人的权利,扩充到地面上之空间与地面下之地壳。"对于所有权,法典给予严格保护。它继承罗马法中"所有权回收之诉"的传统,赋予所有权人要求占有其物的人返还该物的权利,对未经许可擅自进入他人土地、房屋,以及因蒸汽、煤气、噪声等造成的侵扰,法典允许所有权人请求停止侵害,或要求颁发禁止令。但在另一方面,为适应现代科学技术和资本主义现代化大生产的需要,民法典对所有权人的排他权也设定了必要的限制,要求所有权人须受公法规范、社会利益及善良风俗等的约束,并承担关照邻人的义务。

就立法技术而言,民法典结构体系严密而富有逻辑性,用语精确而科学,因而被誉为19世纪"德国法律科学的集成","异常精确的法律的金线精制品"。相对于《法国民法典》,《德国民法典》的5编制结构更为严谨和合理,特别是总则编所阐释的一般原则和抽象概念,在其他各编的规定中得以进一步扩展和具体化,各编之间的逻辑联系也十分清晰,力求规则表达的一致性,避免重复。民法典在语言表述上也使用了大量抽象的法律术语,专业性极强,难以为一般大众所理解。此外,民法典还包含了众多的一般条款,如"善良风俗"、"诚实信用"以及"交易惯例"等相关规定的表述弹性较大,有利于法院根据不同情况对之进行灵活解释,从而为不断发展私法提供了可能。

德国民法典颁布后,促进了国家法律和政治的统一,推动了资本主义商品经济的迅速发展。对许多资本主义国家的民事立法也起到了示范作用。日本明治维新以后的民法,旧中国、土耳其、瑞士等国的民法都先后接受了它的影响。西方国家法学界认为大陆法系有两个分支,一个是以法国民法典为代表的拉丁分支;另一个就是以德国民法典为代表的日耳曼分支。德国民法典的重要意义还不仅于此，它严谨的法律语言、高度概括性的民法概念、高超的立法技巧及其所揭示的民法学科学原理和民事立法的普遍规律都曾或多或少地被不同法律传统的国家所参考和借鉴，从而推动了整个人类法律科学的发展。

（二）1900年《德国商法典》

《德国商法典》于1897年颁布，1900年起正式实施。它是在对1861年《德国普通商法典》进行修订的基础上颁布的，同时也是对《德国民法典》所确立的一般性原则的变更或补充。

商法典共4编、905条，规定了商事交易的一般规则以及关于经销商、代理商等所订契约的特殊规则，还包括对商人身份、商事登记簿、商事合伙、隐名合伙等的各种规定。

关于商人的身份。立法者认为，一个社会的不同职业构成了具有相互独立身份的社会集团，而每一个集团都有其专门的法律，所以商法的第一个问题是要确定哪些人可以具有商人身份并进而可以适用商法典。根据这样一种观念，商法典的第1编就是关于商人身份的规定。法典第1条规定，凡从事法典所列举的9种商业活动之一者，当然取得商人身份。第2条规定，从事大量非商业业务的人在通过商事登记簿的登记后也可取得商人身份。

关于商事公司及隐名合伙。这是法典第2编的内容。第2编确认的公司形式有无限公司、两合公司、股份两合公司和股份有限公司四种形式。其中无限公司的股东须对公司债务负无限责任。两合公司股东中的一人或数人以其一定的出资财产数额对公司债务负责，而其他股东则负无限责任。股份两合公司中至少要有一个股东对公司债务负无限责任，股东大会的决议对该股东不具约束力。股份有限公司将确定的资本分成若干股份，由一定人数以上的有限责任股东认购。隐名合伙是合伙的一种特殊形式，法典第335条规定，在不向第三人公开的情况下，用投资方式加入他人经营的企业为隐名合伙。法典第336条等对隐名合伙人的权利、义务作了明确规定。

商法典第3编是有关商行为的内容，它要求商人对自己的行为和承诺担负比普通人更加严格的责任。

商法典第4编规定了海商所涉及的运输、海损、海上救助、保险等多方面的内容。

《德国商法典》自1900年开始施行,至今仍然有效,不过在内容上已作了不少修改,其中第4编变化最大。

三、法西斯统治时期的民商立法

纳粹统治时期,虽然并未明确宣布废止1900年《德国民法典》,但是急速地颁布了一系列法西斯式的单行民事法规,排斥平等自由的传统民法精神和原则,全面贯彻和推行法西斯的种族主义政策。例如,1933年9月29日制定的《德国世袭农地法》,规定凡面积在75至125公顷的土地为世袭农地,只有日耳曼人才能成为世袭农地的所有者,而1800年以来没有掺杂有色人血统、特别是没有掺杂犹太人血统的才是日耳曼人,才具有"人格",并进而被称作农民。每个农民可以分得一块能够世袭的份地,世袭农地不能分割,只能由一个儿子继承,其他子女无继承土地的权利,必须另谋职业。这项法律充满了民族沙文主义气息,完全背离了民法典无限私有制以及男女继承权平等的规定,为法西斯政权扶植了社会基础,保证法西斯军队有充足的兵源,垄断企业有足够的廉价劳动力。婚姻家庭法也被作为强制推行种族主义的工具,最早而又有代表性的是1935年《保护德国国民的血统及名誉的法律》。它明令禁止德国人与犹太人或有色人种通婚,粗暴剥夺犹太人的德国国籍,严禁犹太人雇佣38岁以下的日耳曼女仆,以防混血私生子出生。为了达到上述目的,该法规定了对婚姻进行严格审查登记的措施。为维护所谓日耳曼种族的纯洁性,法西斯政权还通过法律严禁犹太人利用收养关系获得贵族的高贵姓氏家名。法西斯婚姻家庭法颁布后,进一步刺激了狂热的民族沙文主义情绪,加剧了德国的法西斯化。

四、二战后联邦德国民商法的发展

第二次世界大战结束后,联邦德国废除了法西斯式的民事法律制度,1900年的民法典和商法典得以继续适用。

联邦德国的民商法虽然在很多方面继承了二战前的传统,但它的规模和内容都已不是以往所能比拟的。为了满足现实社会政治、经济生活的需求,联邦德国对民法典进行了大规模修改,法典原2385条中已有800多条被修改、废除或更换为新条文;联邦最高法院等司法机关通过审理案件对法典中的一般条款不断地给予引申和扩大解释,使原有的法典发生了重大变化;颁布大量单行法规,以补充民、商法典的不足,其中较为重要的有1957年《平等权利法》、1961年《土地交易法》、1965年《股份公司法》、《汽车主责任强制保险法》、1976年《专利法》、1989年《产品质量法》等。随着新立法的出现,原来支配德国的民商法的一些基本原则得到了充分发展。例如对行使所有权的限制、对契约自由的限制都更为明确。侵权责任原则也由主要适用过失责任原则过渡到广为适用严格责任原则。为了转移和分散本应由垄断资本所承担的风险责任,建立了普遍的强制劳动保险制度。婚姻、家庭、继承法逐步得到改善,妻子和非婚生子女的民事权利能力和民事行为能力更为充分,离婚的过错原则为"破裂主义"所取代。

由于制定了大量单行法,原来民商法的结构发生了显著变化。第一次世界大战中就已萌芽的经济法从民商法中分离出来,成为一个独立的部门法并获得空前发展。一些仍属于民商法规范的法律部门正在不断完善,目前民商法的改革仍在继续。

第四节 经济法和社会立法

一、德国经济法

(一) 经济法立法概况

德国是后起的资本主义国家,当它建立统一的资产阶级国家时,资本主义经济已经在世界范围内由自由竞争走向垄断。如何在垄断资本主义的大背景下维护市场经济的正常运转,这是统一后的德国在进行全面立法时所面临的一个紧迫问题。为此,德国从建立资产阶级法律体系之初就一直把经济立法放到十分重要的位置上,并给予了高度重视。

德国的经济立法最早活跃于两次世界大战期间。德国是两次世界大战的策源地,为了发动战争和赢得战争,国家对私人经济生活进行了广泛干预,颁布了一系列经济法规。1915 年颁布了《关于限制契约最高价格标准的通知》,1916 年颁布了《确保战时国民粮食措施令》,1919 年颁布了《煤炭经济法》等,对战略物资实行国家管制。还需要重点提及的是 1919 年的魏玛宪法。作为西方国家第一部典型的现代宪法,它对早期资产阶级个人主义、自由主义的立法指导思想加以修正,确认了国家有权对社会经济特别是对私人企业的经济生活进行干预和限制的原则。魏玛宪法的这一创举对推动德国和西方其他国家的经济立法具有划时代的意义。第二次世界大战期间,法西斯德国以"国家社会主义"的名义继续加强国家对经济的控制,先后颁布了《强制卡特尔法》、《德国经济有机建设法》等单行法。依据这些法律,商品的价格、供应、分配、储藏及贩卖、消费等一切都要纳入国家干涉的范围,德国的国民经济被置于单纯为法西斯战争服务的地位。二战期间德国的经济法不是普通的维持市场经济秩序的法律,而是带有封建专制和军国主义色彩的法西斯式立法。

德国经济立法的一个新的历史发展时期开始于二战结束以后。二战后,德国面临的是战乱造成的种种破坏,城市一片废墟,食品等日用品异常匮乏,经济瘫痪,1946 年的工业产值降低到战前 1936 年的 33%。为了重建德国自由竞争的经济秩序,促进德国经济的复苏,经济立法的中心是建立一个自由的社会市场经济。1948 年占领当局制定和颁布了《币制改革法》、《货币改革后经济政策和指导原则法》,实行积极的货币政策,有效地遏制了战后初期严重的通货膨胀,促进了商品的自由流通,为社会市场经济的建立奠定了基础。20 世纪 50 年代以来,德国经济逐步恢复,社会市场经济模式开始运行,防止对自由竞争的限制和破坏,促进社会经济的稳定发展成为经济立法的重心,一方面,《反对限制竞争法》和几经修改的《禁止不正当竞争法》先后颁行,它们彼此互补,共同维护市场经济的自由竞争秩序;另一方面,颁布了《成立专家委员会的法律》和《促进经济稳定和增长法》,力图减少生产的盲目性,寻求社会经济的稳定发展。同时国家对某些投资大、利润薄的经济要害部门,如铁路、航空、邮电、市政交通、水电、煤气及部分银行等,实行国有化。随着现代科学技术的发展以及现代化生产的发展,环境污染成为人类面临的越来越严峻的问题,德国在运用法律手段解决环保问题方面走在了西方国家的前列。联邦德国的环境保护法主要由法典性质的《联邦环境保护法》和一系列单行法规组成。根据这些法律,对于产品的包装废弃物、工业及商业用途有毒废弃物,生产者或制造者负有回收的责任。为了贯彻这些规定,一些城市相继成立了对废品进行分类分解的清洁公司和把废品再生产为新产品的资源再生公司。目前,德国在有关回收废品资源的环保立法方面呈现了更为严格的趋势,一方面要求有毒废弃物的回收更为彻底;另一方面对一些虽不是有毒废弃物,但却可能引起环境污染问题的复合材料,如产品内的电子零件等也将列入强制回收范围。此外,关于消费者权益保护、知识产权、自然资源与能源等方面的法律,也在经济法中占有相当的比重。二战后德国的经济法种类繁多,体系庞大,对该国恢复经济,医治战争创伤,缓和社会冲突,稳定统治秩序起了积极作用。

(二)《禁止不正当竞争法》和《反对限制竞争法》

《禁止不正当竞争法》和《反对限制竞争法》都是维护市场竞争秩序的法律,前者旨在反对和禁止那些以不正当竞争手段参与竞争的行为,维护公平竞争。后者旨在反对垄断,刺激自由竞争,两者都是德国重要的经济立法,后者还有"社会市场经济的根本大法"之称。两法的执行、监督机构是联邦卡特尔局。

《禁止不正当竞争法》制定于1896年,当时颁布的该法所禁止的不正当竞争行为仅限于特别严重的行为。1909年对该法进行了重大修订,把不正当竞争行为的范围扩大到一切"违反良好习俗的行为"。根据修订后的法律,以下行为属于不正当竞争行为,应予禁止:(1)"在营业中为竞争目的采取违反良好风俗的行为",这里的"营业",包括所有为了自己或他人的经济目的而从事的经济活动,以及自由职业者(律师、医师等)的活动、公共机构及其企业在行使非政权职能中的活动。所谓"违反良好习俗的行为"具体指诱惑和欺骗顾客的行为、妨碍竞争对手的行为、侵权行为和违法牟利的行为四大类。其中第一类行为如利用顾客的侥幸心理引诱顾客购买,用许多与商品价格、品质无关的优惠诱使顾客注意这些商品而忽视周围竞争者的商品。又如滥用营业标志,对自己的商品和竞争者的商品及营业状况作令人容易曲解的宣传等等。第二类行为主要有为占据市场而持续以亏损价格销售产品、诋毁竞争对手等。侵权行为主要包括以强卖侵犯消费者利益、以抄袭仿制侵犯其他生产者利益等。违法牟利行为如违反食品卫生法、医疗卫生法等以牟取私利的行为。(2)"在营业中为竞争目的,关于营业状况特别是关于个别或全部商品和劳务的性能、来源、制造方式、价格构成,关于价目表、商品进货形式或进货来源,关于得奖,关于卖货原因或目的,关于存货数量作可使人曲解"的行为。(3)其他违法行为,诸如"向最终用户发放购货凭证、进行价格对比宣传等方法推销商品的行为,行贿受贿行为,出卖、泄露、窃取或非法使用他人商业秘密的行为,清仓甩卖行为"等。该法经过1969年、1970年、1974年和1975年多次修改,成为规范社会经济竞争秩序方面的重要法律。

《反对限制竞争法》即《卡特尔法》,颁布于1957年,后于1966年、1973年和1980年几经修订。所谓"卡特尔",是指企业之间为了控制产品生产、销售和价格而进行联合,从而形成对市场的垄断这样一种垄断形式。卡特尔一旦形成,便会限制正常的自由竞争。因此在德国把反对垄断活动和其他限制竞争行为的立法称为"卡特尔法",相当于美国的"反托拉斯法"。

《反对限制竞争法》主要针对卡特尔、企业兼并和滥用经济实力这三种情况,如果出现三种情形之一,联邦卡特尔局有权依法取缔、颁布禁令、罚款或责令申请、豁免、民事赔偿等。根据该法,组织卡特尔以及以书面或口头形式达成限制竞争的协议均属禁止性行为,而实行企业兼并或滥用经济实力则属由联邦卡特尔局进行监督的行为。这就是说,如果企业之间的兼并会达到一定的规模,比如兼并后的企业占市场份额达到或超过20%,那么就应当向联邦卡特尔局报告,申请批准。联邦卡特尔局在审核中如果估计某一兼并会导致控制市场的企业出现或者有助于这种趋势,一般不应批准该兼并活动。至于滥用经济实力的行为,例如利用市场实力地位,妨碍其他竞争对手的发挥和损害其他企业的利益的行为,或利用突出的市场实力,哄抬物价和提出过分的交易条件,剥削消费者和他人利益的行为等,也都须接受联邦卡特尔局的监督,该局有权予以制止。

德国的反不正当竞争法和反垄断法旨在维持正常的市场经济秩序,在德国经济法中占有极为重要的地位。

二、社会立法

早在德意志帝国时期,德国就已经开始了社会立法的初步尝试。以1881年威廉一世颁布建立社会保障和社会救济制度的皇帝诏书为标志,俾斯麦政府制定了世界上第一部《疾病保险法》,其后又先后颁布了《工伤保险法》和《养老、残疾、死亡保险法》,使德国成为世界上第一个建立社会保险制度的国家,也为德国社会立法的发展奠定了基础。二战后,基本法规定联邦共和国是一个"民主和社会福利的联邦国家",保证公民的生存基本条件是政府的重要责任,从而确立了广泛推行社会福利主义的基本原则,并设置了相应的法律保障。社会立法除了继续适用原有的法律以外,自1950年以来相继颁布了劳动就业法、青年福利法、儿童补助法、住房补助法、社会保险法等,社会立法进一步完善和发展。1983年《社会法典》各编陆续颁布,从已经颁布的法典的内容来看,主要包括职业教育和培训补助、劳动补助(失业保险)、社会保险(医疗保险、事故保险、退休保险)、残疾救济、家庭最低生活费补助、住房补助、青少年补助、社会补助、康复等,法典试图将德国各个历史时期制定的至今仍具有法律效力的所有社会立法全部汇编起来。随着德国经济的高速发展,综合实力的不断增强,德国逐步形成了规模宏大、内容浩繁、体系完备的社会立法系统,为公民提供了生老病死各个方面的社会保障。

德国的社会立法分为社会保险、社会补偿和社会救济三个方面。

第五节 刑 法

一、德国统一前的刑事法律概况

德国统一前的刑法以法律渊源分散杂乱,刑法纷繁且适用极不统一,刑罚野蛮残酷为基本特点。

由于封建割据现象严重,德国统一前并不存在全德统一的刑事立法,而是多种刑法渊源并存。不仅每个封建王国、每块封建领地之间往往适用不同的刑事法律,即使在同一地区对不同等级身份的人也适用不同的法律规则。全德境内并存着日耳曼习惯法、罗马法、教会法以及帝国法令、地方领主法等几种法律规范。罗马法强调国家至上,皇权至上,国家对个人的刑罚权不受任何限制,一切有碍于君主专制统治、包括有损皇帝人身、尊严和权利的行为都要处以极刑。日耳曼法把犯罪视为对受害人私人的加害行为,一般适用个人复仇、血亲复仇和赎罪金制度,法庭只在加害人和被害人之间充当调解人的角色。日耳曼法中还长期保留着神明裁判和司法决斗的制度。教会法则侧重于运用刑罚手段控制人们的意识形态,把违背宗教道德规范的行为,侵犯教会信条或利益的行为,甚至把纯属内心活动的所谓"罪孽"都视为犯罪,施以残酷的刑罚。

从德国封建刑法的内容来看,具有一般封建刑法罪刑擅断主义、酷刑威吓主义等特点。犯罪和刑罚没有稳定的法律规定和解释,完全依据封建君主和领主的个人意志而定,因此犯罪种类十分杂乱,有世俗法上的叛逆罪、伤害罪、抢劫罪、盗窃罪等,还有宗教法上的异端罪、亵渎圣物罪、巫术罪等。刑罚种类也不固定,而且广泛适用酷刑。例如盗窃罪,对入户盗窃和携带武器盗窃,不论窃得财物多寡,一律处以死刑。死刑的执行方式非常残酷,主要有火刑、绞刑、斩首、肢解身体等。为了恫吓被统治阶级,除了滥用死刑外还使用残害肢体器官的身体刑和其他侮辱性刑罚。

从15世纪末开始,"神圣罗马帝国"和各邦进行了一系列立法活动,其中刑事立法以1532年"神圣罗马帝国"查里五世颁布的《加洛林纳刑法典》和1813年《巴伐利亚刑法典》最为重要。前者《加洛林纳刑法典》是一部刑法和刑事诉讼法典,由于受到各地诸侯的制约,在德国各邦并无强制力,只是作为范本推行。它首次界定并区分了犯罪未遂、同谋、共犯以及正当防卫等相关概念,并详细地罗列了各种犯罪行为以及相应的惩罚,但是其对犯罪行为的列举显得无序和缺乏系统性,而且刑罚残酷,广泛适用死刑和身体刑。该法典对德国,乃至欧洲刑法史的发展都有重要影响。后者《巴伐利亚刑法典》是在19世纪初刑法改革思潮兴起以及法国编纂刑法典的影响下,由费尔巴哈积极推动而制定的,反映了罪刑法定主义的刑法原则和报应刑理论,为德国资本主义刑法典的制定奠定了基础。

二、1871年德意志帝国刑法典

1848年资产阶级革命虽然以失败而告终,但在一定程度上打击了封建势力,并进一步推动了德国刑法改革。各邦先后制定了本邦刑法典,其中普鲁士邦刑法典产生最早,也最为重要。该法典颁布于1851年,无论是在编纂体例方面,还是在制度内容方面,都全面仿照了法国1810年刑法典,吸收了它的立法成果,许多条文甚至是从其中直接抄袭而来的,包括残酷的刑罚手段。普鲁士邦刑法典成为当时各邦刑事立法的基础,各邦刑法典大都以它为蓝本,很少有自己的创新。1870年北德意志联邦成立后制定了北德意志联邦刑法典,该刑法典实际上是普鲁士邦刑法典的翻版,它同样吸收了法国刑法典的原则和经验,并且大量保存了封建刑法专横残酷的传统。尽管如此,联邦刑法典在推动德意志统一刑事立法方面仍有积极意义。

1871年德意志帝国的成立,使德国制定统一刑事立法的需要越发显得迫切。经过不断的讨价还价,在对北德意志联邦刑法典进行部分修改的基础上,诞生了德意志历史上第一部统一适用的资产阶级刑法典——德意志帝国刑法典。该法典于1871年5月15日正式颁布,1872年1月1日起施行。

1871年帝国刑法典由总则和两编组成,共370条。总则论述了罪的分类、刑法的适用原则和范围等内容。犯罪分重罪、轻罪和违警罪。处5年以上徒刑至死刑的为重罪,处150马克以上罚金至5年以下徒刑、苦役的为轻罪,处拘留或150马克以下罚金的为违警罪。第1编为刑例,其中包括各种刑罚及其适用,以及未遂、共犯、数罪俱发等方面的规定。第2编是罪及刑,列举了各种犯罪及其刑罚。其主要特点如下:

第一,刑法典在承袭法国刑法典的基础上,在资产阶级刑法的一般原则、具体制度以及结构体例方面都有新的发展。刑法典对资产阶级刑法原则的表述十分清晰,不仅贯穿了罪刑法定、法不溯及既往等刑法原则,还进一步规定了议员豁免权原则、保护帝国公民不受外国政府引渡原则、法律适用从轻原则等;法典的内容得以扩充,有关未遂、共犯、不论罪、宥恕、数罪俱发等的规定系统而明确,同时,法典也摒弃了法国刑法典中所规定的身体刑和侮辱刑,有明显进步;法典明确分为总则和分则两部分,总则将刑法的原则等基本问题与其他刑法适用问题区别开来,在分则中对犯罪进一步分类和具体化,列举了 29 种犯罪的罪名、罪状及其刑罚,使法典的结构和体例更富有条理性和完整性。

第二,刑法典以严酷的刑罚维护资产阶级和容克贵族的私有财产不受侵犯。凡窃盗、强盗以及其他侵犯私有财产的行为,均被视为重罪,法典分列专节给予严厉制裁。法典规定,凡砸门撬锁、伪造钥匙进入他人房间窃盗,2 人以上共同窃盗,均处 10 年以下有期重惩役。即便窃盗未遂,也要加以处罚。持凶器强盗、2 人以上共同为强盗行为、在大路、公园和水路上为强盗行为都处 5 年以上有期重惩役。

第三,刑法典对德意志皇帝和各邦国王的人身给予特别保护,保留了浓厚的封建残余。法典设立了"大逆罪",处刑极为严厉,凡谋杀德意志皇帝和联邦各国之国王,或欲谋杀而未遂者,均构成"大逆罪",处死刑;凡企图以暴力紊乱帝国或联邦各国之宪法或变换皇统者,也构成"大逆罪",处无期重惩役或无期徒刑;法典甚至规定,为了完成"大逆罪"所进行的预备行为,构成"大逆罪"未遂,鼓动、号召为"大逆罪"预备行为者,要处 10 年有期重惩役或轻惩役。为了适应德意志帝国的统治形式,法典还设立了"大不敬罪",规定对皇帝和各邦国王施暴行者处无期重惩役或无期徒刑。对他们有"不敬"行为者,处 5 年以下有期重惩役或 5 年以下有期徒刑。以上内容和封建的刑法一脉相承,突出地反映了德意志刑法的封建性色彩。

第四,刑法典还用专章规定了"宗教罪"及其制裁措施。法典规定,凡亵渎神灵、侮辱教会、扰乱宗教秩序等行为均属犯罪,处 3 年以下苦役。这些规定说明法典偏重于保护教会和宗教信仰在德意志帝国的特权地位,具有鲜明的保守性。

1871年德意志帝国刑法典和1900年德国民法典一样,是帝国主义时代资本主义国家所制定的一部有代表性的法典。它承袭了近代资产阶级刑事立法的结构、体例、原则和制度,保持了本国刑事法律制度的传统和特点,又反映了现代刑法理论的新发展,因此在资产阶级刑法史上占有重要地位。它对大陆法系国家的刑事立法影响更为深远,日本的1901年刑法草案就是以它为蓝本所拟定的。

三、德国法西斯统治时期的刑法

法西斯专政时期,由于国家根本制度的蜕变,德国刑事法律制度也发生了重大变化。一方面1871年刑法典继续适用,但是,其中反映资产阶级民主与自由的重要原则和具体制度大部分已被修改或废弃,另一方面法西斯政府通过颁布一系列单行刑事法规,迅速贯彻和实施法西斯的刑事法律政策,如1933年颁布的《关于保护民族复兴政府、防止阴谋侵犯的法律》、《关于没收用作危害人民和国家之财产的法律》、《关于危险的惯习犯的法律》、《关于保安和矫正处分的法律》,1934年颁布的《关于国家正当防卫措施的法律》、《关于防止阴谋侵犯国家和党以及保护党的制度的法律》,1935年颁布的《德意志血统及名誉保护法》等等。1933年颁布的《国社党刑法之觉书》则集中体现了德国法西斯刑法的基本原则和指导思想,成为法西斯刑事立法的依据和基础。

概括而言,德国法西斯时期的刑法具有以下特点:首先,法西斯刑法抛弃了资产阶级罪刑法定主义原则,实行类推原则。当某种行为在法律没有明文规定时,法官可以根据法西斯专政的需要进行类推,对案件做任意解释或处理。具体地说,对一个人的行为无须依据法律的严格规定,而可以根据所谓"刑事法律的基本原则"或"人民的健全正义感"来处罚,"其行为无特定的刑事法律可以直接适用者,依基本原则最适合于该行为的法律处罚之"。这里的所谓"基本原则"、"人民的健全正义感"实质上就指的是法西斯统治者的意图和法西斯分子的反动情绪,因此,法西斯统治者的意志成为刑事处罚的标准,忠实于纳粹的法官拥有确定犯罪和刑罚的专断权威,与封建社会的罪刑擅断主义无异。其次,法西斯刑法用"意思刑法"取代"结果刑法",认为刑法惩罚的对象不一定要有犯罪行为和犯罪结果,只要有犯罪意图、"危险思想"就应受到刑事惩罚。因此,凡是所谓有"危险思想"的人,及至被认为企图侮辱国社党符号的人都要施以刑罚。为了追究"思想犯罪",在刑法典修正案中规定了"未遂罪罚之"的内容。对"内乱罪"、"外患罪"等大量使用了"着手实行"、"企图行使"的词句。这样,即便在没有任何具体犯罪行为的情况下,只要法官认为有犯罪意图就可以追究刑事责任,而且,法官还有权根据犯罪意图的"严重程度"来确定刑罚的轻重。凡被认为有"思想犯罪"情形的人大多被判处死刑、无期重惩役或有期重惩役。再次,法西斯刑法贯穿了反动的种族主义。法西斯法律认为纯日耳曼人,特别是条顿人,即使犯了罪也是偶然的,只有有色人种和犹太人才是犯罪的根源,因此必须对他们施以残酷的刑罚。在这种反动立法的迫害下,无数无辜者被投入酷刑之下或被投入集中营惨遭杀害。最后,法西斯刑罚严酷,广泛适用死刑,并恢复了中世纪野蛮的刑罚去势,增加了绞刑、断食刑、身体刑等灭绝人性的刑罚手段。

德国法西斯时期的刑法以纳粹思想为主旨和核心,从根本上否定了资产阶级刑法的基本原则,恢复了中世纪封建刑法的部分内容与特点,是德意志刑法史上的大倒退。

四、二战后德意志联邦共和国的刑法

二战后联邦德国在刑事立法领域里进行了一系列的改革。首先,根据《波茨坦协定》废除了法西斯刑法,恢复了1871年帝国刑法典,继而根据1949年《基本法》确定的刑事立法原则对1871年刑法典进行了较大的修订。与此同时,先后提出数个刑法典修改草案,着手制定新刑法典。1975年正式颁布了新刑法典,即《德意志联邦共和国刑法典》。新刑法典由总则和分则两大部分组成,总则79条,由"刑法"、"犯罪"、"犯罪的法律后果"、"告诉、授权和要求处刑"、"时效"5章构成;分则共279条,分28章列举了各种犯罪行为以及相应的刑罚。此后又对新法典作了若干修改,并及时颁布了一系列单行刑事法规,以适应不断变化的形势,20世纪80年代以来,对刑法的改革仍在继续之中。

归纳起来,二战后联邦德国刑事法律制度主要发生了这样一些变化:

1. 重新恢复并确定了资产阶级的罪刑法定原则,排除了适用类推的合法性。刑法总则明确规定,法无明文规定者不为罪,"犯罪人之责任为量刑之基础",禁止法官适用类推,同时分则对各种犯罪行为的构成条件、法定刑以及刑罚原则和标准作了相当明确而详尽的规定,避免刑法规定中的漏洞,排除法官适用类推的可能性。

2. 适应战后德国不断发展的社会现实,增加了一些新的罪名,将已经过时或不再具有社会危害性的犯罪排除在刑法处罚之外。新增的犯罪种类包括危害和平罪、灭绝种族罪、污染环境罪等等,以及一系列经济领域的犯罪,如利用计算机获取暴利、贪污劳动报酬、骗取投资罪等。其中危害和平罪系指预备发动侵略战争或以散发文书等方式鼓动侵略战争的行为。污染环境罪主要包括污染水域、污染空气达到一定程度以及未经许可开动核设备、未经许可进行核燃料交易等行为。原来法典中的决斗罪、通奸罪和违警罪则予以废除。

3. 刑罚制裁措施表现出明显的轻刑主义倾向,不但废除了死刑,将无期徒刑定为最高刑,而且无期徒刑仅适用于恶性犯罪,同时提出了像"改善及保安处分"这样一些传统刑罚体系中所没有的新的强制措施,扩大了缓刑适用范围等。

二战后联邦德国的刑事法律制度彻底消除了法西斯刑法的残余和影响,吸收了人类刑法理论研究的新成果,反映了德国社会的现实状况和刑事政策,体现了人类刑法的发展与进步。

第六节 司法制度

一、近代司法制度的创建

德国统一以前,司法制度表现为相当程度的混乱和复杂。德国统一以后,作为德国创建近代法律体系的重要组成部分,德意志帝国在1877年先后颁布了《法院组织法》、《刑事诉讼法》和《民事诉讼法》,德国近代司法组织系统以及诉讼程序开始确立。

《法院组织法》确认了司法独立原则,审判权由法院独立行使,审判只服从法律,法官实行终身制,设置了由区法院、地方法院、高等地方法院和帝国法院四级构成的普通法院体系,帝国法院为德国的最高法院,享有终审权。

《民事诉讼法》共 10 编,1084 条。规定民事诉讼由当事人提起,原告起诉后不得擅自改变或撤回其诉讼请求。除当事人应当为自己的权利主张提供证据外,法院也有权调查搜集有关事实材料,并决定证据的取舍。当事人及其律师可以在法庭上进行辩论,法官掌握程序的进行,审理时应先进行调解,调解不成,再作判决。当事人对判决不服,可以进行上诉,要求再审或者抗告。

《刑事诉讼法》共 7 编,474 条。规定刑事诉讼除个别案件由被害人及其代理人起诉以外,主要由检察机关提起。检察机关负责侦查犯罪事实,搜集证据,并代表国家对犯罪嫌疑人提起公诉。凡是重罪案件应该进行预审,以确定是否起诉。庭审阶段,检察官与被告进行辩论,法官做出判决。检察官与被告对判决不服,均可提出上诉或抗告。

德国近代有关司法制度的立法,无论是在内容上,还是编纂方式上,都受到了法国相关法律的强烈影响,贯彻了 19 世纪的资产阶级自由主义原则。

二、司法制度的现代发展

(一) 法院组织

为了恢复和重建被纳粹统治粗暴破坏的司法系统,维护公民的各项基本权利,保障法律的有效实施,1949 年《德意志联邦共和国基本法》规定:"任何人的权利如遭有关当局损害,可通过司法途径上诉,如所属辖区不予受理,可向联邦普通法院上诉。""司法权赋予司法官,它由联邦宪法法院、联邦最高法院、本基本法所规定的各联邦法院和各州法院行使之。""法官具有独立性,只服从法律。"基本法对司法机关的地位、作用和职权作了明确规定,为德国司法系统的建立和运行提供了宪法依据。

除了基本法,德国还通过修订《法院组织法》和制定一系列单行法规,组建了结构完整,规模庞大的审判权多元化的法院组织系统。

1. 宪法法院

1951年颁布、后又经多次修改的《联邦宪法法院》是建立联邦宪法法院的具体法律依据。联邦宪法法院是独立的司法机关,与联邦政府、联邦议院、联邦参议院和联邦总统地位平等,各自行使宪法及法律所规定的职能。宪法法院的职能相当广泛,其核心为违宪审查权:受理公民因权利受到公权力侵害而提起的宪法控诉;对国家机关的各项活动进行宪法监督,解决联邦机关之间,联邦与州之间,以及各州之间在职权及权利义务问题上所发生的宪法争执;解释基本法和其他联邦法律,以影响法律的发展等。联邦宪法法院与各州宪法法院之间没有隶属关系,其职权范围也各不相同。一般而言,州宪法法院对州内部宪法纠纷做出判决,并使法规与州宪法协调一致。

2. 普通法院

这是整个国家司法系统中规模最大的一个分支,根据1877年制定、1975年重新颁行的《法院组织法》的规定,普通法院分为联邦法院、州高等法院、州中级法院和区法院四级,负责受理各类民事和刑事案件。联邦法院享有终审管辖权,实质上相当于最高法院的地位,设民事评议庭和刑事评议庭,一般不直接受理上诉案件,而是行使再审权。

3. 行政法院

德国行政审判权分别由普通的行政法院和各类专门的行政法院,如劳动法院、财政法院和社会法院等共同行使。

普通行政法院根据1960年《行政法院法》设立,分为联邦行政法院、高等行政法院和行政法院三级,管辖范围为"非宪法性质之所有公法上的争议,除联邦法律明文规定应由其他法院审理外,皆得提起行政诉讼。涉及州法公法领域的诉讼亦同。"普通行政法院并非受理全部行政案件的惟一法院,其受案范围相对狭窄,仅限于因公共行政机关的行政行为侵犯公民或者其他组织的权利而引起的纠纷。

其他各类专门的行政法院有着明确的职能分工和受案范围。根据1953年制定、1979年重新公布的《劳动法院法》,劳动法院分为联邦劳动法院、州劳动法院和基层劳动法院三级,负责审理劳资纠纷案件。根据1965年《财政法院法》，财政法院分为联邦财政法院和州财政法院两级，专门受理有关财政赋税争议的案件。根据1953年《社会法院法》，社会法院分为联邦社会法院、州社会法院和基层社会法院三级，专门受理因社会保险、社会补偿和社会救济而发生的争议。

（二）诉讼制度

在对1877年《民事诉讼法典》进行修改的基础上，1950年颁布了新的《民事诉讼法典》，1976年颁布了《简易化修正法》，推动了德国民事诉讼法的进一步变革。这种变革一方面表现为加快和简化了诉讼程序，另一方面特别加强了法官在民事诉讼过程中的地位，法官在确定证据的范围以及调查证据中起着主导作用。法官必须在双方辩论之前，用裁定说明当事人之间的事实争议点以及法院将会调查哪些证据，法官的主要任务被确定为通过询问证人和鉴定人查清事实。

1877年的《刑事诉讼法典》经过多次修改，成为现代刑事诉讼法的基础。1975年新的《刑事诉讼法典》以及一系列单行法规的出台，实现了刑事诉讼程序的民主化改革。刑事诉讼实行检察机关公诉制，即由国家对犯罪进行追诉；庭审采取"纠问式"诉讼程序，并扩大了被告人的诉讼权利；实行陪审员与职业法官共同组成的陪审法庭制度，共同决定所有诉讼程序问题和实体问题，即共同对是否有罪和处刑问题做出裁定。

【思考题】

1. 简述德国近代法制的基本特点。
2. 魏玛宪法有哪些基本特点？
3. 试述1900年德国民法典的特点和历史意义。
4. 二战后德国刑事法律有哪些发展？

第十三章 日　本　法

　　日本法律制度兼采众家之长,在形成和发展的各个阶段均对外国法进行了有价值的吸收和借鉴。作为中国的邻国,日本封建时代的法律制度是中华法系的重要组成部分,深受中国传统法的影响。明治维新后,明治政府所开展的一系列改革活动推动了日本社会各个方面的根本变革,促使日本进入了资本主义社会的发展轨道。与此相适应,日本建构了资本主义法律体系,以法德等西方资本主义国家的法律为模本,在短短几十年的时间里完成了法律的近代化。但是,由于资本主义发展不充分、明治维新的不彻底性等复杂原因,法律制度仍然保留了大量的封建残余。虽然在第一次世界大战以后,日本民主化立法有所增加,但在1932年后随着法西斯专政的逐步建立,法律制度也渐趋法西斯化。第二次世界大战结束后,在盟军的授意下,日本制定了新宪法,并对各大部门法进行了大规模的修改和重订。改革后的法律制度吸收了英美法的部分内容,并与战后日本实现民主化和非军事化的目标相适应。1952年后,获得独立的日本进行了自主的法制建设并取得显著成就。

第一节　日本法的形成和演变

一、日本法的形成和初步发展

　　日本是地处东亚的一个岛国,自进入文明社会以来就和中国有着密切来往,其社会发展的各个方面都深受中国文化的影响。日本在进入资本主义社会以前,即从国家产生到1868年明治维新以前,其法律制度的形成、发展都深受中国法制的影响,是中华法系的重要组成部分。

(一) 奴隶制时代日本法制的形成

日本进入文明社会的时间较晚,但在国家起源之时,本国还没有文字,所以,相关情况只能从中国相应年代的文献中得以了解。据《后汉书·倭传》记载,公元2世纪末,日本出现了被称之为邪马台的大女王国。根据3世纪前的实物,如铜镜,铜兵器等遗物以及水稻耕作遗迹的主要发现地,通常认为该国建立于九州。邪马台国已进入农耕时代,水稻耕作普及,生产工具得到改进,普遍使用铁器农具。该国建立之初尚处于部落联盟阶段,后随着部落之间的兼并战争,逐渐具有了奴隶制国家的特点。国内存在四大阶层:"大人"、"下户""生口"和"奴婢",且各个阶层之间尊卑有序,等级森严。"大人"是以女王为代表的贵族和奴隶主,依赖"下户"交纳的租赋和役使奴隶生活,是特权阶层。下户是平民和自由民,臣服于"大人",是社会生产的主要劳动力。"生口"和"奴婢"相当于奴隶,没有人身自由,常被当作赐品和殉葬品,等同于牲畜和钱物。女王国已有不成文的法律和刑罚,并且还使用巫术进行统治,但仍保留了大量的原始社会残余,没有建立起发达的国家机器。国王是由贵族共立而不是世袭,因此仍类似于部落联盟首领。女王卑弥呼统治期间,与中国交好,曾有四次遣使朝贡的记录,中国文化和科学技术得以传入日本。

3世纪末,本州中部兴起的大和国逐渐强大。通过一系列的兼并战争,日本逐步走向统一。从4世纪中叶开始,大和国向朝鲜南部伸展势力,征服了百济和新罗。5世纪初日本全境的统一基本完成。6世纪初,大和国曾先后十三次向中国派遣使节,请求册封,加强了中日文化交流。大和国社会经济进一步发展,铁制工具改良普及,农田水利事业迅速发展,与生产力发展相适应,奴隶制度得到进一步的确立。当时的基本统治体制是部民制和氏姓制。各类部民耕作皇室土地,并向特权阶层纳税,而统治阶级内部身份地位的高低则按血缘关系确定。由此日本奴隶制社会进入了更高的发展阶段。

但随着社会的发展和国外形势的变化,日本的奴隶制开始出现危机,自五世纪后半叶,日本逐渐失去了对朝鲜的控制,失去了朝鲜方面的物质及劳力来源,由此加剧了国内矛盾。6世纪中叶,部民制开始瓦解。为了挽救重重社会危机,圣德太子执政期间进行了改革,603年,为严格等级关系,按才干和功绩授予官位且不能世袭。604年,颁布宪法十七条,以儒家三纲五常为核心思想,试图确立天皇的至高权威。这一改革虽某种程度上压制了氏族贵族的势力,为大化改新做出了前期准备,但极不彻底,没有动摇和废除当时的根本症结所在即部民制和氏姓制,因此不可能解决当时的各种矛盾。

总的来说,这一时期的法律制度具有东方奴隶制法的共同特征:神权观念在立法活动中有重要影响,宗教仪式如占卜在法律运行中具有重要地位;刑罚比较残酷;法律的内容不同程度地保留着原始社会的残余。

(二)封建时代的法律制度

1. 律令制时期的法制

7世纪,社会危机进一步加深,租佃制取代部民制得到逐步确立,贵族间为争夺土地频繁作战。此时,圣德太子派往中国的留学生大批回国,他们与一些贵族组成革新派,主张改革,学习隋唐的封建制,其代表是中大兄皇子和中臣镰仓。645年,革新派策动宫廷政变,在铲除苏我入鹿和苏我虾夷为代表的守旧势力后,革新派掌握了政权,并进行了大刀阔斧的改革,史称"大化改新"。日本的封建制以此为标志开始确立,改革的主要措施有(1)废除了部民制,实行班田收授法和租庸调制。(2)建立以天皇为中心的中央集权制,仿照唐朝的三省六部制和州县制建立地方行政体制。在以隋唐封建制为模板进行政治改革之后,法律的编纂活动也以隋唐的法律制度为依据。该时期的主要法律形式是律和令,因此也称为"律令制国家"时期。日本第一部成文法典是701年颁布的《大宝律令》,因制定于大宝年间而得名。该部法典由律6卷,令11卷组成,大体内容仿照唐律,但也吸收了日本所固有的维持社会秩序的制度。这部法典具有以刑为主,诸法合体的特征,内容包括刑法、行政法、诉讼法。718年(养老二年)藤原不比颁布了《养老律令》,由律、令各10卷组成。由于《大宝律令》多已散失,所以《养老律令》是研究当时法律制度的主要史料。与《养老令》一同流传下来的还有两本重要的注释书。《令义解》是日本古代惟一的关于《养老令》的官方注释书,其法律效力与《养老令》相同。日本律令制时代著名的律令学家惟宗直本所编纂的私人注释书《令集解》收录了各家法律解释学说,保留了许多珍贵的法律史资料。

2. 幕府统治时期的法制

然而,上述由《大宝律令》和《养老律令》等法律形式所确认的仿照唐朝的政治经济制度并未在日本的国土内深深扎根。到12世纪末,天皇的权威被否定。1192年,武士集团首领源赖朝建立镰仓幕府,国家的实权控制在以将军为首的幕府手中。这种政治格局不是高度中央集权化的,幕府的当权者派往各地维持统治的武士和家臣具有一定的自主性。为了争夺权势,相互争斗的现象时有发生。

日本的幕府时代大体经历了三个阶段:镰仓幕府、室町幕府和德川幕府。为了维持"挟天子以令诸侯"的局面,各个阶段都有以武士和幕府贵族为主要调整对象的武家法典出台。

镰仓幕府时期著名的武家法典是1232年颁布的《御成败式目》。"成败"是审理裁判的意思,"式目"是成文法规的意思。该法的施用目的主要是用于明确幕府与武士和家臣的关系。室町幕府时期颁布的《建武式目》是对前者略加补充修改而制定出来的。

德川幕府时期的主要法律形式是幕府法和藩法。1615年的德川幕府颁布了一系列旨在明确武家统治下各阶层之间权利义务关系的著名法令。《武家诸法度》规定了各藩主的基本义务。《公家诸法度》规定了天皇和朝臣的权利与义务。其中比较著名的《禁中方御条目》规定了天皇享有任命将军以下官职之权以及公布年号之权。此外还有加强对将军家族直属武士的控制以及防止宗教势力危及幕府统治的一些法令。除法度之外,幕府法的另一种法律形式是御定书。1742年,幕府颁布了仿照中国明律并兼采日本传统习惯的《公事方御定书》,上卷81条是各种法令和判例的汇编,下卷103条是关于刑法和刑事诉讼法的规定,俗称《御定书百条》,它是幕府刑事法的基础。藩法是各藩统治者为了维护自己在领地内的统治所制定的法律。1635年后,各藩获得了制定藩法的权力,直至1871年废藩置县,藩法才被废除。

日本封建时代的法律制度,从内容到形式都可以清楚地从中国相应朝代的法制中寻找到对应或类似的部分。但是,对这种法律移植的状况也不应过分的夸大。法律制度与民情风俗相连并且得到贯彻实施,才能真正的发挥实效,否则也仅仅是没有任何意义的一纸空文。日本封建时代并没有沿着律令制时期所确立的天皇集权统治一直走下来,而是经历了幕府统治的独特时代,就从一个侧面说明了这个问题。日本幕府时代的一些著名法令具有不公开性,这是其法制独特一面的表现。如《御成败式目》和《公事方御定书》均是内部掌握的规则,处于秘密状态,甚至普通官员都无从知晓,这与中国同时代封建法制的公开性形成了鲜明的对比。

二、明治维新后日本法的发达和演变

明治维新是日本进入资本主义社会的标志性事件,日本的法律制度自此走出中华法系,开始了"西化"的历程。各大部门法出台,以宪法为中心的资本主义法律体系确立起来。随着日本资本主义的发展和国力的强盛,法律制度逐步完善。六法体系建立后,经历第一次世界大战一直到1932年以前,一方面,为适应社会的变化,政府对明治维新后颁布的大部分法典进行了修改,另一方面,颁布单行法规以弥补法典规定的不足,使法律制度的内容得到了充实。1932年开始,日本走上了法西斯道路,法律制度的发展也随之走上歧路。这一时期颁布了一系列反动法律,法制日益法西斯化。二战以后,日本作为战败国在以美国为首的盟军统治下开始了全面的社会改革,在美国的授意下废止了法西斯时期的法律,以颁布新宪法为契机推进了法律制度的变革,原有法律制度中体现封建性的内容被尽可能地去除掉,彰显了法律中的资产阶级的民主精神。1952年,日本结束了被占领时期,获得了独立,从此以后,日本开始了自主的法制建设,经过努力适应不同时期的发展需要,建立了高度发达的现代法律制度,立法水平得到显著提高。

第二节 宪 法

在日本,宪法一词的使用最早可以追溯到封建时代圣德太子执政时期所颁布的"宪法十九条",但它与近代意义上的宪法是完全不同的。作为法律领域内最能体现近代化成就的宪法,它是国家的根本大法,确定了社会制度和国家制度的根本原则。宪法出现之后,法律的至高权威才脱离王权的笼罩被真正竖立起来,民主和自由的要求通过宪法得以彰显。近代宪法是资产阶级革命的产物,由此考察日本的宪政也应以此作为开始的标志。

一、倒幕运动和明治维新

幕府统治后期,内外交困,矛盾重重。国内的民众不堪忍受幕府的残暴统治,纷纷举起反抗大旗。1837年的大盐平八郎起义将德川后期的农民起义推向高潮,沉重地打击了幕府统治,迫使幕府进行改革,然而,幕府对被迫推行的改革显然缺乏诚意,复古保守的政策使改革难有实效。与此同时,19世纪初,先后完成工业革命的西方资本主义国家力求寻找更为广阔的原料产地和商品输出地。当时,包括中日在内的东方各国大多奉行闭关锁国的政策,这自然不能满足急于扩张的西方列强的需要。为占领亚洲市场,实现利益的最大化,西方列强不惜使用武力。继1840年发动鸦片战争打开中国大门之后,又将侵略的矛头指向了日本。1854年2月,德川幕府迫于美国的武力威胁,与美国签订了第一个不平等条约《日美和好条约》。其后,英国、荷兰、俄罗斯等国也与日本签订了不平等条约。日本被迫开放众多港口,包括关税自主权和涉外司法权等在内的国家主权受到损害。人们曾希望幕府能拥戴天皇,进行改革以实现民族振兴,但当幕府与西方列强签订了一系列丧权辱国的条约之后,它再也不能取信于民。面对内忧外患,鉴于中国在鸦片战争后受辱的教训,越来越多的人认识到必须以武力倒幕。以中下级武士为主的倒幕派形成后,建立了倒幕武装。1867年,第十五代将军德川庆喜假意向天皇返还政权,但是在暗中策划反扑。1868年,以西乡隆盛等人为代表的倒幕运动取得胜利。倒幕派攻陷了幕府统治中心江户并改名为东京,成为明治政府的首都。统治日本700余年的幕府统治被彻底摧毁。

推翻幕府统治之后,明治政府一方面巩固政权,另一方面锐意改革,学习西方发展资本主义经济,以求摆脱外来压迫,建立独立国家,史称明治维新。

这场自上而下的改革以"富国强兵、殖产兴业、文明开化"为总方针,实现了政治,经济,文化,军事等方面全面而深刻的变革。在政治方面,废藩置县,在全国建立府、县、道地方体制,府县的知事均由天皇任命,从而加强了中央集权,废除了封建领主权。其次,取消武士特权,瓦解了武士阶层,实现不同阶层形式上的平等。在经济方面,大力发展资本主义工商业,废除各地关卡,促进贸易活动的顺利开展,废除对米、麦、铜等产品输出的限制。允许农民兼营商业,扩大了贸易主体。在文化方面,1871年制定《大学规则》《中小学规则》并以此为指导建立近代学校,大力发展近代教育,培养资本主义建设人才。在军事方面,取消幕府军队和废除封建军事体制,实行征兵制,建立一支富于武士道精神、绝对效忠天皇的新军队。

明治维新后,资本主义制度在日本得以确立。自此日本走上了资本主义道路,避免了沦为西方列强殖民地的噩运,维护了国家主权和民族独立。但是,这场革命又是不彻底的,它保留了许多封建残余,为日本成为军事帝国主义国家埋下了祸根。历史也证明,随着经济军事实力的增长,日本竭力推行军国主义,开始了对亚洲各国的侵略活动,并最终成为第二次世界大战的策源地。

为了以法律的形式将改革的成果确认下来,19世纪70年代以来,日本明治政府着手进行法典编纂。自1889年颁布《大日本帝国宪法》以后,到1907年,包括刑法、商法、民法、民事诉讼法、刑事诉讼法、法院组织法在内的各大法典已经编纂完成,短短十九年的时间,日本以法德等大陆法系国家的法律为楷模,建立了比较完整的资本主义的六法体系,基本上完成了法制的近代化。反观中国,法制近代化却举步维艰,自清末修律以来经北洋政府时期直到国民党南京政府时期才完成了六法体系的建立。与中国相比较,日本法制的近代化过程之所以进行得比较顺利,原因大体有如下几点:一、日本实现了较好的政治整合,推翻幕府统治的天皇政府大刀阔斧地实施了全面的、行之有效的改革措施,使日本真正走上了富强的道路,以实际行动取得了人民的信任和支持。二、日本国内存在一批才能卓越的法学家,他们大多有留学背景,精通西方法律文化,同时又深谙日本国情,能够比较好地完成西方法律在日本的移植活动,并且在学科分布上比较合理。法学家们大多术业专攻,在某一个部门法领域取得了显著的成就,推动了日本法制近代化过程中各个部门法立法活动的顺利开展。三、法律制度作为上层建筑的组成部分,反映了当时社会的客观需要。资本主义法律制度的建立与资本主义经济的发展密切相关。与中国相比,日本的资本主义经济显然得到了更充分的发展。日本封建时代后期,经历了长期的幕府统治时期,由于缺乏高度的中央集权体制,资本主义萌芽获得了更广阔的发展空间。由此,新兴资产阶级的力量也比较强大,能够将自己的意志转化为法律形式,以实现本阶级的利益需求。四、西方列强以日本制定近代化的法律作为废除与日本签订的不平等条约的条件,这也使日本政府加快了制定有关法律的步伐。

二、《大日本帝国宪法》的制定及内容

明治维新是一场资产阶级革命,实现民主与宪政理应成为革命目标所在。1868年3月,明治天皇宣布了《五条誓文》,反映了当时资产阶级的基本要求,即实现舆论自由和民主政治,实现国家统一,建立中央集权的国家体制。与此同时,着手进行政权建设,在多次的改革后,太政官三院制得以确立。太政官由正院、左院、右院组成,但是各机构之间内的权力分配是不均衡的,正院是立法、行政、司法的最后决定机关,正院的权力过分集中,左右院在实际运作中根本不能发挥应有的作用,制衡机制无法实现,出现了"有司专制"的状况。这种独裁统治遭到了当时日本国内新兴资产阶级的反对,在他们的带领下日本全境兴起了自由民权运动,要求开设民选议会和制定宪法。自由民权运动加速了中央权力机构的改革和立宪进程。

1875年,政府发布《渐次立宪政体的诏书》,1881年,天皇颁布诏书,承诺于1890年开设国会。1882年,伊藤博文等人欧洲考察宪政,在比较各国的情况之后,认为德国的立宪制度最适合日本国情。1884年颁布《华族令》,对在版籍奉还中失去领主地位的大名和公卿重新赋予华族称号,从而加强了皇室的力量。1885年设立内阁。

1886年,明治政府开始起草宪法,由伊藤博文、井上毅等人负责,整个宪法的起草处于秘密状态。

1886年6月到1889年1月,枢密院三次审议草案,没有做出大的修改。1889年2月11日,明治天皇颁布了《大日本帝国宪法》,并于1890年11月29日帝国议会召开之日正式生效。《大日本帝国宪法》又称明治宪法,是以1850年普鲁士宪法为蓝本而由天皇颁布的钦定宪法,共7章,依次是天皇、臣民权利义务、帝国议会、国务大臣及枢密顾问、司法、会议、补则总计76条。主要内容如下:

1. 明治宪法确立了天皇专权体制,具体表现为:

(1) 该宪法确立了天皇主权原则,宪法第1条开宗明义规定,"大日本帝国由万世一系的天皇统治之"。即天皇拥有国家的主权并且是统治权的源泉。这是日本传统观念在宪法上的体现,天皇作为神的后代而拥有国家的至高权力是日本的固有体制。

(2) 以天皇主权原则为基础,宪法的很多条文都是对天皇大权的列举,确认了天皇在立法、行政、司法和军事等方面的最高权力,包括独立命令权、紧急饬令权、对外宣战权等。

(3) 关于国家机关的具体职权划分,名义上仿照西方的三权分立,但在实际运作中,政府、议会、法院都从属于天皇。宪法第4条规定,"天皇是国家的元首,总揽统治权",这使得宪法各条对天皇大权的列举成为非限定性列举,天皇仍保有宪法条文未明文规定的大权。

2. 明治宪法下的内阁制特点可以从对国务大臣职权和地位的规定中反映出来。宪法中所确定的内阁制并不是各国宪法中所确认的责任内阁制。宪法第55条规定,"国务大臣辅弼天皇负其责任",但并未规定内阁对议会负连带责任,内阁完全不受议会的控制,国务大臣对议会只在间接上负有道德责任。内阁的权力在天皇之下,并不能发挥监督君主的作用。同条所规定的辅弼制成为具文,难以发挥实效,因为就军事统帅权和皇室事务,国务大臣无权建议。而在有权建议的范围内,天皇也不受国务大臣意志的约束。内阁之外另设有总管军事事务的军部,由隶属于天皇的参谋本部、海军军令部、陆军省、海军省4个机关组成。军部就直接采取的重大军事行动直接上奏天皇而不受内阁和议会的节制,这种独特的体制被称为二重内阁制。

3. 根据宪法第33条的规定,帝国议会由贵族院和众议院组成,众议院是民选议院,但是,由于对选举资格的获得做出了很苛刻的规定,在1890年第一次众议院议员的选举中取得选举权的人寥寥无几,这使得议会不能代表各个阶层的利益,其民主性大打折扣。而贵族院则由皇族、华族和天皇任命的议员组成,是非民选的,因而完全不具有民主性。在职权划定上,贵族院高于众议院,并且在一定程度上牵制了众议院的各项活动。在天皇极权制下,议会只是协赞天皇的立法机关,内阁也不对议会负责进而仅听命于天皇。在财政方面,议会无权过问皇室费用和军费开支,不能拒绝指定的拨款,这样,明治宪法所组织的议会在实际运行中常常不能发挥它的民主作用。

4. 在人民权利方面,宪法规定的极其有限,宪法中没有使用公民一词而以臣民代之。臣民权利来自于天皇的恩赐。臣民必须效忠并且无条件地服从于天皇。宪法中列举了臣民具有居住和迁徙、人身自由和通信自由等权利,但这些权利受到了限制,即所谓的必须在法律规定的范围内行使。而且,天皇也可以以战争和事变为由随时取消这些自由权利。

明治宪法作为日本历史上第一部宪法,其内容保留了大量的封建残余。在政体上,形式上确立了君主立宪制,但实质上带有浓厚的君主专制色彩,天皇仍被视为是神,拥有至高无上的权威。宪法中所确立的内阁制和议会制都不具有彻底的民主性,与西方其他国家的相关制度貌合神离。宪法所体现出来的封建军国主义是明治维新这场自上而下的资产阶级革命不彻底性的表现。另外,宪法条文多运用弹性词汇,带有纲目特征,对一些具体问题并没有做出明确的规定,这使得统治阶级能够任意地解释宪法以满足他们不同时期的统治需要。虽然明治宪法有以上的局限性,但是,它作为学习西方法制的成果,对于推进日本法制近代化,进一步摧毁封建制度具有积极的意义,并对中国的近代法制建设产生了影响。

明治宪法自1890年起一直实施到第二次世界大战结束,在发生效力的半个多世纪的时间里虽然没有做出修改,但是,由于国际形势和国内环境的变化,宪法中的某些原则和制度也发生了改变。1932

年日本政权法西斯化之前,有关宪法的立法改革活动是带有资产阶级民主因素的。这一时期帝国议会的地位有所提高。推动帝国议会地位提高的动因主要有二:其一是1912年日本现代著名的宪法学家美浓部达吉提出了国家法人说和天皇机关说,根据这一理论,国家主权在民,天皇个人仅依宪法行使主权,这实际上否定了宪法中所确立的天皇主权原则。虽然这一主张仅是对宪法的解释,并没有改变宪法中对议会、内阁与天皇关系的规定,但是,由于该理论具有很强的社会影响力,因此,对议会地位的提高起到了重要作用。其二是1912年到1924年要求实现民主的宪政拥护运动,这一运动的开展推动了政府对选举法的修改活动。1912年和1925年两次颁布新的选举法,逐步放宽对选民资格的苛刻限制。普选制的实行使众议院的民选基础扩大,议员的组成结构发生变化,资产阶级的势力上升,地主阶级的势力被逐步削弱。这一时期对明治宪法的另一个重大突破表现在政党内阁的出现上,1924年到1934年,日本政府一直由议会中的多数党负责组阁,这是民主势力发展的结果,虽然没有从根本上改变天皇专制体制,但是对于遏制独裁势力具有积极意义。1932年以首相犬养毅被刺为标志,政权逐渐法西斯化。伴随这一进程,宪法中体现封建军国主义的内容被强化,而有限的民主内容名存实亡。这主要表现在议会地位下降,天皇机关说被废止,军部的权力和地位得以提高,一系列法西斯化的机构得以建立,从而满足独裁统治的需要。

三、1946年宪法

第二次世界大战,日本法西斯战败。1945年8月,日本宣布无条件投降,战后初期,根据《波茨坦公告》的规定,日本处于以美军为主的盟军的占领之下,美国远东军总司令麦克阿塞担任盟军总司令。美国政府通过美军控制了日本,并出于战后战略上的考虑,积极介入日本事务。日本战后所进行的各项所谓民主化改革几乎都是在美国的授意下进行的。

根据战后有关国际协定的规定,对日本进行改造的目标是实现日本的政治民主化和非军事化,根除法西斯势力,防止其死灰复燃。

很明显,明治宪法所体现出来的封建性和民主性与战后日本社会制度的改革目标是完全相悖的。所以,修改宪法势在必行,而美国利用占领日本的便利对新宪法的制定施加了重要影响。

虽然部分日本国民从战争的惨痛教训中认识到,制定新宪法是铲除封建军国主义必要的手段,但是,日本政府对制定和修改宪法却一直报着消极态度。1945年10月,盟军最高统帅部命令当时的内阁着手修改宪法,但遭到消极抵抗,内阁成员全体辞职以反对修改宪法的动议。其后所成立的币原内阁迫于美国的压力,成立了以松本丞治为首的宪法调查委员会,着手起草新宪法的准备工作。1946年1月,该委员会起草了松本草案,虽然该草案扩大了帝国议会的权力,并规定国务大臣对议会负责,但仍保留了天皇专制制度,因此被盟军否决。为了直接表明盟军的态度,以便于使新宪法符合美国占领当局的基本要求,盟军最高统帅麦克阿瑟亲自主持起草了宪法草案,并于1个月后送交日本政府。虽然当时的政府认为该草案所确定的修宪原则是难以接受的,但是迫于形势还是以该草案为基础于同年3月6日公布了"政府宪法修改草案纲要",在得到占领军最高司令部的认可后,于1946年11月由天皇裕仁公布,1947年5月开始实施。这部在美国压力下制定出来并且一直适用至今的宪法被称为《日本国宪法》因颁布于1946年也称之为1946年宪法。

《大日本宪法》分正文和序言,正文共11章103条,各章依次是:天皇、放弃战争、国民的权利义务、国会、内阁、司法、财政、地方自治、修订、最高法则和补则。与旧宪法相比,新宪法具有更强的资产阶级民主色彩。

(一)新宪法全面仿效了西方的民主政治制度,去除了旧宪法中体现封建军国主义的内容

1. 新宪法确立君主立宪制以取代旧宪法中的天皇专制制度。虽然保留了天皇,但他已不再是统治权的中心,不再具有超越其他中央国家机关的至高权力,他的存在意义只是日本国和日本国民的整体象征。

2. 旧宪法中不完善的责任政治制度得到修正,确立了责任内阁制。议会权力得到扩大,成为真正的立法机关,内阁向国会负连带责

任。国会由参众两院组成,取消了由不经选举而产生的议员所组成的贵族院,国会的议员都通过选举的方式产生,议会的民主性得以彰显。

3. 中央机构的职权划分体现了三权分立的原则。一方面规定立法权、行政权、司法权分别由国会、政府、法院行使。另一方面,宪法也体现了三权之间的制衡关系。如就立法权和司法权的关系而言,宪法规定最高法院有制定法院内部规则权和违宪审查权,同时确认国会有弹劾法官的权力,由此实现了两权的相互牵制。

(二) 新宪法是一部和平宪法,宪法的序言和第二章均体现了放弃战争,实现和平的原则

为了达到维护和平的目标,宪法第九条规定,日本永远放弃战争,不保持陆、海、空军及其他战争力量,不承认国家之间的交战权。这样的和平条款独具特色,并且,以此条款为依据,日本实现了战后的非军事化。

(三) 对公民自由权利的保障受到重视,宪法第三章以专章规定了"国民的权利义务",共31条,占宪法条文总数的三分之一

条文中所规定的公民的自由权利种类增加,范围扩大。在用词上,国民一词取代臣民,表明人民的自由权利不再来自于天皇的恩赐,而是不可侵犯的永久权利,而有关对自由权利进行限制的内容上较明治宪法要少。

新宪法的具体内容贯彻了民主、和平与人权三大原则,推动了战后日本实现政治上的民主化和非军事化,对于肃清国内的法西斯残余势力,清除封建主义和军事主义的影响有积极作用,反映了人民追求和平、渴望自由的良好愿望。但是,这部宪法的颁布很大程度是迫于美国的压力,再加上美国在占领日本之后、出于其自身的利益考虑,并没有像对待战后德国一样将日本的右翼势力彻底铲除掉,这些都不利于宪法的有效实施。随着国内阶级力量的对比和国际形势特别是日美关系的变化,1946年和平宪法的某些原则和条款已经不能按照原条文施行。最突出的表现就是,宪法中的和平条款实质已经成为具文。日本不仅违背了宪法第九条有关不保持陆海空军及其他战争力量的承诺,在50年代以自卫为借口建立了自卫队,而且,还屡

次打着维持和平的幌子将自卫队派往国外。如日本通过与美国签订的所谓安全保障的双边条约,使自卫队获得了与美军共同行动的权利。日本所采取的类似举措令亚洲各国感到不安,对于世界的稳定也造成了不利影响。尽管如此,日本仍不敢明目张胆地废除和平条款。但自该宪法颁布以来,修宪的动议就从未停止过,因为该部宪法的颁布并未出于日本政府的本意,这部和平宪法的最终命运如何,令人拭目以待。

第三节 民　　法

一、日本民法典的制定

　　在明治维新以前,日本封建时代的法律制度属于中华法系的组成部分,具有诸法合体,民刑不分的特点,与中国相似,公法于私法相比较更为发达,而诸如婚姻、家庭、继承、债权领域内的法律规范则比较薄弱,民事案件大多没有制定法进行调整而多依习惯处理。所以不存在独立的民法典,一些具有民事性质的条文散见于刑法典中。明治维新后,政府颁布了一系列法令,废除了原有的封建制,扫除了资本主义发展的障碍,商品的自由流转得以实现,对外交往日益频繁。贸易的繁荣和经济的发展使民事领域内出现了一些更加复杂的社会关系。面对这些新问题,传统的交易习惯无能为力,而新的交易习惯又无法在短时间内形成,加上制定法的缺失,不利于资本主义经济健康有序地发展。为了合理的调整频繁商贸往来中所形成的人与人以及人与物之间的关系,明治政府在颁布单行法规的同时也意识到制定一部民法典的重要性,西方列强提出,日本需以西方法律制度为模本制定近代化的法典,以作为废除不平等条约的条件,这成为推动日本民法典出台的直接原因。

　　在决定制定民法典后,理论界对于民法典是以西方各国法典为模本还是以日本旧有的法律和习惯为基础存在争论,各派私拟了很多代表自己主张的民法草案,这些草案为民法典的正式起草提供了思路。官方正式的起草工作最初由日本官员江藤新平负责。1870

年太政官的制度局内设立了民法编纂会。江藤新平急于求成只求速度不求质量,要求法学家箕作麟祥迅速地将法国民法典翻译完毕,即使误译也不要紧,可见当时心情之急迫。江藤之后,大木乔任接手民法编纂工作,并于1878年1月完成了民法草案,由于该草案是对法国民法典的生搬硬套而且错译漏译比比皆是,被称为是复写民法,模仿民法,所以遭到了各界的反对没有出台。

为了更好地借鉴法国民法典并以此为模板编纂本国的民法典,其后明治政府将编纂法典的工作委托给司法省的法律顾问——来自法国的保阿索那特。保阿索那特起草了财产和财产取得编的大部分、债权担保编和证据编,而法典中的人身法部分则由日本人完成。经过近十年的努力,1889年7月,元老院快速审议并通过草案的大部分内容,于1890年4月公布并定于1893年1月1日开始实施。这部主要以法国民法典为蓝本的民法典在日本法制史上被称为旧民法。旧民法公布以后,在社会上引起了轩然大波。由于旧民法中的家族法部分彰显了个人主义和民主主义的思想,与日本传统的以义务为本位的家族制度相背离,所以遭到了保守势力的激烈反对,他们认为该法典脱离了日本国情,如果实施将会导致伦常紊乱,动摇国家在社会生活中的支配地位,从而破坏统治的根基。这场以旧民法是否要延期实施为主题的争论以延期派的胜利而告终。其后伴随着新民法的颁布和生效,旧民法未经实施就被废止。

1893年由首相伊藤博文任总裁的"法典调查会"成立。该调查会吸纳了在当时日本民法学界中占据重要地位的民法学家,如穗积陈重、梅谦次郎等。新民法典的制定转以德国民法典草案为蓝本,并且尊重日本的风俗习惯。经过数次会议后对旧民法做出根本修改的新民法草案得以定稿。1896年1月,总则、物权、债权三编提交帝国议会审议,未经实质性审查就得以快速通过,于1896年4月公布。亲属和继承两编于1898年获得通过,并于同年6月正式公布。这部法典被称作"明治民法",于1899年7月16日开始实施。

二、明治民法的内容及特点

明治民法以德国民法典第二草案为母本,仿照德国民法典的体例结构和立法技术,共分为总则、物权、债权、亲属、继承 5 编,共 1146 条。前三编一般称为财产法,后两编称为家族法。该法典体系严密,文句简明,并将旧民法中有关公法或特别法的内容去掉,突出了法典的私法性质。但在各编的编排顺序上,将物权置于债权之前,这表明日本资本主义经济仍处在初级阶段,债权关系不发达。由于民法典的起草者认为,不能通过制定法律来改变人们的生活,民法的规定需与社会的真实情况相吻合,维护人们所习惯的家庭式的生活,所以该部法典保留了大量的封建残余。

总则共 6 章,运用高度抽象化和一般化的规范对自然人、法人、有形物、法律行为等私权的主体和客体做出规定。但由于法典的财产法和家族法两部分有不同的制定方针,导致总则中所确立的某些原则与后面某些条文的规定相互矛盾,例如在亲属编中所规定的婚姻关系中男女不平等,家庭关系中父子不平等,实际上是对总则中所标榜的公民民事权利平等原则的否定。

物权编共 10 章,增加了旧民法所没有的物权法定主义原则,废除了旧民法中的用益物权,使所有权取得绝对效力。以列举的方式明确了物权的范围分为所有权、地上权、永佃权、地役权、入会权、占有权、留置权、先取特权、质权、抵押权等 10 种。虽然本章体现了近代资本主义民法中无限私有的原则,但也保留了具有封建色彩的部分,如法典 247 条、275 条所规定的永佃制度,倾向于保护地主的权益,维护土地所有人对佃农的剥削。赋予地主解除租佃关系的任意权,而对佃农停止租佃关系的要求却限制了苛刻的条件。如果没有发生连续三年因不可抗力全无收益或五年收益少于地租的情况,佃农必须在地主土地上耕作二十年到五十年。

债权编共 5 章,条文内容体现了契约自由原则。法典规定契约成立要具备要约和承诺两大条件。只要当事人意思表示一致且不违反公共利益,契约即告成立。该编分为总论和分论两部分,前者包括债的目的、效力、转让、消灭以及多数当事人的债权关系;后者规定了作为债权发生原因的契约、事务管理、不当得利等。

亲属编共 8 章,该编对家族中的主要关系即户主和家族、婚姻、亲子、监护和抚养义务等方面做出了规定。根据规定,户主在家庭生活中处于支配地位,拥有对其家庭成员的居所指定权以及婚姻、收养的同意权。在婚姻关系中,妻子的行为能力受到限制,不具有独立处分财产的能力和地位。这些规定强调了户主权和家制度,确认家庭内部成员的不平等地位,以及户主及男子在家庭关系和婚姻关系中的优先地位。

继承编共7章,主要包括了家督继承,遗产继承,继承权的承认和放弃,遗产的分割,继承人欠缺等内容。所谓家督继承是户主身份的继承,根据法律,户主身份继承和家庭财产继承采取不同的继承原则。户主的身份主要由嫡长子继承,而对财产继承则适用诸子均分的原则,但同时又规定嫡庶有别,庶子和非婚生子女的继承份额仅为庶子的一半。

1898年民法典由物权和债权编的财产法部分在体例上借鉴了德国民法典,但在内容上却更贴近1804年法国民法典,字里行间贯彻了资产阶级自由平等,私有财产无限制,契约自由和过失责任等近代民法的基本原则。所以,就财产法而言,明治民法与其他主要资本主义国家的财产法存在同一性,从这个意义上说,这部法典属于资产阶级民法典,但是,由亲属和继承编所构成的身份法却以家族主义思想为基础,具有很强的封建性。由此这部法典就具有了资本主义性和封建性的双重特质,体现出明显的过渡特征。

三、明治民法的修改

明治民法中的财产法满足了自由资本主义时期的发展需要,体现了资产阶级追求个人自由和利益最大化的要求。由于当时家族经营在经济中占主导地位,并成为资本主义经济发展的内在动力,社会成员仍以传统的大家庭为基本的生存单位,所以家族法虽极具保守性,但因为适合于当时的日本国情而具有发挥作用的空间。但是,随着资本主义的快速发展,日本进入了垄断资本主义时期,社会结构和经济状况发生了巨大变化,明治民法中财产法和身份法的许多规定无法适应社会的急速变动,其滞后性暴露无遗,于是对明治民法的修改成为必要。

政府颁布的一些单行法规弥补了财产法的部分缺陷,如1909年制定的《建筑物保护法》，1921年制定的《租地法》和《租房法》，保护了企业的土地用益的安全性和都市居民的居住权。1947年颁布的《户籍法》废除了封建性规定，尊重了婚姻自主权。1919、1954年颁布的利息限制法旨在保护契约中的弱势一方——借款人的利益，这是对契约自由原则所做出的修正。1939年修改颁布的《矿业法》，首次导入无过失责任原则，其后相继制定的大气污染法、水质污染防治法、油污染损害赔偿保障法等，将无过失责任原则适用的领域进一步扩张。这些民事特别法已经对财产法原有的规定做出了根本的修改和补充。

一战之后，日本政府成立了"临时法制审议会"，开始商讨家族法的修改事宜。1925年5月通过了"民法亲属编改正要纲"34项。1929年12月通过"民法继承编改正要纲"17项，并于1927年12月颁布。要纲的内容具有双重性质，既试图维护传统的家制度，又期望修改内容能够适应家制度分崩离析日益解体的现状。1929年1月，开始以改正要纲为基础，起草民法修改草案，但是由于战争原因，修改家族法基本条文的活动并没有展开，修改草案未经审议即搁置不用。

直到二战以后，家族法才得到根本的修改，1946年新宪法的颁布推动了旧民法的全面修改。新宪法所贯彻的个人自由原则，强调社会成员的平等地位，而旧民法家族法部分的规定却与之相冲突。宪法在一国法律体系中处于根本法地位，民法属于下位法，其条文内容必须与新宪法的精神相一致。虽然政府已经意识到新宪法修改的必要性和紧迫性，并于1946年7月在内阁设立了临时法制调查会，开始了修改民法的实质工作，但是，仍然无法实现新民法与新宪法在制定和实施上的同步。为了避免新宪法生效后，由于新民法无法出台而使法律体系的内部产生混乱，政府于1947年4月公布了《关于宪法实施后的民法的应急措施的法律》，与新宪法同时实施，暂时终止家族法中具有封建性的内容。

1947年12月，国会通过《修改一部分民法的法律》，该修正案主要对家族法的内容做出了修正，同时对总则也做出了较大的修改。新家族法体现了男女两性平等，注重个人尊严的新精神。新法废除了家制度,建立了以自由婚姻为基础的家庭制度。原亲属编中的户主以及家族一章被删除,户主权被亲权代替,解除了对家族成员人身自由的严重束缚。家制度的废除推进了户籍制度的改革,取消了以户为单位的户籍制,代之以一夫妇一户籍的原则。

婚姻制度方面,新法对夫妇财产制、婚姻成立条件等方面做出的新规定,提高了女子在婚姻关系中的地位,并且尊重男女双方的婚姻自主权。户主对于其家属的婚姻同意权随着户主权的被取消而不再存续,男女双方可以自主决定是否要缔结婚姻。新民法实行夫妇别产制,以取代家制度下的家庭财产共有制,这一方面反映了用以维系社会基本单位——家庭存在的基础关系发生了改变,由血缘关系变成婚姻关系。另一方面也体现了两性平等的原则,男女双方均对婚前财产以及婚姻中以自己名义取得的财产享有完全的处分权。

继承编的最大修改体现在废除了家督继承。由于户主权被取消,作为对户主权利义务继承的家督继承也就失去了存在的基础。财产继承的原则也发生了改变:继承份额不再因男女性别差异而有所区别,长子也不再拥有对财产的优先继承权。生存配偶继承权的获得也不再被限定苛刻条件。修改后确立了所有子女继承份额平等的原则,而生存配偶可以同其他顺序的继承人一样拥有共同继承遗产的权利。

民法典修改后,家族法中的封建内容被去除,家族法和财产法的立法精神具有同一性,均反映了资产阶级民法的基本原则。重新整合后的民法典更好地维护了资本主义私有制,有利于资本主义经济秩序的稳定。

第四节 经 济 法

经济法是超出传统公法范围介乎于公、私法之间的法律部门,是借助国家力量直接控制和干预经济的法律表现,它贯彻了社会本位的立法思想,强调当事人的意志和利益必须符合社会利益的要求,个人在实现社会价值时要对社会承担更多的责任和义务。通过对私权的有条件限制以实现社会利益的最大化。经济法所具有的上述功能和特点,反映了垄断资本主义时期的经济发展需要,因此,大多数资本主义国家在进入帝国主义阶段后,都颁布了大量的经济法以缓和社会矛盾,应对经济危机。这是对过分强调个人主义而导致经济发展无秩序的修正。在日本,经济法很早就已经萌芽并得到迅速发展,这与日本明治维新后的特殊国情是密切相关的。

一、经济法的萌芽

从明治维新时期开始,日本政府为实现殖产兴业的既定方针就进行了经济方面的立法活动。这些法律多以废除封建制度促进资本主义工商业的迅速发展为宗旨。而在实践中也起到了推动和扶植相关产业,扫除资本主义发展障碍的效果。如1872年的《国立银行条例》以制定法的形式向公众传授了有关银行的基础知识,当时对于大多数人来说,银行还是一个新鲜事物,人们是对它缺乏必要了解的,而这部法律则起到了启蒙作用,并且以国立银行为模板鼓励成立民间银行。在政府的引导下,民间银行大量出现,成为殖产兴业中的重要一环。当时所颁布的起到类似作用的条例还有1873年《公司设立条例》、1874年《股票交易条例》、1876年《米商会条例》、1882年《日本银行条例》、1889年《日本兴业银行法》等。此外,明治时期还颁布了保护和奖励产业发展的法规,诸如1890年《矿业条例》、1892年《铁道铺设法》、1896年《航海奖励法和造船奖励法》、1897年《生丝出口奖励法和远洋渔业奖励法》、1900年《私设铁道法和保险业法》、1909年《远洋航行补助法》等。

这些法律的内容虽与经济有关,体现了政府对经济活动有意识的规范和引导,但是,仍然与现代法学概念中的经济法存在差别。这些单行法规因时因事而设,往往以政府的政策为依据,针对某一产业的发展需要而颁布。这一方面使它们具有较强的实用性,但另一方面又造成了这一时期经济法规的不系统性。另外,由于当时并没有出现经济法概念,所以,经济方面的立法缺乏深厚的理论支持。

二、经济法的形成和初步发展

两次世界大战期间,真正意义上的经济法开始出现并得到了初步发展。1906年,经济法的概念在德国出现,这受到了各国法律界的重视。日本法律界对相关问题也展开了研究和探讨,从理论高度对国家干预经济的必要性和重要性加以论证,经济法理论水平的提高有利于政府在经济立法活动中做出理性行为,避免盲目性。这一时期,战争和经济危机成为经济发展的两大主要障碍。面对困境,日本政府采取了积极态度,频频以法律手段对经济进行全面干预和控制,收到了良好的效果。在这样的时代背景下,该时期颁布经济法规的主要目的是缓解经济危机对国民经济的破坏作用,以及适应战争需要对经济活动进行统制。

1. 应对经济危机的立法：一战后,爆发了世界性的资本主义经济危机,全球范围的资本主义经济都受到了重大损害,其影响不可避免地波及到了日本,加上在此之前的关东大地震和1927年的金融危机,日本经济陷入了内外交困的境地。经济危机的缓慢性和持续性使经济活动难以通过市场的自发调节而脱困。为了尽快摆脱困境,日本政府进行了大量的经济立法活动,针对各个产业所存在的问题对症下药,凭借国家对经济的广泛干预使经济重新焕发活力。

(1) 在农业上,一方面,政府给予农民奖励金和补助金,使农业发展获得了资金扶助。另一方面,积极创造良好的市场环境,调整产品的供需关系,稳定物价。另外,还对农村债务问题予以关注,开展了这个方面的整顿、清理工作。为贯彻上述政策而颁布的法规有：蚕丝业改良奖励金规则、畜产奖励金规则、米麦及其他重要粮食品种改良奖励规则、优良农具普及奖励规则、农业仓库奖励规则、肥料配给改进补助金规则、农林渔经济复苏特别促进规则、丝价稳定信贷损失补偿法、金钱债务临时调节法、农村负债清理组合法等。

(2) 在工业方面,保护在危机中受到冲击的重、化工业,对于染料、造船、制造等产业给予奖励。主要制定了制铁业奖励法、染料医药制品奖励法等。

(3) 促进出口,开辟海外市场的立法。增强国内产品的国际竞争力,大量增加出口是克服危机、振兴国内产业的有效手段。这方面的立法主要有1926年生丝出口检查法、1930年出口补偿法、1934年水产品出口商品管理法、1936年重要出口商品产业组合法、1940年毛织品出口管理法等。

(4) 加强卡特尔垄断形式的立法。日本政府在经济危机中积极通过国家力量加强垄断组织的势力,促进资本的进一步集中,为此颁布了一系列法规,先后制定了《石油经营法》、《汽车制造法》、《航空统制法》、《造船事业法》、《工业组合法》等。

2. 二战时经济统制方面的立法:日本自1932年五·一五事件后逐渐走上了法西斯道路,法西斯政权积极向外扩张,实行独裁统治,最终使日本成为二战的策源地。在确立法西斯政权的过程中,日本法律制度也逐渐法西斯化,这种变化同样在经济法领域有所反映。为了适应战争的需要,集中一切人力、物力、财力为战争服务,政府颁布了一系列"战时国家主义统制立法"。为了确保战略物资生产和供给途径的顺畅,1937年制定了《进出口物品临时措施法》和《临时资金调整法》。在发动侵华战争之后,法西斯政权意识到战争将趋于长期化,于是在1938年3月颁布了《国家总动员法》,将工业、交通运输、金融贸易均置于政府的统制之下,此外,还规定政府有权力控制一切科学研究、文化教育、新闻舆论等机构,这样社会生活的各个方面均被纳入战时轨道,表现了法西斯政权对外侵略、对内专制的统治需要。此后,为了将对物价和物资方面的控制明确化,于1939年到1940年间颁布了《价格统制法》、《地租房费统制令》、《工资临时措施令》、《公司管理统治令》、《米谷统制令》等。随着战争的不断深入,国家统制社会生活的力度也达到了顶峰,1945年的《战时紧急措施法》使政府获得了超过《国家总动员令》所规定的一切权利。

这一时期初期所颁布的经济法规对于经济的复苏和发展起到了积极作用,但在其后经济法却走上了法西斯化的歧路。

三、二战后经济法的发达

第二次世界大战后,日本经济法迅速发展,大量经济法规出台并走上了正确的发展道路。原有的法西斯内容被清除,经济法朝着民主化与和平经济的方向发展,经济法律制度更趋向系统化和完善化。政府调控经济有法可依,包括公司、社团、个人在内的各种主体在经济活动中所进行的各项行为都纳入了法律调整的范围,这使得经济的发展呈现出有序性。日本迅速崛起为世界经济强国的事实也证明了这些经济法规在促进经济的持续、快速、健康发展上所起到的巨大作用。日本也成为经济法比较发达的资本主义国家,经济立法取得了卓越成就。这一时期,日本经济法的发展大体分为两个阶段:盟军占领时期和独立阶段。

被占领时期日本的法制重建活动是在美国的干预下进行的,体现了美国的意志,受到了占领时期美国对日政策的影响。从这一时期经济法的内容来看,贯彻了非军事化、和平经济、经济民主化三大原则,以配合政治领域内的改革。日本所发动的惨烈战争使国民经济受到了沉重打击,所以,恢复国民经济,缓解战后危机也成为这一阶段经济法的重要任务。主要表现在:

第一,《关于限制武器、飞机生产的文件》对军事工业的生产活动进行了限制,以解除日本军事经济力量为目的。

第二,废除了二战时为战争服务的统制法令,建立了新的经济统制体制,侧重于稳定物价,对居民日常生活必不可少的一些消费品如粮食、水产品、鲜果等消费品进行统制。为对付通货膨胀的问题,1946年颁布了《金融紧急措施令》和《日本银行券存入令》,以冻结日元汇率。另外,对产业结构进行调整,实行"倾斜生产"政策,对煤炭电力、钢铁、肥料等产业给予物资、资金和能源方面的最大支持。为此制定了诸如《临时物资供求调整法》、《金融紧急措施令》、《临时煤炭矿业管理法》等一系列相关法规。倾斜生产方式使日本的重点产业迅速恢复了元气,实行这一政策四年以后,日本的工业生产已经大体恢复到战前水平。

第三,日本在进入资本主义社会的同时也保留了大量的封建残余,由此造成了资本主义经济的畸形发展。其中一个不良表现就是过分依赖国外市场,这使日本的资本主义极具扩张性,在日本进入帝国主义时期之后,这个特点表现得更为明显,日本之所以频繁发动战争给世界带来巨大灾难的根本症结就在于此。所以,二战以后,根据美军占领当局的指令,日本政府颁布了许多法规以消除经济中的垄断成分和封建内容。为消除作为日本法西斯军国主义经济基础的财阀对企业的控制,对其总部所属的控股公司予以分解,并且规定,财阀和家庭成员必须辞去公司职务,并且在十年之内不得重新任职,由此,人事方面垄断资本的势力被削弱。1947年颁布的《禁止垄断法》和《排除经济力量过度集中法》进一步遏制了财阀垄断势力,二十余家垄断集团被分解,其中《禁止垄断法》为防止垄断组织的复活,对私人垄断进行严格限制,并对违反者规定了严格的惩罚措施。

第四,在农村,为了推进农地改革,于1946年公布了《自耕农创设特别法》和《农地调整改正法》,主要内容是限制地主占有土地的面积,超过部分由政府强制收买后出售给佃农。大部分农户因此获得了土地,从而深刻地变革了原有的封建的或半封建的农村生产关系。在促进农业发展的同时,也为工业发展提供了劳动力和广大市场。在城市,工人要求实现合法权益,获得民主权利的主张得到政府和美占领军的重视,先后在1945年和1946年颁布了《工会法》、《劳动关系调整法》和《劳动标准法》,战前压制工人组织开展活动的反动法令被废止,上述三部劳动法律促进了战后初期工人运动和工人组织的蓬勃发展。

1952年,日本重新获得了独立主权国家的地位,开始摆脱美国意志的左右,独立自主地进行经济立法活动。政府所颁布的经济法的内容和宗旨因为不同时期国内经济状况和国际形势的变动而发生改变。1952年到1954年,日本仍处于国民经济恢复期,为了保证经济的尽快复苏,经济立法主要侧重于放宽对垄断的限制。而且还通过贷款等方式,在经济生活中注入大量国家资金,为国民经济的发展提供必要的资金支持。此外,延续了占领时期非军事化的方针,政府制定了《经济援助资金特别会计法》等法规,以发展本国的和平经济。

从1955年开始到1970年,是日本经济发展的黄金时代,国民经济在这15年里高速发展,现代化的目标得以实现,日本在短时间内成为了资本主义经济强国。在这一时期,相关经济法规的颁布为形成这种经济发展的良好态势起到了积极作用。借鉴战后倾斜生产方式的成功经验,政府仍采取了抓住石油化学工业、机械工业和电子工业等重点产业进行重点扶植的政策。为此制定了1955年《扶植石油化学工业对策》、1956年《振兴机械工业临时措施法》和1957年《振兴电子工业临时措施法》等法规。重点产业的快速发展推进了工业现代化的进程。为实现对外贸易自由化和国际投资自由化,制定了1957年《出口检查法》等一系列法规。这些法规促成了开放型经济体制的形成,在该体制下,出口大幅上升,带动了经济的强劲增长。

20世纪70、80年代,日本进入了经济发展的低潮期。国内外危机迭出,如1971年美元危机,1973年和1979年的两次石油危机以及日元汇率的大幅上升等,经济发展频频受阻,增长速度明显减慢。此时所颁布的经济立法多为应对危机而立。如为对付石油危机、缓解通货膨胀的压力紧急制定了《石油供求适度化法》和《稳定国民生活临时措施法》。日本政府为解决日美间爆发的贸易摩擦而制定的有关国内产业出口规则。

由此可见,在日本,不同时期所颁布的经济法规均反映了各个阶段经济发展的主要特点,满足了当时经济发展的客观需要。客观的经济状况决定了法律的内容,反过来,法律的颁布又促进了经济的繁荣,法律和经济之间的双向互动关系在日本经济法领域表现得尤为明显。

第五节 刑 法

一、明治维新初期的三部刑事法律

日本在明治维新前的封建时代,以《大宝律令》、《御成败式目》、《公事方御定书》等三大法律渊源为代表的封建法制均以中国法制为模本。这些法典的主要内容是刑事法律。明治维新初期,在推翻幕府统治还政于天皇以后,为巩固明治政府的统治并与新政府官制的确立相配合,颁布了三部刑事法律,但明治维新初期的刑事立法并未实现刑事法律制度的近代化,这三部法律与原有的封建法律制度无论是内容上还是形式上都有千丝万缕的联系,由于新政权初建,巩固统治维护统一成为当务之急,所以,这些法律的立法过程都比较草率,多出于应急目的,因而具有明显的过渡特征。

1.《假刑律》

1867年"大政奉还"后,末代将军德川庆喜曾提出刑事法律方面仍适用原有的幕府法和藩法的施政意见,该建议曾一度被明治政府所采纳,但1868年倒幕运动全面胜利后,新政府开始准备制定新的刑法典以取代旧有法律。同年,颁布了《假刑律》,其中"假"意为"暂行"。它是以《大宝律令》、《公事方御定书》等原有封建法律为基础而制定的。由于这部法典没有公之于众,而仅仅是司法机关审理案件时的内部裁判准则,所以发挥作用的方式比较特殊。当地方上遇到疑难案件而向中央提出量刑请示或者询问新刑律的内容时,明治政府即会以《假刑律》为基础而发出若干指令,由此对《假刑律》做出解释说明乃至删除修改。

《假刑律》由名例、贼盗、斗杀、人命、诉讼、捕亡、犯奸、受赃、诈伪、断狱、婚姻、杂犯共12律121条组成。在铲除封建制度的诸项改革措施还未出台以前,保留了封建法制的许多内容。如《名例律》开头规定了来源于中国隋唐法制"十恶八议"的"八虐"和"六议",以维护尚未被废除的封建等级制度。刑罚分为笞徒流死四种,共20等,还规定对政府的官吏、藩臣等具有特殊身份和地位的人适用闰刑这种特殊的刑罚,主要的处罚方式有:自尽、谨慎(禁止外出)、贬官、夺爵、逼塞(禁闭)等。从以上内容可以看出,《假刑律》并不是现代意义上的刑事法典。它的颁布体现了明治政府初建时期力图统一全国刑事法律的意图,但实际上它并没有完全取代以前的刑律,在有些地方与藩法并行使用,后者在藩主统治的领地内仍然发挥效力。

2.《新律纲领》

从《假刑律》的名称来看,明治政府就没有将其长期适用的意图,而且这部刑事法规本身也存在严重的缺陷,政府发往各地的指令对它做出的修改具有任意性,这样造成了其体系和内容的混乱。所以,制定新刑律以取代《假刑律》也就成了顺理成章的事情。1870年9月,《新律纲领》的草案完成后移交政府,于同年末由天皇正式公布。

与《假刑律》相比较,该部法律虽仍不能完全排除藩法的适用,但适用范围已有所扩大。另外,尽管没有向一般公众公布,但政府把常见的犯罪条款摘录公布,并且允许印刷出售,这种做法有利于法律较广泛的传播。

《新律纲领》共分六卷,全文由名例、职制、户婚、贼盗、人命、斗殴、骂詈、诉讼、受赃、诈伪、犯奸、杂犯、捕亡、断狱等共14编192条构成。八虐六议的内容被删除；恢复了封建社会的"五刑制"即主刑分为死、流、徒、杖、笞5刑20等；保留了对官吏和贵族所适用的特殊刑罚闰刑；维护了这些特殊主体的特权。其后又颁布了一些法令对以上的刑制作出修改。1872年4月的惩役法规定可以以惩役刑取代笞杖刑。1873年2月，增加了"除族"（开除族籍）作为闰刑的一种。

《新律纲领》并没有确认近代资本主义刑事法典普遍确认的罪行法定主义原则和法不溯及既往原则，虽然抛弃了封建法制的一些内容，但是字里行间仍体现出浓厚的封建色彩，如有关律令虽无正条但有违情理也要处罚的规定，表明了刑律并没有严格区分道德和法律，而这正是封建时代法律的特征之一。

3.《改定律例》

《新律纲领》仓促出台，不足之处甚多，无法长期适用。1871年刑部省就开始了修改工作，经过司法省、左院、太政官的修改，审议于1873年3月获得天皇裁准，1873年6月正式颁布。《改定律例》和《新律纲领》同步实施，废止了此前的刑事单行法规，前者是对后者的修改和补充。

《改定律例》共3卷、12图、14律共318条，进一步删除了前两部法律中留存的封建内容，在具体制度设计上，受到了法国刑法的影响。刑罚体系是惩役、死刑和财产刑并立，废止了五刑制度。死刑的执行上更趋于人道，原则上仅有绞刑一种。在量刑幅度上，新颁布的《改定律例》的规定比《新律纲领》要轻。然而对罪行法定主义原则仍没有做出规定，关于法不溯及既往原则具体规定为"若事犯在颁例以前，按原律处罚为轻的，仍依原律"，这表明，在确定新旧法律效力高低上采取了从旧兼从轻的原则。

在上述两部法律的并行期，明治政府还颁布了两项单行法规，分别是1872年《东京违式圭违条例》，该条例赋予警察审查犯罪活动的权限，以及1875年的《诽谤律》，该法限制自由民权者的言论自由。

以上三部法律是明治维新后，日本刑法从封建法到近代法过渡时期的很有价值的尝试，但是，这几部法律仍然属于传统的封建法律的范围,具有明显的以刑为主、诸法合体的特征。

二、1882年旧刑法和1907年刑法典

1. 1882年旧刑法

由于明治维新初期的三部刑事法律几乎是原有封建法制的翻版,保留了大量封建刑法内容,脱离了日本当时的国情,不适应资产阶级革命后制定近代刑法的客观需要,所以,在实现西方法律在刑法领域内的移植也就势在必行了。

1872年至1873年间,司法卿江藤新平命法学家箕作麟祥翻译法国刑法典,试图编纂法国式的日本刑法典,但是,在江藤下台以后这一工作没有继续,1875年9月,司法省内设刑法调查局,由日本法学家负责起草,同时邀请法国法学家保阿所那特参与编纂工作。1876年4月,主要以法国刑法为基础的刑法草案完成,但元老院以草案不成熟为由拒绝对它进行审议。1877年1月,司法省新设刑法编纂科,专门负责刑法的编纂工作。1877年11月由保阿所索那特主要负责由日本法学家共同编纂的《日本刑法草案》,交太政官内设的刑法草案审查局,开始进行修改和审议工作,其后在草案的基础上形成了《刑法审查修正案》,并交元老院审议。

在审议过程中,对刑法草案最有意义的修改是废止了有关妾的制度的规定,否定了旧时代以来长期存在的一夫多妻制继续存续的合理性。由此推动了日本婚姻法的近代化,对日本家族法的修改也产生了很大影响。1880年7月刑法典得以公布,并且在1882年1月1日开始实施,一直适用到1907年刑法典生效为止。1882年刑法典也称为旧刑法,是日本近代第一部刑法典。该法典在内容和体例上多模仿1810年法国刑法典,同时参考其他西欧国家的刑法典。法典共4编21章480条。第1编总则包括法例、刑例、加减例等10章;第2编关于公益的重罪轻罪,包括对皇室的犯罪,关于国事罪,危害安宁罪等9章;第3编对身体,财产的重罪轻罪,共2章;第4章,违警罪。1881年12月,增加补则。1886年公布了保阿索那特编写的"修正刑法草案注释书",对条文进行了解释,并且弥补了法典的不完备之处。

旧刑法除在体例和结构上借鉴西方刑法,跳出了封建法制的旧有模式,在内容上也贯彻了资本主义刑法原则,顺应了近代大陆法系的刑事立法潮流,同时也体现了本国特色。这表现在:第一,法典中的第2、3条明确规定罪行法定主义原则和法不溯及既往的原则,并且强调了罪行相适应的原则,与明治维新初期的刑事立法相比,这是一个重大进步,体现了法典的近代化。第二,法典把犯罪分为重罪、轻罪和违警罪,这与1810年法国刑法典的规定相同。犯罪的种类不同,审判机构也有所不同。第三,法典把刑罚分为主刑和附加刑,重罪、轻罪、违警罪所适用的刑罚种类各有不同。如重罪的主刑是死刑、无期徒刑、有期徒刑、无期流刑共9等;轻罪的主刑有重禁锢、轻禁锢、罚金三种;违警罪的主刑有拘留、罚款。第四,对未遂和既遂所作的区分是参照德国刑法的表现。模仿了法国刑法典对正当防卫的规定方式,即仅在314条杀伤不论罪中规定了正当防卫,而在总则中却没有做出规定。第五,对某些罪名的处罚规定仍然受到传统刑法的影响,如311条通奸杀伤减轻规定,如丈夫发现妻子与他人通奸并且在通奸现场杀伤奸夫奸妇可以减轻后者不受处罚。

在旧刑法实施的同时,政府还颁布了一些单行刑事法规,以弥补旧刑法的不足,增强维护社会治安的力度。如1880年《治罪法》、1881年《陆军刑法》和《海军刑法》、1884年《爆发物管理条例》等。

旧刑法的颁布虽然是日本刑法近代化进程中的阶段性突破,吸收了西方刑法的立法成就,但是,它的许多内容都脱离了日本的国情。在旧刑法颁布之时,它所模仿的范本1810年的法国刑法典已经施行了70年,社会情况已经发生了重大改变,法国刑法典的缺陷也逐渐暴露。同时刑事理论也有了新的发展。旧刑法的制定主要受到欧洲古典学派的影响,在内容上体现了报应主义和功利主义倾向,因此受到了支持新派刑法理论的学者的攻击。在司法官员、社会舆论对旧刑法的指责和批评声中,修改旧刑法的建议多次被提到日程上来。这表明,虽然旧刑法施行了26年之久,但是并没有取得较高的权威,其地位不断受到质疑和挑战。

2. 1907年刑法典

1891年由保阿索那特向议会提交的刑法修正案共414条,虽然对旧刑法的内容作了修改,但是,由于该修正案仍然未脱离法国刑法典的体例和内容,所以议会没有进行审议,草案也没有获得通过。

1901年的刑法修改草案是由1892年设立的刑法修改审查委员会起草的。它是在广泛征求全国司法官员以及律师意见的基础之上向议会提出的,共300条,以新派刑法理论为依据,主要借鉴德国刑法的体例和内容。主要内容有:(1)删除"法无明文规定不为罪"的规定,其理由是明治宪法23条已有"日本居民非依法律不得逮捕、拘禁、审问、处罚"的规定,没有必要在刑法典中再次重复该原则。另外该原则已经得到社会成员的公认。(2)扩大了刑期幅度,减少了刑罚种类。(3)规定了缓刑、数罪并罚、未遂等制度。(4)废除重罪、轻罪、违警罪的划分,将罪分为重罪和轻罪。该草案虽因议会中途停会而没有得到通过,但是,1907年新刑法典的许多内容和制度都来源于该草案。新刑法典是在对该草案进一步修改的基础上制定出来的。

政府于1902年到1903年又两度向议会提出刑法修正草案,草案的内容基本上是对1901年草案的沿用。但是,这两个草案的提出均恰逢议会解散或者会期终止而无法被审议通过。

1906年司法省设立新的法律调查委员会,完成2编265条的修正案,于1907年1月帝国议会提出并且获得审议通过,于同年4月公布,1908年10月1日开始实施。这部刑法典习惯上被称为"1907年刑法典"或者"新刑法"。

1907年刑法典是继旧刑法之后日本第二部近代意义的资产阶级刑法典,它是仿照德国刑法典的模式制定出来的,共2编264条。第1编总则是关于刑法适用范围、刑罚种类、假释、缓刑、未遂罪、并和罪、累犯、共犯等方面的一般原则性规定;第2编则规定了各种犯罪以及应该判处的刑罚。与旧刑法相比,新刑法在内容上的主要变化如下:

(1)条文数目大量减少,采用抽象概括的方式列举罪名,反映了刑事立法技术的提高。如新刑法废除了旧刑法中重罪、轻罪、违警罪的划分,违警罪另由1908年的《警察犯处罚令》加以规定。(2)沿用1901年第二次修正案的内容,删除了旧刑法中的"法无明文规定不为罪"的规定。(3) 新刑法扩大了刑罚的量刑幅度,如惩役刑的规定是1年以上10年以下,有的条文甚至仅规定刑期的最低限度,而且不明确其最高的刑期,从而赋予了法官很大的自由裁量权,使他们在面对千差万别的刑事案件时能够尽量做到对犯罪分子做出罪行相当的判决。(4) 由于旧刑法中重罪、轻罪、违警罪分别适用不同的刑罚,所以在对罪名的区分简化以后,刑法中对刑罚名称的规定也随之改变。新刑法取消了徒刑、流刑、废除监视,禁治产等附加刑,改由特别法规定停止公权、剥夺公权等名誉刑。将主刑定为死刑、惩役、监禁、罚金、拘留、罚款等六种,将没收作为附加刑使用。(5) 改变旧刑法中的许多法律用语,代之以更为简单明了的词汇,如期满免除改为"时效不论";数罪并罚改为"并合罪";不论罪及其减轻改为"犯罪不成立"和"刑的减免";再犯加重改为"累犯";数人共犯改为"共犯"等。(6) 受到新派刑法学理论的影响,一些制度的设计均体现了重视罪犯的主观恶性,主张刑罚个别化以达到防范犯罪的新派观点。新刑法首次规定缓刑制度并且进一步完善了假释制度。依据法典第25条,被判处2年以下惩役或者监禁,过去没有受到过监禁以上刑或者虽受到过监禁以上刑,但是已经执行完毕或者免除执行已经满七年的,可以实行缓刑。第28条规定被判处惩役或者监禁的犯人,在狱中有悔改表现,并且有刑期已执行了三分之一,无期刑已执行10年以上,视情况可以假释。此外还有自首以及正当防卫减免刑罚而累犯加重处罚的规定。(7) 第二编分则共40章,列举了40种犯罪及刑罚,其中侵犯皇室罪、内乱罪被作为最重大的犯罪,成为法律重点打击的对象。体现了法典将维护天皇及家族的特权和镇压劳动人民的反抗,维护地方资产阶级的统治作为最重要的任务。分则第一章规定了"对皇室之罪",具体内容是凡危害天皇及父母,妻儿孙者或者欲加危害者,要处以死刑。有对以上人员有不敬行为或者对皇宫、皇陵有不敬行为者,处3个月以上5年以下惩役。分则第二章是关于内乱罪的专章规定,凡以颠覆政府、僭窃国土、紊乱朝政为目的而进行暴动者为内乱罪,其为首者处死刑或者无期监禁、参与谋议或者指挥群众行动者,处无期或三年以上监禁,附利随行及其他参与者处三年以下监禁。

综上所述,新刑法在内容上基本体现了资产阶级的刑法原则,但同时仍保留了大量封建残余。法典中虽然取消了罪行法定主义原则的规定,但是,这并不能表明立法者对该原则的否定,因为删除它的理由是:避免刑法典在宪法已作规定的情况下对这一人人皆知的原则再作赘述。另外,其他近代资本主义的刑法原则在条文中均有规定,另一方面,由于明治维新并没有彻底地铲除国内的封建势力,所以刑法典中不可避免地会含有封建性的内容。这体现在对皇室之罪、杀害尊亲属罪、通奸罪等条文之中。虽然如此,新刑法与旧刑法相比较,已经有很大的进步,封建内容得到进一步去除,资本主义近代刑法的特征得以彰显。以颁布1907年新刑法典为标志,日本基本上建立起了近代资本主义的法律体系,实现了从封建法律向资产阶级法律的飞跃。

三、刑法的变化和发展

1907年新刑法一直适用至今仍在生效,但是其中规定的某些刑法制度已经发生了改变。日本政府虽然没有废除1907年刑法典,但是通过修改刑法典,制定单行法规等方式对原有的法典内容做出了修正。不同阶段所进行的修改活动有不同的特点,体现了当时社会的客观需要并且在刑法领域中表现出来。

(一) 一战后到二战期间刑法典的修改和单行法规的颁布

一战后,俄国建立了第一个社会主义国家,打破了资本主义一统天下的局面,促使世界范围内共产主义运动达到了高潮,日本国内的工农民主运动也得到了迅猛发展。这一时期在政治生活中所发生的普选运动、妇女争取参与政权运动以及日本共产党成立等几件大事使日本政府感到了强烈的危机感和巨大的统治压力。面对日益高涨的民主呼声,日本政府认识到,必须对刑事法律进行修正才能达到维持秩序,巩固统治的目的。

为此,于1919年设立临时法制审议会,进行刑法典的修改工作,修正的指导思想是,既要符合时代的要求又要保持日本固有的"良风美俗"。1921年对刑法典部分条文的修改主要是把私吞罪的刑罚由原来的"1年以上10年以下惩役"改为10年以下惩役。临时法制审议会提出了"刑法修正纲领"致力于刑法典的全面修改。1927年,在这个纲领的基础上完成了"刑法改正预备草案",供参考使用。同年,司法省内设"刑法及监狱法改正调查委员会",开始了真正的起草工作,并且分别在1939年和1940年完成了总则和分则的修改草案,该草案作为未定稿,以"改正刑法假(临时)案"为名而发表。虽然这个草案因为战争原因没有提交议会审议通过,但是,它为战后的刑法修改提供了依据,影响到了战后刑法的修改活动。

这一时期所颁布的一些单行法规也是日本当局进行的刑事立法改革的组成部分。这些单行法规大体上分为两类:

1. 体现资本主义刑法特征的法律,主要有:

(1) 1922年公布,1923年实施的《少年法》,该法吸收了欧美等国的立法经验,对少年犯给予特殊惩罚以达到教育改造的目的。适用的主体是14岁以上不满18岁的少年犯。对未满16岁者,除了犯特别罪以外不适用死刑及无期刑,而改判为10年以上15年以下的惩役或者监禁。对判处惩役或者监禁的少年犯设立特别监狱,而不与成年犯共同关押。除死刑和无期刑以外,当刑罚执行完毕或者免于执行时,应视为没有被判处过刑罚。还规定可以对少年犯进行保安处分,具体包括训诫,写悔过保证书,送交感化院,送医院治疗等。1922年修改的《感化法》和1923年颁布的《矫正法》是《少年法》实施中的配套法规。

(2) 1931年颁布《假释审查规程》,其中规定,已经判决的犯人在服刑期间经过审查认为确有悔改表现的可以呈请假释,审查确认表现良好的,不论刑期长短均予假释。但是,对判处无期刑的罪犯是否假释,应当考虑社会舆论和民众感情,认真审查,慎重决定。这些规定对新刑法典中有关假释制度的规定起到了修改和补充作用。

2. 体现法西斯性质的反动法律

(1) 1925年颁布的《治安维持法》又称为"危险思想法",违背了仅有犯罪意图而无客观犯罪行为不处以刑罚这一近代刑法所普遍确认的原则。根据该法,只要有犯罪思想,即使没有犯罪行为也可能构成犯罪而受到法律的严惩。它的制定和颁布目的在于更好地镇压进步分子的革命活动。

(2) 1932年,日本开始走上法西斯道路,刑事立法领域出现倒退,反动法律频频出台,不断颁布刑事特别法以镇压民主势力,维护独裁统治和满足对外发动侵略战争的需要。如1937年《思想犯观察法》对具有进步思想的革命者加以监视,限制他们作为公民的基本自由权利。1942年的《战时刑事特别法》具有优先于刑法典的效力,对威胁和反对法西斯同时的反抗行动予以严厉惩治。该法1943年的修正案进一步扩大了镇压的范围。

（二）二战以后的刑事立法

自1945年日本宣布无条件投降到1952年《旧金山和约》生效,日本丧失了独立主权国家的地位。以美国为主的盟军占领了日本,包括法律制度在内的社会政治经济等各个方面的改革在美国的授意和参与下全面展开。这些改革均以实现日本国内的和平和民主为目的。

与此相应,刑事法律方面也做出了调整修改,进行了大刀阔斧的改革。在宣布战败投降的当年,迫于盟军压力,日本就宣布废除了包括《治安维持法》、《国防保安法》、《思想犯保护观察法》、《战时特别刑事法》等法西斯统治时期的反动法律。这为其后所进行的刑法典修改工作扫除了障碍。

在新宪法颁布后,为了解决刑法典与新宪法相脱节的问题,使刑法和新宪法所确立的原则和精神相一致,日本政府开始了对刑法典的修改活动。1946年10月,临时法制调查会和法制审议会提出《刑法一部改正法律案纲要》。政府所起草的刑法修正案就是以该纲要为基础,在经过议会审议通过之后,于1947年11月15日起开始实施。该修改案对总则和分则均进行了修改。

总则的修改要点有四:(1)放宽了缓刑条件(2)增加了不计前科的规定,即对满足条件的犯罪分子恢复其在法律上的原有权利,以达到鼓励犯人改过自新的目的。(3)修改了假释条件,规定有期徒刑应执行三分之一(原来的规定是四分之一),无期徒刑应执行10年(原来的规定是15年),可以假释。(4)删除了有关连续犯的规定。

分则方面,去掉了维护天皇专制统治和法西斯独裁统治的罪名,同时参照各国刑法通例,取消通奸罪,进一步明确了道德和法律的界限。此外,新增加了损毁名誉罪的事实证明,还加重了滥用职权罪、暴行罪及胁迫罪的法定刑。

该修正案虽然只是应急性的对原有的刑法典做出了部分修改,以满足新宪法实施下法律体系和谐性的需要。但是,修正案的内容贯彻和体现了宪法中所确立的和平、人权、民主的三大原则,使刑法向民主化的方向发展。然而,由于该修正案的顺利出台是在美占领军施加压力的情况下得以实现的,而不是出于日本政府的自主自愿,所以原有刑法中的封建性内容并没有被彻底地删除掉。

1952年日本独立之后至1980年,对刑法典的部分修改活动就有8次之多,此外,为了适应社会制度和国内外环境变化后的客观要求,对刑法典的全面修改工作也开始进行。1956年法务省成立刑法改正准备会,由该机构负责此项工作。1961年完成了"改正刑法准备草案",针对危害国家安全的严重犯罪行为增设了诸如间谍罪、阴谋和暴力妨碍公务罪、内乱和外患的独立教唆罪等罪名,并且全面提高了法定刑。1963年,法制审议会内设刑事法特别部会,开始进行刑法的审议工作。1974年法制审议会批准并公布了"修改刑法草案",废除了1961年草案中对危害国家安全新设罪名的规定。但是,该草案对外国元首、使节的罪行、胁迫、侮辱罪,泄漏企业秘密罪、骚动预备罪等罪名的规定遭到了各界的批判和抵制。1980年国会通过了《关于修改部分刑法的法律》,其主要特点是:重新确认了1907年刑法典制定时被删除的罪行法定主义原则,废除了具有封建尊卑等级观念、有违个人尊严和平等原则的杀害尊亲属罪。

从二战以来对刑法典的屡次修改活动中可以看到,日本逐渐废除了旧的刑事法律制度的封建性内容。在刑事立法中吸纳了新的刑法理论,借鉴了各国先进的刑事立法经验,刑事立法水平有所提高,形成了较为发达的现代刑事法律制度。

第六节 司法制度

一、近代司法制度的确立

(一) 明治维新后的司法改革

为了改变封建时代司法和行政不分的状况，建立独立的法院组织和近代化的诉讼制度，明治维新后，日本政府进行了司法改革。1870年废藩置县后所设立的司法省主持了这次改革，仿效西欧逐步建立了日本近代司法制度。

1871年5月，当时司法省的长官江藤新平主持了这次司法改革。1871年9月，司法省公布了《司法省职制及事务章程》。《章程》共22章108条，随后以该章程为依据，进行了以实现司法独立为目的的改革，主要内容有：1.设立独立于行政机构的审判机构。中央以司法省裁判所为最高裁判所，它是审判地方上诉案件、疑难案件以及敕奏官和华族犯罪的常设机构；设立临时裁判所，负责审理国事犯和法官的犯罪。巡回裁判所是中央到地方的派出机构，行使与司法省裁判所相同的职权。在各府县设立府县裁判所，审理一般民事案件和流刑以下的刑事案件。区裁判所是最低一级的审判机构，主要审理一些比较轻微的刑民事案件。2.设立专职的法官、检察官和律师，以实现搜查、起诉、审判等司法职务的分离。法官分"判事"和"解部"两类，检察官分"检事"和"检部"两部分。检事监督搜查和逮捕犯罪嫌疑人以及对犯罪者进行调查和判决的活动。检部负责搜查。

由于上述改革触及到地方行政官员的利益，削夺了他们长期把持的裁判权，所以受到了很大的阻力。改革中还认定上下级裁判所是隶属关系，而没有形成法官独立行使职权的制度。另外，对法官的任用资格没有特别规定，使得一部分行政官员也具有就任法官和检察官的资格。外部的阻挠以及改革本身内容的不彻底性，使这次改革没有完成司法和行政的彻底分离，但是，它为日本近代司法制度的创立奠定了基础。1875年以设立大审院为标志，确立了司法和行政相分离的原则，裁判机构取得了独立地位，禁止行政官员担任法官职务。审判机构进一步完善,建立了大审院、上等裁判所、府县裁判所、区裁判所构成的四级审判体系。

(二) 近代法院组织法和诉讼法

1876年司法省开始进行《治罪法》的编纂,试图从根本上改革封建时代以刑讯逼供和注重口供为基本特征的诉讼制度,以适应资本主义社会的客观需要。1880年7月《治罪法》公布,1882年开始实施。该法典以法国法为蓝本,大部分是有关于刑事诉讼法的内容,但是第2编专章规定了法院的构成及权限。该法典对法院组织的规定不同于1875年所建立的审判机构体系,除了保留大审院以外,新设了高等法院,改上等裁判所为控诉裁判所,改地方裁判所为初审裁判所,区裁判所为治安裁判所。在刑事程序的规定上体现了一些近代资本主义诉讼法所确立的原则,如禁止审判活动刑讯,强调依证据定罪以及贯彻国家追诉和不告不理原则。但是,由于过分仿照法国法,使得它不完全适用于日本国情,另外,将刑事诉讼法和法院组织法的内容规定在一起,也造成了法典逻辑结构的混乱。在明治宪法颁布以后,为了将宪法中所确立的法院系统和与之相关的审判程序规则进一步具体化,法院组织法和几部近代诉讼法典相继出台,成为日本近代资本主义六法体系中的重要组成部分。

1890年《裁判所构成法》以1877年德国《法院组织法》为模本。该法共分法院及检事局、法院及检事局之官吏、司法事务之处理、司法行政之职务及监督权等共4编,共144条。依该法规定:实行四级三审制,法院由区法院、地方法院、控诉院、大审院组成。区法院审理轻微的民刑事案件,由一名法官独任审判;地方法院负责审理所辖区域内的第一审案件,并负责审理不服区法院判决的上诉案件,实行三人合议制;控诉院是地方法院的第二审级和区法院的第三审级,审判实行五人合议制。大审院是最高审判机关,负责审理上诉案件,拥有对危害皇室罪、内乱罪等重大案件的一审终审权。审判时原则上实行七人合议制。

《裁判所构成法》还规定了审检合一制,各级法院内设检事局(相当于检察院),其主要职责是提出公诉及监督判决的执行,但不参与审判活动。该机构直接受上级检察长的指挥。根据明治宪法第61

条规定,行政法院负责审理行政案件,本着这一精神,1890年6月颁布了《行政裁判法》,该法是德国人在参考奥地利制度的基础上制定的,其内容主要是对行政法院的组织权限以及诉讼程序的规定,共4章47条。按照规定,提起行政诉讼之前需要向地方上一级行政部门申诉。行政法院的审理实行一审终审制,贯彻公开审判原则。1880年的日本民事诉讼法草案是仿效法国1806年《民事诉讼法典》而制定的,但是没有经过审议,其后转而借鉴1877年的德国民事诉讼法完成了1885年草案。经过修改审议、咨询等几个环节,于1890年4月公布,1891年1月开始实施。这部日本历史上第一部民事诉讼法,共8编805条组成。法典内容体现了当事人本位主义,依规定法院对民事诉讼案件不告不理,当事人需对自己提出的主张提交证据加以证明;双方当事人可以根据合意停止诉讼;法院只对当事人申请的事项进行调查;上诉审的范围只限于原审请求和上诉申请。虽然当事人在民事诉讼中有相当的主动权,但法官并不完全处于消极被动状态,法典还确立了自由心证原则,即法官有权凭借自己的直觉和内心确信来判断证据的有效性。法典保留了通过和解方式解决民事诉讼的传统,和解适用于诉讼程序的任何阶段。在债务人无力偿债时法典规定了独具特色的处理方式,即根据1890年《家资分散法》,由管辖法院宣告家资分散,此时债务人丧失选举权和被选举权。此外,1898年仿效德国法起草了《非诉讼事件程序法》和《人事诉讼程序法》,作为《民事诉讼法》的补则对民事和商事非讼事件程序做出了规定。

《刑事诉讼法》于1890年10月公布,同年11月1日实施。该法以1880年公布的《治罪法》为基础并且吸收了1877年德国刑事诉讼法的内容,共8编15章334条。第1编总则,规定了公诉、私诉、诉权消灭等一般原则,肯定了国家追诉的原则,第2编法院,规定管辖和回避制度,第3编是犯罪的侦查、起诉和预审。第4编是对审判程序的规定,第5、6编分别为上诉和再审,第7编是大审院特别权限的诉讼程序,第8编是裁判的执行以及特赦。与《治罪法》相比,不再含有法院组织的内容,相关规定被纳入到《裁判所构成法》中,从而成为完全意义上的刑事诉讼法。

上述的几部法典大部分都是学习德国法制的结晶，在制定过程中曾尝试了法国模式，但是最终选择以德国法为范本。这些法典与明治宪法相配合，推动了司法制度领域的近代化进程，使得日本近代司法制度初具规模，建立了行政法院和普通法院两大法院组织体系，并且对原有的封建诉讼程序进行了改革。但是，明治宪法所维护的天皇专制体制影响了司法权的完全独立。司法权附属于天皇大权，法院只能在天皇的名义下代表天皇行使审判权。诉讼法的某些规定反映了对公民权利的漠视，司法制度中的民主性降低，如刑事诉讼法中规定了密室监禁制度，依此规定，预审人员认为必要时，可以把被告人监禁在密室里而被告没有申请辩护人的权利，从而否定了公民本应享有的辩护权，这是封建时代有罪推定原则的变相延续。1891年刑事诉讼的部分修改中虽然废除了密室监禁制度，规定有罪判决理由的明示以及法院指定辩护人等，但预审辩护制还是没有确立。

二、诉讼法的修改和司法制度的变化

（一）民事诉讼法和刑事诉讼法的修改

1890年的民事诉讼法贯彻了口头主义、辩论主义和当事人主义的原则，虽然这些原则保障了当事人在诉讼中的主导地位，但是，由于法官职权范围的过分缩小，也带来诉讼拖延不能快速结案的问题。同时，法典中规定的诉讼程序也遭到了各方的非议。于是1895年开始了修改活动。1911年，日本政府设立"法律取调委员会"开始调查工作，当时民事案件大量出现，而原有的诉讼程序过于繁琐，不能尽快解决纠纷的问题日益突出，促使修改工作加快进行。1919年所设立的民事诉讼法修改调查委员会于1925年完成草案经议会通过后1926年公布并于1929年10月1日开始实施。

新民事诉讼法以尽快结案和力求公正为目的，其修改的主要内容是：1. 体现职权主义，设立职权证据调查制度，法院认为当事人所提供的证据不足或有其他必要时，可主动进行证据调取活动。2. 法院以书面审理为基本原则，诉讼文件均采用书面形式。3. 严格有关诉讼期限的规定，如限制日期变更，缩短了上诉期限，但是，新民事诉讼法实施后诉讼拖延的状况并未根本改观。

19世纪末20世纪初,日本处于由自由资本主义向帝国主义过渡的时期,阶级矛盾尖锐化,社会动荡不安,工农运动和社会主义运动处于高潮期。为了维护资产阶级统治,政府迫切希望扩大检察机关在情报搜集和人身拘留等方面的强制处分权。另外,原民诉法官权色彩浓厚,在实施过程中践踏人权的现象屡有发生,遭到各方的反对和批判。以上两点推动了刑事诉讼法修改活动的展开。

1920年设立的刑事诉讼法改正调查委员会开始了起草工作,草案经议会审议通过后于1922年公布,并规定自1924年1月1日开始实施。

1922年刑事诉讼法分4编共632条,新法对旧法的修改表现在以下几点:1.扩大了检察机关对紧急事件的强制处分权。当遇有紧急情况,检察机关不能迅速从有关机构获得强制处分令状时,有权自行对嫌疑人进行拘留和讯问。2.保障被告人的应有权利,如引入预审辩护制,承认被告人的沉默权,限制未决犯的强制羁押期限,原则上以两个月为限。3.对上诉制度的改革:如果原审法院认定事实不清或者量刑显然不当,大审院可以对相关的事实予以认定,也可以自行审判,从而扩大了上诉审的职权范围,改变了以前上诉审只限于审查法律是否适当的规定。但在该法实施过程中,保证人权的规定由于种种原因并未落实。另一方面,由于检察机关在侦察活动中的权力扩大,使他们在镇压民主运动,压制人民自由权利方面得以发挥更大的反动作用。

(二)司法制度的变化

这一时期,司法制度的变化突出体现在调停制度的确立和陪审制的引入上。一战后,日本的资本主义经济受到了经济危机的冲击,民事纠纷大量出现。为了尽快解决纠纷,稳定经济秩序,日本政府在修改民事诉讼法,力求提高民事审判效率的同时,也希望找到一种非诉讼方式来解决纠纷,以缓解法院的诉讼压力。调停制度应运而生。该制度下,纠纷通过当事人之间的和解得以解决,不须对簿公堂,具有简单、快速、成本低廉的特点。这一制度伴随着一系列相关法规的出台而逐步确立,且适用范围不断扩大,如1922年《借地借家调停法》,1924年《小作调停法》,1926年《商事调停法》分别在借地借家纠纷、佃耕争议、大都市的商事纠纷中引入了调停制度,并受到了很好的效果。法西斯统治时期,1939年制定《人事调停法》以解决战死者遗孤因抚恤金归属而发生的纠纷。1942年《战时民事特别法》将调停的适用扩大到一般的民事纠纷,该法有关调停的规定一直适用到1951年民事调停法的制定。

法西斯专政时期,虽然从法律上看没有对原来的诉讼制度作很大的修改,但是在实际运行中,司法制度的民主性和司法权的独立性被破坏。战争时期,军部广泛地干涉法院的审判活动,使法院成为维护法西斯独裁统治的工具。

三、二战后的法院组织以及诉讼制度

第二次世界大战后,日本社会在发生全面变革的同时,司法制度也发生了很大的改变。由于1946年和平宪法为战后日本的司法制度确立了新的原则,由此推进了法院组织和诉讼制度的改革。现行宪法明确赋予司法机构独立的职权和地位。宪法第96条规定:"一切司法权属于最高法院以及由法律规定设置的下级法院。"这样,日本最高法院使国会、内阁一起被同等列为宪法上的国家机关,从而体现了三权分立的原则。宪法第81条规定:"最高法院有权决定一切法律、命令、规则以及处分是否符合宪法。"仿照美国宪法中的违宪审查制度,赋予最高法院违宪审查权,从而使得司法权相对于国会和内阁取得更为优越的地位。

根据宪法76条"不得设置特别法院,行政机关不得实行作为终审的判决"以及其他有关规定,日本将包括行政案件在内的所有诉讼案件都纳入到普通法院的管辖范围,从而否定了明治宪法时期所设置的行政法院、皇室法院等特别法院的审判权,实现了司法机构的一元化,使得司法权得以统一行使。本着新宪法的上述精神,根据美占领军建立民主化司法制度的指示,日本政府起草了一系列新的关于司法机构建制的法律,将宪法的精神和原则落到实处。1947年4月,先后公布了《法院法》、《法院施行法》、《检察厅法》、《关于下级法院的设立以及管辖区域的法律》,从而使司法组织发生了很大的改变。

司法独立的真正实现表现在:法院从司法省中分离,检察厅独立于法院,不再实行审检合一制。同时为尊重司法自主性,还规定最高法院有权制定关于诉讼的程序、律师以及法院内部的规则,关于处理司法事务事项的规则。

根据上述法律,废除行政法院和特别法院,普通法院分为四级,最高法院、高等法院、地方法院和简易法院,1948年对《法院法》修改后增设了与地方法院同级的家庭法院。最高法院设在东京,享有对上告和特别抗告案件的审判权,此外还拥有违宪审查权和规则制定权。高等法院设在东京、大阪、名古屋、广岛等八个地方,对地方法院的一审、二审判决,简易法院的判决以及家庭法院一审判决不服均可以上诉至此。原则上高等法院实行三人合议制。地方法院原则上是第一审法院,设于各督道府县所在地。家庭法院主要审理家庭案件和少年犯罪案件。简易法院主要对轻微的刑事案件和金额较少的民事案件享有一审审判权,在审判时采用独任制。

为了配合宪法的制定和颁布,1947年,日本政府公布了《刑事诉讼法应急措施》。此后本着新宪法的精神和原则对刑事诉讼法进行修改。1948年7月公布了新刑事诉讼法。该法典共7编506条,对管辖、审级、公诉、审理、判决等程序做出了具体规定。在内容上引入了英美诉讼制度的一些内容,使刑事诉讼程序成为两大法系诉讼程序的混合,如在庭审中引入了英美的对抗制。此外,保护人权也是该法典突出反映出来的基本理念,如贯彻了宪法中的令状主义原则,要求侦察机关在采取强制措施时必须获得法官发出的许可令状;规定被告人有权自行选任律师;取消提起公诉后的预审程序;第一审以公开审判为原则等。为了进一步保护报告人的基本权利,1948年的《人身保护法》和1950年的《刑事补偿法》,为被错误剥夺人身自由的人恢复自由提供救济途径,并且赋予其要求国家就错误监禁承担赔偿责任的权利。

战后民事诉讼法基本沿用1891年的民事诉讼法,没有进行大规模的修改,但是,由于战后国内外环境的变化并受到美占领军意志的影响,民事诉讼法也进行了一些修改。这些修改主要以减轻法院负担,削弱职权主义和实现诉讼程序民主化为目标。1950年,为了进一步提高民事诉讼的审判效率,进一步严格了日期变更条件,规定单独事件的审判中也可以适用准备程序。1979年颁布了《民事执行法》,将原法典中的第6编强制执行独立出来,以单行法规的形式再作规定。

由于新宪法否定了行政法院存在的合理性,针对这种变化,日本政府制定了《行政事件诉讼特例法》,既重申了行政案件归属普通法院管辖的宪法原则,又为避免司法对行政的干涉做出了相应的规定。1962年《行政事件诉讼法》中规定的行政诉讼制度一直适用至今。

【思考题】

1. 日本法的形成、发展和演变经历了哪几个重要阶段,各个阶段的立法特点及立法成就是什么?
2. 与中国相比较,日本法制近代化完成的时间较短,过程也比较顺利。造成这种差异的原因是什么?
3. 从大日本帝国宪法的内容中可以看出这部宪法具有怎样的特点?
4. 战后的日本法体现了两大法系的特征,这种特点在具体的法律制度层面是如何表现出来的?
5. 日本法在世界法律体系中拥有怎样的历史地位?

参考文献

1. 《马克思恩格斯全集》,中文 1 版第 19 卷,人民出版社 1965 年版。
2. 《马克思恩格斯全集》,中文 1 版第 21 卷,人民出版社 1971 年版。
3. 《马克思恩格斯全集》,中文 1 版第 22 卷,人民出版社 1971 年版。
4. 由嵘、胡大展主编:《外国法制史》,北京大学出版社 1989 年版。
5. 林榕年主编:《外国法制史》,中国人民大学出版社 1999 年版。
6. 皮继增主编:《外国法制史》,中国政法大学出版社 1999 年版。
7. 陈丽君、曾尔恕主编:《外国法律制度史》,中国政法大学出版社 1997 年版。
8. 曾尔恕主编:《外国法制史》,中国政法大学出版社 2002 年版。
9. 〔法〕勒内·达维德著,漆竹生译:《当代主要法律体系》,上海译文出版社 1984 年版。
10. 〔德〕K.茨威格特、H.克茨著:《比较法总论》,潘汉典等译,贵州人民出版社 1992 年版。
11. 沈宗灵著:《比较法研究》,北京大学出版社 1998 年版。
12. 〔英〕梅因著:《古代法》,沈景一译,商务印书馆 1959 年版。
13. 法学教材编辑部编写:《外国法制史资料选编》,北京大学出版社 1982 年版。

14. 王云霞、何戍中著：《东方法概述》，法律出版社 1993 年版。

15. 亚里士多德著：《雅典政制》，日知、力野译，商务印书馆 1959 年版。

16. 顾准著：《希腊城邦制度》，中国社会科学出版社，1982 年版。

17. 〔意〕朱赛佩·格罗素著：《罗马法史》，黄风译，中国政法大学出版社 1994 年版。

18. 查士丁尼著：《法学总论》，张企泰译，商务印书馆 1989 年版。

19. 周枏著：《罗马法原论》，商务印书馆 1994 年版。

20. 曲可伸著：《罗马法原理》，南开大学出版社 1988 年版。

21. 由嵘著：《日耳曼法简介》，法律出版社 1987 年版。

22. 〔美〕哈罗德·伯尔曼著：《法律与革命》，贺卫芳等译，中国大百科全书出版社 1993 年版。

23. 〔美〕孟罗·史密斯著：《欧陆法律发达史》，姚梅镇译，商务印书馆 1947 年版。

24. 〔英〕诺·库尔森著：《伊斯兰教法律史》，吴云贵译，中国社会科学出版社 1986 年版。

25. 〔英〕沃克著：《英国法渊源》，夏勇等译，西南政法学院科研处 1980 年版。

26. 潘华仿著：《英美法论》，中国政法大学出版社 1997 年版。

27. 高尔森著：《英美合同法纲要》，南开大学出版社 1984 年版。

28. 〔美〕伯纳德·施瓦茨著：《美国法律史》，王军等译，中国政法大学出版社 1989 年版。

29. 李昌道著：《美国宪法史稿》，法律出版社 1986 年版。

30. 李浩培等译：拿破仑法典，商务印书馆 1996 年版。

31. 〔美〕艾伦·沃森著：《民法法系的演变及形成》，李静冰等译，中国政法大学出版社 1992 年版。

32. 〔德〕罗伯特·霍恩等著：《德国民商法导论》，楚建译，中国大百科全书出版社 1996 年版。

33. 何勤华主编：《德国法律发达史》，上海人民出版社 1998 年版。

34. 邓曾甲著：《日本民法概论》，法律出版社 1995 年版。